XINSHIDAI
JIAOYU
CONGSHU

MING
XIAOZHANG
XILIE

名校长系列

新时代教育丛书

U0455123

从文化中来 到教育中去

孔凡海◎著

北京出版集团
北京教育出版社

图书在版编目（CIP）数据

从文化中来 到教育中去／孔凡海著． — 北京：
北京教育出版社，2021.3
（新时代教育丛书.名校长系列）
ISBN 978-7-5704-3096-3

Ⅰ．①从… Ⅱ．①孔… Ⅲ．①中学教育—研究 Ⅳ.
①G63

中国版本图书馆 CIP 数据核字（2021）第 033060 号

新时代教育丛书·名校长系列
从文化中来 到教育中去
孔凡海 著

＊

北 京 出 版 集 团
出版
北 京 教 育 出 版 社
（北京北三环中路6号）
邮政编码：100120
网　　址：www.bph.com.cn
北 京 出 版 集 团 总 发 行
全 国 各 地 书 店 经 销
三河市九洲财鑫印刷有限公司印刷

＊

890 mm×1 240 mm　16 开本　19 印张　243 千字
2021 年 3 月第 1 版　2021 年 3 月第 1 次印刷
ISBN 978-7-5704-3096-3
定价：68.00 元
质量监督电话：(010)58572393　58572787　58572750
购书电话：13381217910　(010)58572911

办好新时代教育

随着社会现代发展进程的推进，尤其是改革开放以来，中国教育事业加速发展，中国已建成世界最大规模的教育体系，教育总体发展水平进入世界中上行列，中国教育发展进入新时代，中国基础教育改革进入实质性的根本转型时期，处在一个走自主创新道路的关键转折点。

新时代呼唤新的教育。习近平总书记在全国教育大会上强调："立足基本国情，遵循教育规律，坚持改革创新。"面向未来的教育才有未来，新时代的教育，重在破解传统、旧有范式。基于此，面对新时代教育，与教育工作相关的所有主体都需要从思想和行动上做出努力和改变，并围绕主体价值、文化情境、智慧情怀、系统生态等关键词全面开展教育活动。

首先，新时代教育强调主体价值。

"教育同国家命运紧密相连"，点明了教育在国家建设和民族复兴中的地位和作用，强调了教育改革发展的价值取向，为我们今天准确把握办学的总体方向和人才培养的根本目标提供了思想遵循。

教育现代化的终极价值判断标准是人的发展，是人的解放和主体性的跃升。自古以来，中国的教育传统既强调教育的人文性，也强调教育的社会性，相应地，在人才培养目标上既强调完善自我，也强调服务社会和国家，更强调在服务社会和国家中达到自我的充分实现。新时代更要坚守教育本质，重视教育的价值观建设，坚持以社会主义核心价值观为引领，回答好"培养什么人、怎样培养人、为谁培养人"这些根本问题，从而培养有历史责任感、志存高远的时代新人。

其次，新时代教育强调文化情境。

学校不仅是传播知识、文化、智慧的地方，更是生产知识、文化、智慧的场所。学校无文化，则办学无活力。学校是文化传承的主阵地，学生文化、教师文化、课程文化、网络文化和制度文化等现代学校文化建设，引领了学校的发展，呈现了学校办学气质。

更重要的是，文化创设情境。"为学生一生发展奠基"，统整科学与人文，优化学生生存环境，借由"境中思""境中做""境中学"，实现学生主动学习与发展、个性化成长及德育渗透。

增进文化认同，是学校管理者的重要使命。政策制定者、执行者和教育管理者，一定要从为国家和民族培养优秀人才的角度关爱引导师生，让每位教育工作者深刻认识到"教育"二字蕴含的国家使命，真正将为国家和民族培养人才、培养爱国奉献的人才这一价值追求切实贯穿于办学育人全过程，一代一代坚持下去。

再次，新时代教育强调智慧情怀。

国之兴衰，系于教育。教育兴衰，系于教师。教育同国家的前途命运紧密相连。这当中，智慧型教师和教育家尤其为新时代教育所期待。他们目光远，不局限于学校和学生眼前的发展，而是着眼于未来；他们站位高，回归教育的本体，努力把握并尊重敬畏教育的共识、规律；他们姿态低，默默耕耘，淡泊明志，宁静致远；他们步伐实，总能紧紧围绕学生、教学、课程、教师发展等思考自己的职责和使命。

总而言之，教育家顺应时代潮流，立足现实，展望未来。在把握办学方向、把握时代脉搏的基础上，他们勇立潮头，担当时代先锋，他们对历史和未来负责，超越现实、超越时空、超越功利，用教育的力量塑造未来，解放学生的个性、想象力和创造力，共同推动和引领中国基础教育改革和创新，愿意为共同探索中国未来教育之道而做出巨大的努力。

最后，新时代教育强调系统生态。

观古今，知兴替，明得失。关于未来的认识是选择性的，未来"未"来，新时代的教育人需要根据某种线索去把握超出现在的想象并做出价值选择。这种价值选择的关键还在于，教育人真切明晰，未来学校是面向未来的学校，是为未来做准备的。教育中的新与旧、过去与未来，不是对立的，而是连续的，从而能够让教育者基于教育的本质和规律守正创新，坚守立德树人的初心。

各级各类学校之间是相互依赖的，单一的学校不能构建成一个完整教育系统，唯有每个学校都致力于体现自身的教育特性，努力实现自己所承担的教育任务，发挥出自己的教育作用，才能共同构成一个完整的教育系统。加强基础教育改革设计的整体性、系统性和长期性，把"办好每一所学校"作为基础教育改革发展的主要目标，是共同构建良性的教育生态，发挥整个教育系统功能的最优选择。

在这种情境下，"新时代教育丛书"的策划出版具备极强的现实意义。丛书通过考察和认识各地名校教育实践，寻找新时代教育的实践样本，清晰梳理了新时代教育中名校、名校长、名师、名班主任等的发展脉络，记录了新时代教育正在逐渐从被动依附性转向自主引导性，并在与现代技术的融合中彰显出其对于经济和社会生活的主导价值。

丛书提供了不同类型、不同地区的中小学名校、名校长及名师、名班主任在探索、构建新时代教育过程中鲜活的实践案例及创新理念。从中，可以看到有深厚历史积淀的传统名校，也可看到新时代教育发展浪潮中的新兴学校，其中有对外开放探索中国本土化教育的小学，也有站在教育改革潮头的中学；还可以看到开拓创新引领时代风气之先的名校校长、专注各自领域的优秀教师，以及新时代教育变革下的全国各地不同的班主任的德育之思。

更难能可贵的是，丛书不仅包括一般情境下的"案例"，也包括了特殊情境下的思考，不同系列注重了从"现象"到"本质"的过程，进而升华到方法论。丛书的每一本著作既是独立完整、自成体系的，也是相互呼应的，剖析问题深入透彻，对策和建议切实可行，弥补了教育理论和学校实践之间的差距，搭起了一座供全国教育研究者、学校管理者了解新时代教育及未来学校落地实践的桥梁。

未来学校不是对今天学校的推倒重来，而是对今天学校的逐步变革。这不仅仅是对学生提出的挑战，更是对学校发展建设提出的挑战。我们始终强调，理论不能彼此代替、相互移植，中国基础教育的改革与发展，必须靠中国的教育学家和广大教育工作者来研究和解释，从而构建立于世界之林的新时代中国基础教育的改革和发展的当代形态，实现理论创新和方法创新。

期待丛书能给更多的中小学校以启发，给教育工作者以有益的思考，供他们参考借鉴，帮助他们寻找到新时代教育的钥匙，进而在新时代教育的理论指导和教育改革实践带动下，因地制宜、因校制宜地落实到新时代教育工作中，引领学校新样态发展，助力更多学校在新时代背景、新教育形势下落地生花，实现特色、优质与转型发展，快速提升基础教育水平，推动教育改革发展，实现立德树人的根本任务，办好人民满意的教育。

新时代教育丛书编委会

2021 年 1 月

好校长的模样

　　"一个好校长就是一所好学校"这句是在我国基础教育界长期流传、人人耳熟能详的话，生动地描绘了校长与学校发展的关系，深刻揭示了我国基础教育学校发展经验的本质。那么，好校长是什么样的？好校长是如何造就好学校的？怎样才能成为一个好校长？对此，不同的人可能有不同的回答。在我看来，好校长要有博大深厚的教育情怀，有立志献身教育的理想和抱负，有忠诚于党和人民教育事业的优秀品质；好校长要有坚定的信念和深邃的见识，能够洞察教育发展大势，主动顺应时代的发展要求；好校长要有对教育问题的系统思考和深刻认识，能够形成自己的教育思想体系，具备高度的教育自觉，为学校提供正确的教育思想领导；好校长要有深厚的教育专业素养，能够把握教育的真谛，抓住教育工作的关键；好校长要有高超的领导管理水平，能够凝聚力量，引领师生员工创造卓越的教育业绩；好校长要有坚强的意志品质，能够在追求教育理想的征途中百折不挠，勇往直前；好校长要有与时俱进的专业精神，善于总结，勇于反思，勤于学习，乐于创新，能够抓住机遇，创造机会，不断提升学校的办学水平；好校长要有勤勉的工作作风，能够脚踏实地、持之以恒、全心全意投身学校工作，成为师生员工的榜样。

在我工作的教育部中学校长培训中心，每年都有大量全国各地的优秀中小学校长前来学习研修，这使我有机会通过与他们的密切接触，深入了解这些优秀校长的专业素质和思想、行为特征。我对"好校长"特质的上述认识，正是从众多优秀中小学校长身上总结、概括、提炼出来的。应该说，在我国基础教育领域，有成千上万个具备上述特质的"好校长"，正是他们为实现崇高教育理想所作出的卓有成效的努力，推动我国基础教育高水平持续发展，甚至后来居上，在局部地区形成相当明显的国际比较优势，使我国走向教育强国的步伐更加疾速、稳健，发展中国特色、世界先进水平优质教育的前景更加光明。

有关"好校长"特质的描述往往是抽象的，而现实中的"好校长"则是一个个鲜活的人，每个人都有自己独特的个性，有自己办学治校的鲜明风格，有自己创造教育业绩的蹊径。我眼前的这部《从文化中来 到教育中去》教育书稿，系统地呈现了山东省滕州市北辛中学孔凡海校长近年来有关学校教育的思考和他领导学校发展的历程。孔凡海校长作为"齐鲁名校长"，既有优秀中学校长普遍具备的优秀品质，又有自己独特的个性。他先后担任滕州姜屯中学和北辛中学校长，在两所差异显著的学校校长任上，都创造了不凡的教育业绩。在他的办学思想和实践中，既有一以贯之的教育追求，又有以文化人的办学策略，更有持之以恒的教育立场坚守、与时俱进的专业精神和匠心独运的治校方略。他善于从学校工作的平凡细微处发掘改进机会，如"作业育人"改革，"十善课堂"建构；善于超越经验提出解决教育实践难题的新思路，如北辛中学文化育人的"四四方案""三乐论坛""七色工程"；他秉承的"尊重和信任是最好的管理"的理念，直抵人心；他对于领导与管理关系的阐释，抓住了决定领导效能的关键；他有关"能力扎根在专业中"的论断，道出了教育职业发展根本；他对老教师由衷的尊重爱戴，对青年教师的殷殷期许和精心培养，洞穿了学校组织发展的奥秘；他勤于学习、善于思考、自觉汲取同行专家教育智慧的品质，不仅为其专业成长提供了持久的动力，而且极大地提升了其专业发展的效能。

在孔凡海校长的办学治校思想和实践中，有两个做法给我的印象尤为深刻：一是校长要自觉做教师和学校各级管理者的教育者。他频频利用各种机会传播新的教育理念，开阔教师和管理者的专业视野，提升他们的教育品位和心灵格局，提示他们努力的方向和重点，激发他们的专业潜能，发掘他们的专业潜力，使他们不仅能够跟上教育发展的潮流，而且能够站在教育发展的潮头，引领教育发展的方向。二是在北辛中学长期高位运行的态势中，他积极探索如何突破学校发展瓶颈，引领学校在更高的水平上创造新的辉煌。在我看来，真正的好校长，不仅能够发展自己，同时也能发展他人；不仅能够带领薄弱学校走向规范、优质，而且能够引领优质学校走向卓越。能够解决学校常规问题的校长充其量只能说是合格校长，能够有效解决学校发展难题的校长才是好校长；在一般条件下能够引领学校发展的校长只是合格校长，在任何条件下都能够引领学校发展的校长才是真正的好校长。

国际知名的美国领导学专家詹姆斯·M. 库泽斯和巴里·Z. 波斯纳在其合著的《领导力：如何在组织中成就卓越》一书中，提出了深受全球同行赞赏的"卓越领导的五种习惯行为"：以身作则，确立和践行共同的价值观；共启愿景，描绘美好未来图景；挑战现状，激发团队潜能；建立信任，使众人行；激励人心，凝聚力量。"卓越领导的五种习惯行为"提供了一个极具洞察力的领导力评估框架和领导力修炼指南，也为我们认识"好校长"、培养造就"好校长"提供了丰富的启迪。孔凡海校长这部教育文集，以近乎原生态的语言，生动地展示了作者作为学校领导人，如何通过卓越领导行为，引领学校不断迈向基础教育的高峰。他宽广深厚的教育情怀、孜孜不倦的专业追求、富有深度的教育思考、卓有成效的办学实践和丰富的学校领导管理经验，为我们提供了一个"中国好校长"的范本，他的成长历程和办学治校经验，对于中小学校长专业发展和学校改进有着多方面的启发意义，值得所有同行认真研究、借鉴。

华东师范大学教育学部教授

教育部中学校长培训中心学术委员会主任

2021 年 1 月 20 日，于上海华东师范大学中北校区新逸夫楼

目　录 ╱ CONTENTS

校长最该有的样子

1989 年，大学毕业后，我成了一名教师。坦诚地说，我是做了老师以后，才爱上教育的。上班后，天天看到孩子们天真灿烂的笑容，时时刻刻都会捕捉到学生那求知的最纯最美的表情，眼前永远是青葱的、充满朝气的脸，瞅着自己手印的文化的油墨慢慢渗入学生们的成长，我内心深处就会油然而生一种喜悦，做教师真好，做教育真好！

后来，我开始走上校长的岗位，蓦然回首，不知不觉已经度过 12 个年头。

刚当校长的时候，觉得"齐鲁名校长"这个称谓离自己很远，2010 年暑期，我认识了首批齐鲁名校长中的李升勇校长和其他几位优秀的校长，从此就知道了齐鲁名校长该有的样子。

在我看来，每一个校长都应该是一个教育专家，每一个优秀的校长都应该是一个先行者、领路人。校长要为学校教育明目标、调结构、建团队，做办学目标的引领者、深耕教育的实践者、学校品牌的创造者。齐鲁名校长更应如此，名校长之名不应该是虚名，而是要扎根并深耕教育这块沃土，通过教育变革来改变一所学校，就像点亮一盏文化的高灯，照亮整个校园，让它变得更加美好。

因此，在姜屯中学当校长的时候，由于学校地处古滕善国腹地，利用其文化优势，我提出了"为善兴学"的办学思想，并以此为统领，开展学校教育全新的升级转型。八年半的姜屯中学校长生涯，让我引以为豪的就是创建了"善文化"教育的学校品牌，为姜屯中学的孩子们组建了一个"善文化"培育精神成长、"善文化"涵养生命灵魂的文化院落，姜屯中学的文化育人教育方案也从此走入了学界视域，走出来一条具有鲜明地域文化特色的素质教育之路。

正如习近平总书记指出的，作为教育人我们都肩负着启迪思想、陶冶情操、温润心灵的重要职责，承担着以文化人、以文育人、以文培元的使命。姜屯中学教育转型的成功也让我充分地认识到："文化的力量是学校教育最伟大的力量，文化的精神是学校教育最内在的精神，文化的影响是学校教育最深远的影响。"我觉得只有立足于文化，立足于本地、本民族的文化实际、文化优势、文化资源，才能衍生出一种刚健的气质，汇聚起推动教育在新时代前行的精神力量。

2018 年 2 月我到北辛中学任校长一职，那时对教育的终极拷问更是时时回荡在内心：办一所什么样的学校，培养什么样的学生，怎样才能实现有时代感的文化育人，并让它落地生根？

这才是我的使命，这才是一名校长的职责，也更是一名齐鲁名校长该有的样子。

在对校情、师情、学情深入调研的基础上，我提出了"办有文化底色、因材发展的学校"这一办学愿景。"文化底色，因材发展"，是学校特色所在，或也可视为这一时期的办学理念。

"文化底色"来自于为北辛中学赋名的 7500 年前的北辛文化，北辛中学承续其前身性善书院的理性情怀，又接引了滕州地域班墨双圣的浩然气脉。我认为，千年文德成就了这天成的庠序之所，它从文化中来，必然要担当使命向文化中去。

"因材发展"，就是要尊重差异、尊重个性，就是在坚持全面发展的基础上，追求师生的个性发展、潜能发展、优势发展、长处发展、强项发展，这样才能实现真正的教育公平！

我觉得，这个提法也为实现更加公平而有质量的教育提供了新的思路、新的路径。

2019 年，我在华东师大中学校长中心参加第 37 期全国骨干校长高级研修班学习分享。当时受到一位教授的点评，那位教授夸我像文化人。我觉得，这是对我多年来坚持做"文化"教育工作的认可。多年的学校文化建设，使我身上多了些文化人的影子，我想，坚定不移走文化育人之路，做一名有文化的教育人，应该成为我践行党的教育教学方针的必然之选！

习近平总书记说，"要扎根中国大地办教育"，我们就要扎根滕州大地办教育，扎根中华优秀传统文化的沃土办教育，扎根教育属地优秀文化的原野办教育，为师生的精神家园打上文化的底色，打好生命的底色，涂亮教育的底色，扎深中国根，筑牢中国魂，做好中国人。

30 多年的教育生涯，通过破解一系列教育难题并促进学校发展的奋斗经历，让我懂得，教育事大，投入在兹，尽享育人之乐。在学校的发展以及教育变革的过程中，也是教育让我有了更深的体会，更让我慢慢地明白，对一名校长来说最重要的是什么！

最重要的是眼光！校长的眼光！校长能看多远，学校才可能走多远。所以，我是主张校长要多出去走一走，看看先进地区的教育在思考什么、干什么，以认清学校发展的方向，避免走弯路。否则，只埋头拉车，不抬头看路，是走不远的！校长不是在拉车，而是带领着一所学校，方向不明、路径不清，学校要是走了弯路，那代价太大了。

其次，要坚持，有坚持力、执着、不放弃。有人说，校长不能当日行千里的孙悟空，要当脚踏实地、执着于取经目标的唐僧。有不少同行，他们不缺思想，缺的就是耐心，缺的就是不怕困难、坚持下去的行动，我始终坚定地认为教育要像挖井一样，认准了目标，就坚持挖下去，这样才能打出水。因为教育效果的显现，没有一定的时间周期是不行的，大家都说，姜屯中学"善文化教育"做得好，那是因为有八年多的坚持，没有坚持，再好的品牌也树不起来。所以，短视，短期行为，带不出好学校，办不出好教育！

有人说，火车跑得快，全靠车头带，校长就是一列火车的火车头。作为校长，我不做绿皮火车的火车头，一节节绿皮车厢，你不拉，它不动，你拉，它才跑，这个火车头多累啊，这样的列车跑不快，一个小时最多跑百来千米。校长要做动车组的火车头，学校、团队中的每个人都是一节自带动力的动车车厢，奋力奔跑。所以，我给同事们说，我当动车组火车头，管方向，不脱轨，我们一起向着共同的愿景、目标奔跑，这样可以轻松跑出三百多千米的时速，我想成为这样的校长。

三十一载风雨兼程，弹指一挥间。一年年，我与教育的关系就像鱼和水一样。一方面，我们知道鱼是无论如何都不能离开水的，因此我，包括老师们时刻不能离开教育。所以，要敬畏教育、心系教育、奉献教育，教育做得越好，身为教师，就越有尊严、越有价值。另一方面，水不能没有鱼，办好教育离不开一批优秀教师，好教师才能成就好教育。其实，这样描述，还想提醒自己，在教育之水中时间越长，越会忘记水的存在，忘记教育的存在，所以，教师教书的同时，不能忘记育人，不能忘记立德树人的根本任务。

流光一瞬，华表千年，北辛中学已站在了这个世纪的 20 年代。展望北辛中学新的十年，我期待：北辛中学能够形成尚善、有礼、格物、维新的学校新文化；树立因材发展的新教育观；建构线下、线上教学融合的新课堂；培养专业和精神共成长的新教师。

这所有的期待最终都是为了促进学生成人成才、出彩出色！用我们拥有的时间，创造大家期待的十年，以文化人、以文育人、以文培元。"办有文化底色、因材发展的学校"的奋斗目标终将实现，教育的明天会更好！

以上所述，皆为 30 年来筚路蓝缕以启山林的教育心路，皆为栉风沐雨砥砺前行的教育变革历程，皆为木铎金声几十载源于古滕，滋兰树蕙十春秋根植善国的教育纲领，是为开篇，是为引言。

第 一 辑

循善而行，根植善国沃土

善文化教育立足"善国"故土，从提出、实践，到取得成效、产生影响力，历经了八年半的难忘时光。着力将属地文化融入中华优秀传统文化，努力探索着传承、弘扬中华优秀传统文化的新思路、新路径和新模式，此艰辛磨砺、创新开拓之举在攻坚克难中始终未停下前行的脚步，我们一直在路上。

孔凡海校长与学生一起研究鲁班锁

从秩序到理念

——姜屯中学学校改革案例纪实

我在姜屯中学担任校长的八年半时光，虽已远去，又似在眼前，其间经历令我难忘，那些刻骨铭心的记忆至今还时常浮现脑海，让我回味！特别是那些足以铭刻姜中历史的一个个场景，依然那么清晰可见，依然那么让我感怀，依然那么意蕴悠长。

一种秩序的建立

周日下午，学生返校。在众多的身影中我看到了门卫师傅，一个站在门里分流家长，一个站在门外引导学生依次入校，井然有序。花园里，草木青翠、小鸟呢喃，树枝上结出了青涩的果实；校园里，早到的学生三五成群在认真地清扫地面上的落叶；教室里，不少学生在安静地书写作业；走廊上，班主任老师在巡视着教室……

这是一个普通得不能再普通的校园下午，学校的老师们也已经习以为常，各自忙碌着。我在树下默默观看着这一切，很安静，很美好，这就是我们的学校，古朴、整洁。陶醉的同时我不由地回想起了校园以前的样子，那是我刚来这所学校的 2009 年。

很清楚地记得那是七年前的一个周日，几位记者来采访我校的"善文化"教育的开展情况，我和几位主任陪着记者在校园转了一圈，他们对我校构思巧妙、独具特色的"善文化"教育赞不绝口，但这时，突然钻进脚底的一片片纸屑、一只只塑料袋飞过教学楼，我感到很难堪，怎么也兴奋不起来：记者朋友真的是沉浸在善文化的浓郁氛围里，对校园垃圾熟视无睹？还是他们怕我难堪而有意视而不见？那一天，我想了很多，这不仅仅是缺少一次大扫除的问题，也不仅仅是休息日的问题，这是个大问题。

还有一次是我在办公室，政教主任向我汇报说一天处理了七起学生打架事件，这让我非常愕然，甚至难以置信！这件事对我的触动很大，我们的学生怎么了？我们的管理怎么了？这样的气氛还能学习吗？家长把学生送来又怎么能放心呢？

一个冬天的早晨，青岛格兰德学校倪贯翔校长来我校考察，进入一个班级听课，我看到教室瓷砖地面上一层灰垢和零星的垃圾，课桌上堆得乱七八糟的书本，讲台上随意放的教具，我不禁眉头紧皱，班主任向我解释没有水做地面保洁，值日生没做好……

还有很多事情，我不再一一历数。当时那些事情对我的触动确实很大，我觉得这么多小事情的发生，不是因为哪个人懒惰，也不是因为哪项工作没做好，它真正反映的是我们的管理出了问题，我们部分干部、老师的观念出了问题，是制度问题，是学校缺少了一种秩序！这才是问题的根本！一所学校，如果连起码的卫生都搞不好，校园环境脏乱差，教室里尘土飞扬，师生们没有良好的生活习惯，学生违纪现象频发，老师对不良现象熟视无睹，这叫什么学校？何谈教育？作为一个校长，若不解决这些问题，其他的工作也无法推进。

改变从今天开始，从干部开始，从老师们开始，从管理机制开始，从评价开始。就这样，我们研究、论证，从细处着手，稳步推进，基本的规章制度建立起来了。一个新的秩序的建立总会触及部分人的利益，总会引起某些人的不满，这没什么。只要我们学校的绝大多数教职工认为这样做是正确的，就坚持下去。就这样，有抵制、有反复、有支持、有配合，有矛盾、有冲突，在曲折行进中，一种生活的秩序悄然形成。

新的秩序带来了新的面貌，老师们尝到了甜头，夸赞校园像花园，脸上洋溢着幸福的满足感；学生有了好习惯，有了安全感，学校成了他们离不开的学园、乐园；家长们认可了，放心了，来校就读的学生越来越多了，这才有了学生返校的那一幕。

其实，无论是一个人还是一个集体，每一个小小的改革都要付出一些努力、一些心血，凡事都如此，但只要是向好的方向改，只要是大家认准了的事情，我相信风雨过后一定是彩虹满天。

校园的仪式

坐落在学校操场东侧的是一个大方台，方台的东边是一面"善壁"，白墙青瓦，中间镂空地雕刻着一个大大的"善"字，大方台和"善壁"就是我们学校的"大舞台"，一些重要的会议、大型的仪式就在此举行。站在古朴、庄重的主席台前，我想起了第一次学生毕

姜屯中学的"善壁"

业典礼的情景：毕业班的孩子们带着新奇、喜悦的神情依次走过红地毯，通过"毕业门"（毕业门是我们用红色帷幔搭建的），从校长手中接过毕业证书，整齐地站在主席台上合影留念。那一刻，学生们和老师一一握手告别、紧紧拥抱，不少学生已是眼含泪花，场面非常感人。毕业典礼后，有的同学来到老师的办公室说："老师，现在我们是学生，没有什么能报答您的，我们给您鞠个躬吧！"这一场景让在场的老师顿时泪如雨下……

记得那一次毕业典礼，我也没有控制住自己的眼泪，我在想，我们的学生脑海里会有多少个被学校、被老师感动过的瞬间呢？我们的学校给孩子们提供过多少感动的教育呢？校园留给他们多少难忘的记忆呢？如果不是这个仪式，孩子们会用泪水、相拥、鞠躬和整洁的教室来表达他们的情

感吗？我觉得不会的！我知道，通过这样一个仪式，孩子们切切实实地收获了久违的感动，在心里种下了感恩的种子，拉近了和老师、母校的距离。

这就是仪式的力量，仪式也是一种教育，我要抓住这个教育机会，让孩子们表达自己、表现自己的情感，让感恩的心从此与他们相伴。从此，在姜屯中学的校园里，入学仪式、升旗仪式、军训仪式……一一闪亮登场。我清楚地记得第一届国旗班组建时的情景：学校在每个级部挑选了人员组成国旗班，队员要接受专门训练，学校又派人去济南购置了护旗服。衣服买来后，小队员们纷纷央求训练老师，迫不及待地要穿上新礼服。孩子们那种急切的表情、激动的心情、自信的神情，直到今天还在我眼前浮现。果然，周一的早晨，升旗现场一片寂静，伴随着初升的太阳，国旗班的同学们迈着正步走到旗杆下，在雄壮的国歌声中，所有的目光聚焦在冉冉升起的五星红旗上，每个人的脸上洋溢着肃穆、庄严、自豪的神情，第一次升旗仪式惊艳全场、圆满成功！我知道，仪式创造的氛围又一次感染、教育了全体师生。

仪式是指在一定场合举行的、具有专门程序的、规范化的活动。可见，仪式不是灵机一动的安排，不是临时应景的衬托，更不是可有可无的形式，它需要投入热忱、激情，需要精心设计流程，需要设置合理场景，需要营造必要氛围，这样，仪式才能有形式、有内容、有内涵、有意义，才

姜屯中学的升旗仪式

能打动人、影响人、教育人，从而充满教育的色彩、富有育人的成效。

仪式育人的效果是明显的，它不仅表现在当时的情景中，还表现在孩子们对仪式的期待中，更表现在学生走出校门对母校的留恋里。我相信，仪式在带给他们感动、感激、感恩的同时，一定还给了他们更深层次的东西，那就是根植于内心的我校的传统——善的文化。我相信，同学们无论

是升入更高学府还是走向社会，都会把这种思想外化为行动，日行一善，善形一生，成为友爱他人、奉献社会、报效祖国的有用之人。

专业发展，硕果累累

在滕州市庆祝第 32 个教师节大会上，我校陈长梅、孙希伟两位老师分别荣获"十佳师德标兵""十佳班主任"称号，这既是两位老师的荣誉，也是姜屯中学全体教师的骄傲，我对他们表示祝贺。其实，这不是我校教师第一次在教师节大会上受到表彰，几乎每年都有老师获奖，获奖的比例高居全市初中学校前列。获奖比例居于前列的还包括枣庄市骨干教师、滕州市骨干教师、两级市优质课等奖项，其中枣庄市骨干教师共评选两批，我校有 6 人入选，稳居全市前三名。这些沉甸甸的荣誉背后有老师们的辛勤付出、同行之间的互帮互助，还有学校为老师们搭建的一个个成长平台。正是多种因素的共同作用，使我校名师辈出，教师专业发展可以说是硕果累累。

我一直认为，影响学校发展的关键因素主要有三个：生源、师资和管理。如果一所学校具备其中两个因素，学校就办不差，如果具备三个因素，学校肯定会办出一流水平。我校是一所农村学校，又靠近城区，没有生源优势，只能在师资和管理上下功夫。我把教师看作学校最宝贵的资源，教师水平决定着学生的发展水平，也深深地影响着学校的办学水平，所以，我在师资培养、教师专业发展方面，尤其用心，投入了很多精力。当年，我亲手组建、亲自培训的课改团队的 13 名成员，如今个个业务精湛、能力突出，他们中有 11 位荣获枣庄市优质课一、二等奖或成为公开课执教人，另外 2 人也荣获了滕州市优质课一等奖，他们成为我校课改当之无愧的中坚力量。课改团队的成功产生了很好的示范作用，激励了更多的老师参与课改、钻研教学、提升自我，推动了教师队伍的整体进步。本学期开学第二天，滕州市教育局教研室领导来我校视导，随机听课 10 节，给出 7 个 A、3 个 B 的好成绩，优良率为 100%。这一个个的数据说明，我校的教师专业发展切实迈开了步伐、取得了成效、收获了成功。我校教师再也不是观念陈旧、教法僵化、满堂灌，甚至"没有几个人会备课"的旧样子了，已经脱胎换骨为有朝气、有激情、教法活、学生喜爱的新教师，成为领导认可、家长放心、值得托付和信赖的人。

除了课堂改革以外，我还有意拓展老师的视野，增强老师的研究能力。争取研究课题项目、加强校际交流、鼓励科学探究、倡导反思写作……种种措施，老师们从一开始的不接受、不参加、不适应，到逐渐参与其中，感到了充实和乐趣。目前，我校有两项课题荣获山东省教学成果奖二等奖，一项课题荣获枣庄市教学成果奖一等奖，还有多项课题在省市立项或结题；教师指导的创新作品在枣庄市连连获奖，我校今年被枣庄市教育局授予滕州市唯一的第七届"小哥白尼杯"创新与实践大赛优秀组织奖；学校每年发表在省级教育报刊的论文有 10 篇以上。这些成绩，大大增加了老师们的自信，拓宽了老师们的发展渠道，锻炼了老师们的综合能力，提高了老师们的理论素养，增强了老师们面向未来教育的实力。

在这一过程中，我也收获很多：收获了老师们的专业成长，收获了老师们的理解赞同，收获了学校的累累硕果。我个人也有幸收获到一次次新机遇：枣庄市特级教师、枣庄市名校长、齐鲁名校长建设工程人选……

教育教学工作无止境，教师专业发展无穷期，我相信，认准的路，坚持走下去，不懈怠，不满足，会有更丰硕的成果属于我们。

立 "善石"

在姜屯中学校园中心区域的花园东北角，矗立着一块长圆形大石头，约高 2 米，上面卧有弧形缺口，石头正面镌刻着一个大大的"善"字，色泽鲜红，非常醒目，这就是我校善文化教育的重要标志之一——"善石"。

　　说起它的来历，可以用数度寻觅、有缘偶得来形容。我几次邀约滕州市文化学者李庆先生等诸位好友利用休息时间赴山亭区北部山区，那里可以说是石头的小型集散地，我想找几块有点儿味道的石头装扮校园，去了几次都没有太中意的。当我们再一次穿梭在石林间细细寻找的时候，在水泉镇的一处石场里，发现了它，我们几个人不约而同来到它旁边，有一种发现新大陆般的欣喜。它静静地仰卧在那里，被几块大石头遮遮掩掩，可大石头掩盖不了它的气质，很庄重，很低调，不容易引人注意，怪不得以前没找到，怪不得别人没发现，它是在考验我们的诚心，等待着有缘人吗？我记得，当时碍于学校条件，我们还耍了个心眼，向场主问东问西，瞒天过海，意在压价，此招果然奏效，最后以较低的价格谈妥，并约定刻字后择日运抵校园。

　　2010 年 10 月的一天，这块颇费周折、深含意蕴的"善石"如约而至，端放在花园一角。这个醒目的位置，更加显现出"善石"的雄伟壮观，它在秋日阳光的照耀和红绸的映衬下，显得端庄、厚重，称得上我校之重器。"善"字的刻写取自乡贤王

姜屯中学的"善石"

玉玺先生的书法集，字形规整、书写流畅、遒劲有力。

　　有人会问：为什么要立一块石头呢？当然有其深意。立"善石"不是简简单单地造一处校园景点、应景之作，它表明了我们把善文化教育做强、做大、做好的信念和决心，正因如此，我校的善文化教育真正开始在姜屯中学的校园里扎根发芽。

　　2012 年 5 月 31 日，时任滕州市委书记的王忠林等领导来我校视察，其中，我着意向领导们介绍"善石"：其形如玉珏，玉在中国常喻为君子，石上有缺口，意为君子尚有不足，须不断完善自我、提升自我，以达君子之境界。我们依据"善石"的石质、石形进行解读，赋予其新的意义和内

涵。王书记频频点头，直夸"有意思、有意思"。之后，王书记在结束视察的总结会上又一次赞扬了姜屯中学的善文化教育立意高远、意义深远，这对我们是一个莫大的鼓舞！2014年和2015年的教师节前夕，市委书记董沂峰和时任市长的远义彬分别莅临我校慰问教师、视察校园，关注我校善文化教育，并同教师合影留念。我知道，善文化教育已不仅仅属于学校，也已经成为我校的里程碑，成为我市一块靓丽的教育品牌。

一届届的学生走进来，一届届的学生又走出去，他们都不忘在"善石"前驻足、拍照、回味；一拨拨来自省内外的教育同行总禁不住询问"善石"的意义，听完讲解后又止步端详；老师们每日从"善石"前匆匆走过，都要欣慰地看上几眼。"善石"扎根在泥土里，"善心"已经植根于每一位师生的心中，春去秋来，年年岁岁，书写着姜屯中学精彩的教育故事。

校徽、校歌

凡到过姜屯中学的领导和同行，无不赞叹我校独特而富有创意的校徽设计：在浩瀚的海洋里，一颗小树苗茁壮成长，海洋托举着打开的书籍，意寓知识的海洋；小树苗是绿色的，代表生机和希望；海洋是淡蓝色的，代表无穷和深邃；下方的"1957"是建校时间，历史承载着辉煌。整个造型

姜屯中学的校徽

合起来看又像一个大大的"善"字。每次有客人来访，我都会认真解读它的含义，并用心地提醒一句：大家是否从中感受到了姜屯中学浓浓的善意呢？

这一设计的诞生源于我校组织的一次校徽征集活动，热心的老师们提供出一个个各有特色、不乏亮点的方案，但是没有一个方案能够征服所有

的评委。他们把初选上来的几个设计方案报给我看，其中杨景三老师的作品设计思路让我眼前一亮：他把君子兰稍加变形，努力表现出"善"字的字形，以体现我校善文化教育特色。于是，我灵感触发，立刻安排成立校徽设计小组，顺着这个创意思路，集思广益，再行设计。数度修改、完善后，一个新的方案应运而生，并赢得评委们的一致好评，这就是刚刚介绍过的这个"善"字校徽，从此，我校历史上第一次拥有了能够反映学校文化、体现学校特色、展示育人目标的标识——校徽。

"滕国故城、荆河之畔，姜中是我们成才的摇篮；勤奋学习、全面发展，书山学林任登攀。日行一善，把善的真义实践；善形一生，把善的精神承传。放飞梦想，谱写诗篇，迎风扬起青春的风帆。芳草如茵，鲜花吐艳，琅琅的书声荡漾在校园；求实进取，志存高远，光耀中华担在肩。尊重信任，老师的教诲胜甘泉；健康进步，成长的幸福盈心田。莘莘学子，同学少年，拥抱阳光灿烂的明天。"多么美好的旋律，多么暖人的语言，这是我们姜屯中学的校歌。校歌是徐传斌老师写的，徐老师是九年级的语文教师，他被我校特色鲜明的善文化教育感染，不辞辛劳，加班几个昼夜，饱含深情地写出了这首激情、奋进、优美的歌。这首歌充分表达出了每一位师生对学校深厚的情感、如痴的情怀，是我们发自内心的歌。

学校善文化教育作出一些成绩后，我也常受邀去兄弟学校作经验介绍，其实，不论是到哪里演讲、作报告，我都会把校徽、校歌的真实、感人的故事讲给大家听，我很自豪，因为这是我校老师的骄傲。台下不少领导或老师听后受到震撼而感慨万千：一所农村中学的老师可以设计出这么有意境的校徽，可以写出这么振奋人心的校歌，没有一分钱的报酬，真是了不起。其实，我心里很清楚，我们学校独具魅力的善文化教育是全体师生智慧的结晶，是大家共同的思考、参与和担当，是我们共同的创造。它不是校长一个人的荣耀，不是几个人的一时心血来潮，它不是虚无缥缈的空中楼阁，不搞肤浅表面的形式主义，它以育人为目标，植根于古滕沃土，立足于深厚的历史文化渊源，必定有着顽强的生命力。

善文化艺术节

每次走过操场边的主席台前，我都会不自觉地放慢脚步凝望，主席台虽算不上气派，但古色古香坐落在那里也很有味道，在这里，一次次精彩曾轮番上演。

每当有大型的集会或文艺演出，这里就变成我们的大舞台：方台后面用两只长长的竹竿挑起一块彩绘大幕布（方台改造后幕布挂在了后面的善壁上），幕布上面醒目地写着"姜屯中学首届善文化艺术节"几个大字，通往主席台的台阶上铺上红地毯，加上简单的道具，一场红红火火的盛会就可以开始了。幕布在入冬的寒风中呼呼作响，台上的小演员们和台下的师生们全然不顾，完全沉浸在节目的喜悦中，欢笑、鼓掌、音乐，红色的幕布映衬着孩子们的笑脸，俨然一幅引人入胜的画。当然，和城里的学校比起来，这些节目算不上精彩，有的甚至算不上像样，但是，孩子们那种快乐、那种投入、那种陶醉一点儿不逊色。还记得孩子们接到举办艺术节的通知后欢喜雀跃的神情、强烈的表现欲望、训练时的那股热情、舞台上的尽情表演、台下热烈的掌声，这一切，足以让我感动，谁能说这不是一次成功的艺术节呢？

顾名思义，善文化艺术节的主题是善，我们的节目的主题是弘扬真善美、鞭挞假恶丑，就是要通过大家喜闻乐见的形式寓教于乐，所以，我们的艺术节不是一个简简单单的演出，它是有魂、有明确目标的育人载体，它和我们学校文化相辅相成、融为一体。有了这样的定位，我们的艺术节有了灵魂，有了思想，在带给孩子们愉悦和欢笑的同时，还会带给他们思考和启迪。

从第二届善文化艺术节至今，我校张兴运老师创作的历史话剧《滕文公与孟子》一直作为压轴节目展演。《滕文公与孟子》表现的是战国时期，滕国贤君滕文公在孟子的指导下重农商、行仁政、施善教的故事。故事从齐国派使臣劝降开始，使臣在滕文公面前耀武扬威、不可一世，遭到在场的孟子呵斥，孟子晓以利害、明以大义，打击了使臣的嚣张气焰，帮助滕国化解了危机。滕文公和诸大臣更加坚定了以善治国的决心，从而成就了善国美名。这出话剧堪称佳作，做到了思想性、艺术性和教育性的统一。孩子们从历史烟云中知晓了滕国的过去，了解了列强争霸的残酷，理解了善的渊源和内涵，大大增强了作为滕国后人的自豪感以及自觉传承、践行善文化的责任和担当。

我们把每一届演员的剧照放大作为礼物送给他们留作纪念。其中，第二届的《滕文公与孟子》剧组演员还幸运地与当时的滕州市委书记王忠林等领导握手、合影留念，这对农村的孩子来说是多么大的鼓励呀！出演话剧的孩子们俨然成了校园明星，其日常表现也是热情、自信，进步很大。

善文化艺术节为孩子们创设了展示的舞台，提供了表现自我的机会，丰富了学习生活，增添了美好的回忆。善文化艺术节意义非凡，我们会一如既往地办下去，它不仅丰富了孩子们的学习经历，还让他们充满了对艺术的浓厚兴趣、对未来的憧憬和期盼。

奏响管理改革"四部曲"

今年开学前后的各项准备工作做得很到位，从领导到老师各有担当、各司其职，师生们满怀激情、兴高采烈地进入校园，往日入校时的吵闹、喧嚣没有了，一切表现得从容有序，在这样的氛围中，我们迎来了开学的第一天。

这一幕在别人看来没什么，但身为校长的我却由衷地感到轻松、高兴、满足、幸福。我深知能做到这样不是一件容易的事。七年前，我从城里一所学校来到姜屯中学任校长，刚进校门，遇到一位久违的朋友，他说了一句至今让我难忘的话：你来这里干什么？这个学校要毁了！我虽然脸上挂着笑容，心里却犯起了嘀咕：有这么严重吗？我初来担任校长，没有一句祝贺的话，第一句话就泼冷水呀！带着疑惑的心情开始工作，开学后几个月的经历让我领教了朋友的耿直和真诚：教学常规管理松懈，检查流于形式；教师办公室里，有说不完的不满、牢骚和抱怨；下午放学时间一到，基本上见不到班主任的身影；学生抽烟的多、打架的多、旷课的多；楼道和教室的地面上是厚厚的土垢，校园里到处是纸屑等垃圾；老师们拉帮结伙的现象严重，影响了学校的公平、公正……这些让初当校长的我感到十分诧异，怎么会是这样？这可是领导和老百姓眼里的省级规范化学校啊？说实话，比城里的学校差得太远了。整个学校的状态就像一盘散沙，我感到身上的担子很重、压力倍增。

面对困难，我没有抱怨，更不能退缩，为官一任，造福一方，我别无选择，只有审时度势、因地制宜、知难而进才对得起领导的信任和校长的担当。我深深地感到，学校变革必须从体制入手，必须经历一番阵痛，才能确立新规则、实现组织再造、迎来学校新生。于是，我和干部们顶住压力，紧抓管理的牛鼻子问题，开始规范一个一个管理行为。也许我和这所学校有缘吧，学校真的变了，让我从一个诧异走向另一个诧异：我们稳扎稳打、步步为营，解决了一道道难题，攻克了一个个制约学校发展的瓶颈，推动学校顺利实现转型，为我校可持续发展拓展了新空间、赢得了新优势。

一年后，在同事们的坚定支持下，学校第一次顺利实施了教职工全员岗位竞聘，建立了业绩优先、优绩优岗、劣绩转岗的新机制，激发了老师们的工作热情和活力；三年后，又圆满完成了中层岗位设置的调整及干部聘任，优化了岗位职能，提高了干部的执行力；四年后，实施分管校长包级部制度，有效落实了管理重心下移、指挥阵地前移的扁平化管理理念，解决了干部沉不下去、深不下去的老大难问题，提升了学校的管理效能；今年又进一步推行"教师选岗、领导选人"的双选双聘机制，极大增强了老师们的工作主动性和执行力。七年来，我们一步一个台阶，稳步有序、适时适地推动管理机制转型升级，奏响了学校管理机制变革的"四部曲"，使我校管理理念越来越先进、管理目标越来越清晰、管理行为越来越科学、管理机制越来越健全，并由此带来了学校的活力与生机，带来了学校蒸蒸日上的新面貌，带来了学校一个又一个骄人的业绩。

学校给我带来了很多荣誉，也带给我管理上的自信，我与这所学校以及师生们一起成长起来。我知道，仅凭我一人之力，完成不了这一项项变革，感谢我校具有强烈责任心的校委会管理团队，感谢对我鼎力相助的各位真诚的助手，也衷心感谢那些朴实的、心里装着学校荣辱的可爱可敬的老师们。难以忘记，我和班子成员多少次为了研究一条改革措施加班到深夜，多少次为了一件涉及老师切身利益的事情绞尽脑汁，多少次为了学校的建设和发展东奔西走、争取支持，又有多少次为我们不能满足老师们的期待而心生愧意……今天，我要说，我们辛苦的汗水没有白流，所有的付出都是值得的，因为我们的努力正在使我们的学校变得更加朝气蓬勃、更加靓丽美好！

善园与墨园

学校中心区域有两个长方形花园，一个叫善园，一个叫墨园。虽然两个花园面积不大，但春夏秋冬、一年四季的景色尽显其中，清新、美丽，吸人眼球。

善园是我校善文化教育的标志之一——善石所在的地方，故称善园。时下，园子里的两棵柿子树上挂满了红彤彤的果实，煞是诱人。柿子树刚好是两棵，隐喻为"柿（事）柿（事）如意"，象征着美好。善园里有一处耐人寻味的景点——善廊，廊柱上悬挂着一副副对联，东向的第一排廊柱上书写着"善国善政善治存善风，善园善教善学育善人"的楹联，这是我亲自撰写的，表达了我校志在传承善文化、育善扬善的教育追求。"勿以恶小而为之，勿以善小而不为"的名句就在其中。草坪上，错落有致的景观树像一把把大伞，护佑着下面的小草；善廊上的常青藤根系有力、枝叶茂盛；善廊西侧的桃李园是往届校友赞助的，桃树、李子树硕果

姜屯中学的善廊

累累，一年一年讲述着"桃李不言，下自成蹊"的温馨往事。

与善园隔路相望的就是墨园。它因墨池而得名。其实，墨池这个名字有一语双关之妙，可理解为古代书法家洗笔的地方，同时，"墨"字又可使人联想到大科学家墨子。所以，墨池不大，却韵味十足，为园子平添了书香气，赋予了科学的精神内涵。墨池环绕在假山四周，山上细水长流叮咚作响，水在绿油油的荷叶映衬下，透着浓浓的墨绿色，站在一旁，心境格外清爽。园子里有两棵紫薇，每年6月到9月，紫薇如期盛开、香气四溢，引来蝴蝶翩翩起舞，引来师生竞相观赏、赞不绝口。

善园与墨园，一南一北，相互映衬，成为我校师生休闲、静思的好去处，是外来客人歆羡、流连忘返的美景。我以为，花园之美，不仅美在花草树木这些有形的东西，更重要的是这些有形东西背后所蕴含的文化。校园景色能否与学校的文化如影随形，两者能否水乳交融，外在之美与内涵之美能否有机统一，这应该是一个校长布局校园时的首要思考。平平常常的一块石头，如果仔细端详、巧妙利用、赋以文字、配上解读，就可能会活起来，一道长廊、一段小桥、一块照壁、一汪池塘，任何一处静物，都可以附着上育人的感悟，赋之以文化内涵，甚至包括生命启迪，这使它们具有灵魂，和我们教育者共同承担育人的使命。

善园与墨园，不是简简单单的一个名字，而是承载学校文化的育人载体，其名字反映了学校的教育目标、校长的教育思想和老师们对教育工作的执着追求。善园代表了姜屯中学主旨文化——善文化，墨园体现的是学

校科学文化，前者旨在突出人文精神的熏陶，后者旨在凸显科学精神的培养，两者不可顾此失彼，更不可偏废。我们追求的学校文化是：人文教育和科学教育相辅相成，人文精神和科学精神相得益彰，并且两者有效统一于育人过程之中。

"善"印

一次偶然的机会，在泰安的某个地方，看到一方厚重的刻有双喜字的青铜印，着实让我眼前一亮，脑海里随即闪过一个念头：能否在我们的校园里，立一方刻有"善"字的青铜印呢？回到学校，我依然掩饰不住内心的激动、兴奋，向同事们叙说，大家认为这一设想很新颖、有创意，很快形成一致意见：立一方我校特有的"善"印，进一步彰显善文化教育的内涵和魅力！为此，我们行动起来，紧锣密鼓地筹划立"善"印事宜。

首先我们请美术老师设计它的外形、尺寸，张强泽老师在广泛征求了老师们和专业人士的意见后，开始了紧张的构思、设计，数易其稿，最后形成了现在的"善"印方案。

图纸出来了，到哪里制作呢？我们考察了枣庄市的青铜制作厂家，但均因要价太高作罢。后来，我们了解到河北有几家信誉良好的老字号青铜器生产厂家，于是，我们和局里派出的领导一道远赴河北。几经周折，傍晚抵达，我们便马不停蹄地与厂家一一接洽，讨价还价，相持到很晚，才以较低的价

姜屯中学的"善"印

格谈妥。同去的领导对我们一行人的事业心、责任心以及事无巨细的态度赞赏有加，我们也钦佩领导与我们同甘共苦，完成这次任务。记得那天返程路上，领导提及晚上宾馆闹耗子的事，真是让我心生愧意！请理解我们

花小钱办大事的心情。

接下来就是施工生产了，制造、运送、落地、安装，每一步都稳妥进行着，历时几个月，我们期待的"善"印端坐在眼前。

2012年10月的一天，我们隆重举行了"善"印的揭幕仪式，全校师生见证了这一神圣的时刻。红红的帷幕慢慢地拉开，端坐在方形青砖平台上的"善"印，在秋日阳光的照耀下，显得古朴、大气、庄严、肃穆。"善"印由纯青铜制作，呈半打开状，45度夹角处露出的大大的"善"字，鲜红靓丽，格外抢眼。"善"印周身刻满了真草隶篆多种形体的"善"字，或阴刻，或阳雕，层次分明、错落有致。背后的铭文是我校朱绍经老师精心撰写，共32个字："古滕肇兴，善苑长青；德形品成，入思见行；凤翥龙翔，中华昌明；铸印为志，集善铭鼎。"这段话，对仗工整、内涵深刻、意味深长，集中体现了我校铸印明志、为善兴学、培育善人的志向和抱负。"善"印当之无愧地成为我校开展善文化教育的又一重要标志。

可是，我们立"善"印的目的和意义远不止如此，它不仅是一个标志、一处景点，还是一种印记、一种象征。每一个姜屯中学的学子，学满三年，初步具备了涵盖品德养成、生活习惯等内容的校园一百条善行标准，学校就将这枚"善"印的"善"字盖在每一位学生的达善标手册（即"善"证）上。这样，我校毕业生同时拥有了学业的毕业证和做人的合格证，从而打上了姜屯中学独有的印记。一本本"善"证，满含着母校的期待，期待他们成长为心有善念、关爱他人、友爱社会、奉献祖国的一代新人。

我相信，这一本本"善"证会成为姜屯中学学子最好的陪伴！

"善" 印广场

步入姜屯中学大门十几米可以看到一个广场，广场右侧就是青铜"善"印矗立的地方，因此得名"善"印广场。容我简介一下它的容貌：

"善"印广场坐落在学校主道西侧，位于知善楼和养善楼之间，整体呈方形，彩砖铺就。"善"印居于广场中心，端坐在青砖方台之上，正面东向而立，方台周围铺有圆形黑色大理石，与东西方向的红色大理石步道连成一体。广场的四角各置一个小花园，分别种植了桃李树、小青竹、菊花和梅花——照应春夏秋冬，意味四季轮回、生命常青。以后，我们对这四个角作了进一步改造，设计了形态各异的一组园林，栽植了 60 棵水杉，水杉树下摆放了石桌、石凳，供同学们看书、小憩。广场北侧的东西两端各有一精巧的曲形照壁，古色古香，正面墙面粉刷为青铜色，同"善"印颜色呼应，协调一致。东边刻有校徽及解读，西边刻有校歌词曲。广场南侧的墙面上悬挂着两大幅醒目的宣传牌，是我校善文化教育体系框架的介绍，包括环境、课程、行为、管理文化四位一体的教育结构图以及校训、教风、学风、校风等内容，一目了然，便于人们直观地感受我校的学校文化和育人特色。

　　"善"印广场，可以说是我的又一得意之作。其所在的位置曾是两排两层的学生宿舍楼，经鉴定属于危房，需要拆除重建。于是，我们精心设计，把新宿舍楼盖成四层双面楼，为的是腾挪出前面的一大块空地，建成一个广场，之后就建造了这个"善"印广场。

姜屯中学的"善"印广场

　　改造后的广场变得景致宜人，充满了韵味。青铜铸就的"善"印、外圆内方的布局、大理石步道的设计，无不契合中国的文化传统，进一步彰显了我校善文化教育的中国传统文化印记。一次，局长来校视察，听我介绍后，笑呵呵地直夸赞："广场不大，内涵不少。"平日里，大家围在"善"印旁驻足、品鉴，心情好不舒爽。"善"印广场不算大，也就有近1000 平米，但显得精致大方。它的每一个点的布局，都经过精心构思、仔细推敲，每一个点又都以善为魂，以善文化为引领，亮点纷呈、浑然一体。精巧的布局、充实的内容、多样的形式，凸显了学校文化，师生们在其中踱步、休憩、读书、娱乐，既乐在其中，又有所思、有所悟、有所得。

"善"印广场是学校善文化教育的里程碑，是学校的一方净土，承载了全校师生的梦想，因此，一些重要的仪式都在这里举行。例如，在我校每年举行的毕业典礼上，"善"印就成了典礼的最好背景。一届届毕业生在这里感受母校的温暖，接受善文化的洗礼，接受校长、老师和学弟学妹们的祝福期盼，流下感动、感激、感恩的泪水，也是从这里整装待发、扬帆起航，奔赴新的人生征途。

一种理念的形成

姜屯中学坐南朝北，从大门口向南看，有一面青砖白墙的照壁，上面镌刻着四个红红的大字"为善兴学"，这就是我校的办学理念。"为善兴学"，这铿锵有力的四个字是对我校多年来善文化教育探索、实践的高度凝练和概括。

提出这一理念，还真不是一蹴而就的事，而是经历了长时间的深思、揣摩、论证。记得2006年，我在北辛中学工作的时候，当时分管的教学部有2000多名学生，有次召开家长会，我提出了会议主题"科学育人，共享幸福"。这个主题提出后，有不少同事、朋友甚至家长告诉我说这个理念好，与时俱进，鼓舞人心。对此，我的理解是，教育要讲究科学性，科学育人，学生才会拥有一个幸福的人生，家长才会拥有一个幸福的家庭，教师才会拥有从事教育事业的幸福感。当时，我还以此为题写了一篇短文，发表在《滕州日报》上。渐渐地，它成为我职业生涯中的一个重要教育理念。2009年，我担任姜屯中学校长以后，就把"科学育人，共享幸福"作为学校那时的办学理念，并把这八个字挂在教学楼上。随着善文化教育研究与实践的不断展开，2011年8月，我撰写的论文《弘扬善学 以善育人》在《当代教育科学》上发表，我感觉到，"弘扬善学、以善育人"的提法，比"科学育人、共享幸福"更具体、更有内涵、更能体现学校文化，以此作为学校办学理念更能体现学校特色。可是，在表述上，我觉得还不到位，还不够简练，比如用四个字来概括，岂不更好？

一次，我同几位朋友参观滕国故城，看到文公台上书法家王学仲老先生书写的"为善兴滕"四个大字，眼前一亮，老先生关心故乡、心系桑梓、期盼家乡兴旺发达的心愿跃然纸上，如果我们用"为善兴校"或"为善兴学"作为学校办学理念，不是

姜屯中学的办学理念

更能展示我辈热爱教育、心系教育、立志为家乡培育良才的抱负志向吗？我提出这一想法后，朋友们连连夸赞，一致认为，"为善兴学"更有内容、更大气、更有格局。于是，"为善兴学"落户姜屯中学，成为当前我校的办学理念。"为善兴学"就是要让善成就学生，成就老师，成就学校，成为师生生命中的一部分，成为学校生命的支柱，从而形成学校和师生的文化自觉，这正是我们教育的初衷。

至此，经历一波三折，经过时间淬炼，"为善兴学"的办学理念正式形成。以这一理念为统领，"日行一善、善形一生"的校训，"以学定教、严谨善诱"的教风，"勤学善思、自主互动"的学风，"真而善、善而美"的校风，充满浓浓善意的校徽，激扬向上、催人向善的校歌，还有学生日日诵读的为善三字歌，等等，我校的这些文化要素渐次完备、丰满，可以说，理念与各要素之间形神兼备、紧密融合，形成了有机的整体。"为善兴学"的办学理念扎根于属地善文化的沃土，高度凝练了学校文化，融合了我校各文化要素，集中体现了我校办学目标，凸显了我校特色，获得了师生的广泛认同。

我体会到，一种学校理念的形成不是轻而易举的事，不是闭门造车，

更不是包装、臆想出来的，而一定有它的历史背景、文化根基，一定是内生的，是立足校情，从客观实际出发，通过学习、思考、探索、感悟慢慢得来的，是在长期的实践过程中逐渐形成的，并且随着认识的深入要敢于舍弃、敢于自我否定，这样形成的理念才站得住脚，才深入人心，才有生命力。

感恩在姜屯中学的治校经历，为我的校长生涯留下了那么多使我感念、让我自豪的难忘时刻，留下了一段段值得我终生铭记的深刻记忆。可以说，姜屯中学锻炼了我，培养了我，也成就了我，使我从一名籍籍无名的青涩校长，一步步成长为有了些许知名度的枣庄名校长、齐鲁名校长。短短11个学校管理变革案例的印象记，虽不能完整涵盖姜中变革的全貌，但足以清楚梳理出一个校长致力于以文化引领治校的心路历程，这都是我用真心、真情书写的，所以，我愿以此篇聊作校长生涯中的一段美好的姜中记忆。

滕城踏青　寻访善根

　　一天上午，姜屯中学七年级 500 余名师生徒步 30 多里奔赴滕国故城，实现了本次"滕城踏青，寻访善根"的教育活动，孩子们走进春天、亲近自然、触摸历史、追溯善源，磨炼了个人意志，丰富了学习经历，积累了人生阅历，增加了人生感悟。

　　行进途中，同学们精神饱满，热情高涨，喜悦、兴奋之情溢于言表。到达滕国故城后，大家在景区管理员的引领下，按秩序参观了文公古台、滕文公楼、唐古槐、善国碑林等历史景观，那历经沧桑岁月的唐古槐、栩栩如生的文公塑像以及流传千古的文公故事，无不感染着在场的每一个

滕州的文公台

人。参观结束后，全体同学在文公台下集合，再一次诵起学校自编的《为善三字歌》。最后举行了"姜屯中学善文化教育基地"揭牌仪式，并聘请滕国故城管理员何锡涛老师为学校善文化教育校外辅导员。本次活动，学生表现得非常有素质，离开故城时没有留下一片废纸、一个垃圾袋，回程中也没有一个人掉队，活动进行得非常顺利、圆满。我知道，在这一成绩的背后，随行的领导和班主任老师一定付出了艰辛的努力，作为校长，我从内心里感谢他们。

　　其实，开展远足踏青活动的想法，我早已有之。但在安全形势日趋紧张的今天，很多学校取消了许多师生校外活动，毕竟，出了安全问题，学

校难辞其咎，多一事不如少一事，于是安全就成了最好的理由和借口。有人说，安全是"1"，如果安全出了问题，后面一个个"0"就没有意义了，正所谓安全不保、何谈教育！此话当然有它的道理，而我还是觉得，安全固然重要，但我们也不该让安全束缚住教育活动的手脚，安全是"1"的话，也一定不是唯一的"1"，"1"的后面还包含丰富多彩、生动活泼、五彩斑斓、绚丽多姿的美妙世界，那里面有孩子们对大自然的热爱、对未知世界的憧憬和对美好生活的期盼。安全固然重要，而安全之外，我们同样不该忘了还有孩子们必要的成长经历，那是孩子们需要的教育。所以，当我得知孙卫志局长在滕州五中当校长时，每年组织一次学生远足拉练活动均取得了理想的效果，我即向他请教，孙局长轻松地说：其实没什么，除了设计好活动外，关键是做好安全预案。我接受了他的建议和指导，力求把安全预案做得更加详细、完善。

位于姜屯镇东滕城村的滕国故城是古滕国的发祥地，也是中华善文化的最早实践地。古滕国因滕文公礼聘孟子，"法先王""行仁政""施善教"，而得"善国"之美誉。近几年来，我校依托属地文化资源，卓有成效地开展了独具魅力的善文化教育，让学生们亲临先人的足迹，才更有

姜屯中学学子踏青寻善根

利于他们生动、深入地理解善文化的渊源，增强传承善文化的使命感和自觉性。我得知学校还有很多学生从来没有到过滕国故城，从未亲身感悟过古滕国的历史沧桑和文化，心里是有一些遗憾的，我想，身为滕国后人，无论如何都要补上这一课。

来回30多里，对孩子们来说是一个不小的挑战。我问一个刚回到学校的学生远足的感受，他只说了一个字"累"。我笑了，我告诉他："经受住累，也是远足必修的一课，我祝贺你们顺利完成！"七年级一班段依彤说："今天的活动让我们感受到了大自然的美，锻炼了我们的毅力，让我们领悟到古滕国的悠久历史，我感到收获很大，今后一定要努力学习，立志成才，用自己的实际行动将善文化发扬光大。"她的话让我感到组织这样的活动是值得的，满足孩子们成长的需要就是活动开展的最好的理由！

善需要坚守

2017 年元月，山东省第二期名校长培养工程正式启动。本次培养的重点放在了课题研修上，省教科院为我们推荐了理论和实践导师，我有幸成为华东师范大学杨小微教授的学生。杨教授现任华东师范大学教育学教授、博士生导师，教育部人文社会科学重点研究基地华东师范大学基础教育改革与发展研究所所长，中国共产党党员，兼任华东师范大学繁荣计划学术委员会委员，《基础教育》（双月刊）主编，中国教育政策研究院兼职教授，中国教育学会教育实验分会副理事长、教育学分会教学论专业委员会副理事长。他学识渊博、学养深厚，能成为他的学生是我的荣幸。通过微信，我与杨教授约定在上海华师校园见面，当面向他讨教我们的善文化教育课题。

11 月 29 日中午时分抵达上海，下午 4 时，我们如愿以偿地见到了杨教授，来到杨教授办公室，短短的几句问候，让我顿感他的热情和平易近人。杨教授指导课题的方式出乎我的意料，他不谈大道理，而是以聊天的方式，谈起他对善的思考，他说：今天面临信息化时代，这对传统文化是个挑战，传统文化置于时代才有意义，善亦然。这个社会里，只讲善良，行得通吗？我们看到善良的人也会受伤害，如江歌事件。为利行善，这是对善良的亵渎，所以善良要有前提即诚信。当今时代，一味讲善，没有说服力。我们可以对诚信之人讲善，对不诚信之人不讲善。当整个生态破坏了，讲善苍白无力。在现代化背景下看待善的问题，更有说服力的是要回应当代困惑。《说文解字》中说，教是上所施、下所效，育是什么？是养子使作善也。这话今天仍有意义，仍然需要坚守善良，但也要审时度势。今天的人要懂得不能制止恶，就要自保，但不随波逐流，不能以恶为善，不主张以恶制恶、以暴制暴。杨教授的这些话，充满了理性思考，似乎是轻描淡写的几句话却讲清了善在新时代的价值、挑战及其如何弘扬发展。在返程的高铁上，回味杨教授的这些话，我想到了以下几点：

一、善是一种品德，也是一种能力

自古以来，善作为一种良好的品德为人歌颂和践行，例如"善为至宝一生用，心作良田百世耕"，人们把做好事称作"善"举。它同真、美一起成为人类追求的至高目标。毫无疑问，善就是一种品德、一种美德，成为温暖人、照亮人的一盏明灯。

但是，不是人人都会去追求它，相反，善常面临恶的侵扰，是的，今天的孩子们面对恶语恶行，有能力避免伤害、保护自己吗？善良的人能每次都避开他人的不善之举吗？因此，善良的人更应有能力自保，有能力生存，有能力生存好。可见善不仅是一种美德，更是一种能力，只有具备这种能力，我们的学生才能学会辨别是非美丑，才能适应社会、适应时代，才能摆脱各种困扰，从而成就丰满人生。育善品，养善能，两者不能有丝毫偏废，具有善品、善能的人，才能更好地传承、弘扬中华文化，才能更好地坚守善良、充满正气，才能更好地激励、影响他人。

二、善有高标，也有底线

一个社会最可怕的是人失去了善良的底线，而只要守住这一底线，这个社会就有希望。人守住了善良的底线，就不会做出损害他人的举动。所以，社会也好，学校也好，教育也好，需要重视与加强的必定是底线的要求，因为这样的要求面对的是每一个人，当每个人都守住了善良与道德的底线，大家才能懂规则、守秩序，从而共同营建起美好的社会。如若一个人丧失善良的底线而不被谴责、不被声讨、不被唾弃，难免出现剧场效应，当负能量的人和事蔓延开来，社会的美好与希望就会离我们越来越远。这一观点对我们教育的启示就是，面对背景复杂、参差不齐的学生，首先要考虑的是如何把他们培养成合格的学生和合格的公民或者说合格的人，合格即意味着他们不会触碰善良与道德的底线，至少能够保住心中的那份对善良的坚守与期冀。

当然，做底线的教育有必要，但不拒绝教育应该追求的善与道德的高标，因为守住底线，追求高尚才有可能，守住了底线，才能为善良的坚守、高尚的追求营造出健康的能量场，人们才敢于展示善良、表现善良、追求善良，高尚的人和事才会层出不穷，美好、和谐的社会才会到来。

三、善需要追求，更需要坚守

善就是让人们去追求的，追求善，就是追求美好、追求进步、追求阳光，所以古往今来的社会中，人们都自觉向往它、执着追求它，并为之不懈践行，从而涌现出一代一代善的楷模，成为人们崇拜效仿的对象。保存于人们内心深处的善良，总是在社会邪恶盛行、人心不古、世风日下的绝望时刻，喷薄而出，给彷徨、绝望中的人们以慰藉，像一盏明灯点燃希望，善已经成为植根于心、不可磨灭、无法割舍的永恒目标与理想。

杨教授反复提到"坚守"二字，其实是道出了坚守的不易。社会纷繁复杂、良莠不齐，既有真善美，也有假恶丑，我们发现在不少时候善良的人容易吃亏、受伤，为恶之人常获利，在这样的大环境下也能做到不为所动、继续坚守，不得不说这是一种极为可贵的品质。反之，如果因为社会的某些问题就动摇了对善的坚守，默许了恶的盛行，也就助长了社会的不良风气，任由其发展下去，可以肯定地讲，将会出现更加严重的社会问题。最后我想说的是，善的问题是人心问题，是人的本性问题，是社会大问题，在此可能不能表述清楚，但是我们坚信，有了你我的坚守，善良才能永存。

教育不仅仅是一项工作[①]

一天下午，学校政教处组织了本学期的班主任"育善论坛"，各年级推选出的六位班主任依次展示了精心制作的课件并作了生动的经验介绍，我参加了全过程研讨。研讨中，张会珩老师紧紧围绕纪律、卫生、学习三大块谈班级管理心得；张洋老师对小组岗位职责的研究相当深入，如以学习小组为例，除设置小组长外，还有课前准备检查员、英语领读员、作业追踪员等岗位，将学习的责任分解到每一个成员的身上；彭丙启老师谈了班主任工作的感悟，即树立德育为首的意识、全员育人的意识和科学管理的意识，开始以教育的视角看待班主任工作；龙敦宝老师对创建"竞争、文化、合作、和谐"的个性化小组的探讨很有借鉴意义和推广价值；胡勤浩老师的发言充满了真情实感；最后一个发言的是陈长梅老师，她从一次成功班会课的独特视角汇报了建设优秀班集体的经验。

坦率地讲，这次活动打动了我，促使我临时决定打断会议议程，作了几分钟的即席发言，在简单做了以上点评后，又简要地谈了我对这次活动及班主任工作的新思考。我说："今天既让我感动，也让我欣慰。让我感动的是，相比以前，本次'育善论坛'的经验在质量上有了明显的提升，我看得出，这些经验是在班级管理的探索与实践中实实在在总结出来的，

---

① 本文写在姜屯中学"育善论坛"举办之际

真的是从自己的班级里生长出来的，有思想，有内容，很鲜活；让我欣慰的是，我看到了班主任思想的新变化，班级管理水平的新提高，以及整个队伍素质的新进步。"

一直以来，我十分重视学校的教师队伍建设。在我看来，学校的发展，不能仅看校园环境的变化、教学设施的充实以及办学条件的改善，关键要看教师的成长。从某种意义上说，是教师的成长决定了学生的成长，自然也就决定了学校的成长与发展。因此，三年来，我校采取请专家进来、走进名校、赛课辩课、课题征集评比、表彰奖励等多种措施，大力加强教师队伍建设，鼓励他们岗位成才，建功立业，成名成家。近三年，我校教师荣获山东省政府教学成果奖二等奖，1人荣获山东省电教优质课一等奖，9人荣获枣庄市优质课一、二等奖，28人荣获滕州市优质课奖，另有公开课教师12人、滕州名师1人、明星教师1人、滕州市师德标兵3人、滕州市十佳班主任3人。这些荣誉的取得表明，学校教师的专业成长开始步入了发展的快车道。今天的班主任"育善论坛"的成功举办，再一次证明了这一点，这也是我作为校长最为看重、最为欣慰、最为自豪、最有成就感的事！因为学校将来发展的步子将会因此迈得更扎实，发展的空间将会更广阔，发展的目标将会更加高远！

我深深地知道，教师的专业成长是教育的重要前提。我欣喜地看到，一些教师开始了对教育的思考、对教育使命的追问，开始从教育的视角看待教学、看待管理、看待学生、看待工作、看待学校，开始走上了素质教育的探索之路。当前，在学校功利化的倾向仍十分严重的情况下，我们的老师开始有了这样的思考，怎能不让我感动和欣慰呢？我们知道，学校工作复杂、任务繁重、责任重大，这很容易使我们陷入大量的事务性工作中，一味地为教而教、为管而管、为做事而做事、为工作而工作，渐渐地，便与教育的目标渐行渐远。我感到，这一现象是不可持续存在的，同时，我认为，这与我们的认识有关，与我们对工作的态度和理解有关。

以站路队为例，不少学校只是把它当成了一项管理措施，为的是避免上、下学拥挤，造成交通堵塞。当然，它起到了这样的作用，而我以为，不仅仅是这样，它还应该包含许多内容，如讲规范、守秩序、相互礼让、互帮互助、学会宽容、体谅他人等等，这些学生身上潜在的礼仪、习惯、情感会在站路队这一小小的举动中显现出来，这些美德恰恰是一个人成长中必须具备的，也将是一个人一生受用的。所以，站路队这件事情虽小，却意义重大，用教育的眼光来看，则小中见大，影响至远。其实，话又说回来，学校里哪有多少大事情，不都是一件一件的小事情吗？教育就是要从这些小事做起，在小事中帮助学生成长。

教育从来不拒细节，越是小细节，越是深含大学问，越能体现一个人的行为修养，体现一个人的文明境界。教育就是通过这诸多的小事情、小细节来彰显其应有的价值，使其真真切切地回归到人、落实在人的身上、表现在人的行为中，而非停留在工作的表面，因为教育不仅仅是一项工作、一份职业，更是一份蕴含价值追求、充满情感投入、催生行为品质的事业！

因此，学校无小事，事事有教育。当我们把学校方方面面的工作上升到教育的高度来看待、认识的时候，在内心深处会产生出责任，产生出情感，就肩负了教育者的使命，这样的工作才会让我们收获到充实、喜悦，感受到教育的意义，才会让我们从此渐渐摆脱枯燥、乏味、单调的生活状态，恢复久违的激情，抖擞深藏的斗志，焕发青春的活力，昂扬地迈向丰富、多彩、有价值的教育人生！

弘扬"善"学　以"善"育人①
——以滕州市姜屯中学善文化教育的探索与实践为例

夏新教授在《中国古代传统文化何以生生不息》一文中认为："中国古代传统文化源远流长，博大精深，它的质体现在德、善、和三方面。虽然也混合着糟粕杂芜，但从主体上看，中国古代传统文化可以说是德文化、善文化、和文化，这是中国古代传统文化的根本属性。"此文确实摸准了中国文化的核心精髓。作为三大传统文化之一的"善"文化，不仅内涵丰富，包括居善地、心善渊、与善仁、言善信、正善治、事善能、动善时等诸多条目，而且这些核心内涵，虽经千年，仍历久弥新。

一、"善"义何谓？

"善"字意蕴丰富，但追溯其源，本为会意字，从言，从羊。言是讲话的意思，羊是吉祥的象征，故善的本义理应为吉祥。《说文》："善，吉也。"羊多（食物多）、有饭吃就吉祥。后被引申为好、美好，善良、好心，慈善，高明、工巧，善于、擅长，友好、亲善，好人、好事、好处等多层含义。

善，在心理学上被定义为"对感觉的一种描述"。善良的人一眼就可

---

① 本文发表于《当代教育科学》2011 年第 8 期

以看出来，面目慈善，一般表现为处事大度，对人对物总能替对方想，一般行动较缓慢，举手投足的力量不是很大。若从哲学视角而言，善是人们从具体事物的具体存在形式——行为中分解和抽象出来的认识对象。"善"是一种有利于社会和绝大多数人生存发展的特殊性质和能力，是人们在与具体事物密切接触、受到具体事物影响和作用的过程中，判明具体事物的运动、行为和存在符合自己的意愿和意向，满足了自己的生理和心理需要，产生了称心如意的美好感觉后，从具体事物中分解和抽取出来的有别于恶的相对抽象事物。有利于人类的生存，对社会的发展具有正面的意义和价值，符合社会和绝大多数人的意愿和意识之行为或存在，即为善；有害于人类的生存，对社会的发展具有负面意义和负面价值，违背社会和绝大多数人的生存发展意愿和意识之行为或存在，就是善的对立面"恶"。善与恶相对，二者都必须以行为或存在为依附，善行、善事必有善主，恶行、恶事必有恶主。善主、善行和善事中必然包含着善，恶主、恶行和恶事中必然包含着恶。人类为了实现生存发展的基本目的，应该褒善贬恶。

我们今天通常所讲的"善"，更多的是强调其丰富的伦理学意义，即"在被动个体自我意识出于自愿或不拒绝的情况下，主动方对被动个体实施精神、语言、行为的任何一项的介入，皆为善"。但不同的人对同一具体事物的同一行为会有不同的看法和观点，有人认为它符合自己的意愿，是善行，有人认为它不符合自己的意愿，不是善行，还有人认为它违背了自己的意愿，是恶行。这主要是因为不同的人对于同一个具体事物的存在、行为和变化具有不同的经验和知识。知识和经验丰富的人可以迅速准确地判明一个认识对象所具有的善、恶性质和能力，缺少知识经验的人却很难正确判断一个认识对象所具有的善、恶性质和能力。另外，个体和集体的生存发展需要、利益和具体意愿时常存在一定的差别，但二者既是统一的，又是对立的，那些符合社会绝大多数人的意愿、意向、意识的行为，往往属于伦理之"善"，反之，那些符合少数人的意愿、意向、意识的行为，往往为伪"善"。宏观地说，在最广时间传播范围内符合绝大多数人的目的即为善，在最广时间范围内被证明对最终目的有利的目的被称为是"善心"，在最广时间范围内被证明对最终目的有利的行为被称为"善行"。

人类关于"善"的本质以及"善行"问题的认识，具有悠久的历史。在古希腊，人们对善的认识同我们祖先基本上是一致的。善不仅有好、可欲、有益的意思，还有幸福的含义。苏格拉底认为：对于任何人有益的东西对他来说就是善。他甚至将善的知识称为"一种关于人的利益的学问"，"一切可以达到幸福而没有痛苦的行为都是好的行为，就是善和有益"。在我国的善传统文化中，关于善的论述亦不乏真知灼见。《国语·晋语》："善，德之建也。"《左传·襄公三十年》谓："善人，国之主也。"《论语·述而》有"择其善者而从之，其不善者而改之"的说法。老子在《道德经》中对"善"首次进行了非常形象的诠释："上善若水，水善利万物而不争，处众人之所恶，故几于道。"人达到了上善的境界，就会像水一样不再受形体的拘束，水泽被万物，却不与万物相争，这就是上善，是道德修养的最高境界。《孟子·尽心下》更有"可欲之谓善"一说，认为善就是"可欲"，已不再仅仅指"羊多有饭吃"等原始含义，而是已从食物对人的生存的支持、对人的食欲的满足扩展到了一切事物对人的生存、生命的欲望的满足。

二、立规定制扬"善"学

教育不仅仅是传承，更需要传播和发扬。滕州市姜屯中学是一所省级规范化学校，地处古滕国腹地。古滕国因滕文公"礼聘孟子，施行善政"而史称"善国"。姜屯中学所在地是昔日善国的核心区，是孟子性善论思想的最早实践地，至今民风淳朴、善风犹存。姜屯中学身居善地、深挖善根，在调查研究的基础上，依托属地文化，卓有成效地开展了以"培育善人，弘扬善学"为总抓手的独具魅力的善文化教育，具体包括存善心、有善念、行善举、做善事、成善人、扬善学等六个方面，取得了良好的育人效果。

"存善心"是指具备一颗善良之心，相信我心本善、善心永驻。"心"明才能"行"正！姜屯中学在追"善"源、挖"善"根的基础上，首先在全体师生中积极推行"善"的教育，引导师生以"人居善地，当存善心"来升华人格，完善自我。"有善念"是指拥有善的信念，不为名利所动，不为功利所驱。"行善举"是指躬行善的举止，一言一行、待人接物，都应避恶从善。"做善事"是指多做善的事情，不以恶小而为之，不以善小而不为。"成善人"是指以古今善者为榜样，成就仁爱之心，成为厚道之人。"扬善学"是指将中华民族的善文化在民间不断传播，在古滕之地不断发扬光大。

姜屯中学依据这六大理念，重新界定和解读了学校的"三风一训"：校风是"真而善，善而美"；教风是"以学定教，严谨善诱"；学风是"勤学善思，自主互动"；校训是"日行一善，善形一生"。

校风中的真、善、美自古以来就是中华民族至高无上的理想与追求，也是当代各类学校教育之基本价值取向和崇高目标。一般来说，科学追求的是真，宗教和哲学追求的是善，艺术和文学追求的是美。但若从文化上看，真、善、美都应是道德的主题，其核心是"善"。教风、学风中的两处"善"字，作动词用，使用了"善"的"擅长、善于"含义。身为姜屯中学师生，不仅应具备善心、善品、善行，还要努力成为善教之师、善学之生、善思之人。"日行一善，善形一生"的意思是，每天至少要做一件好事，并持之以恒，不仅如此，还要将善德、善行表现出来，让善的光辉照亮他人，温暖社会。

三、化"善"学于践行

为了能营造浓厚的"善"文化氛围，使师生时时处处受到熏陶，时时处处受到感染和激励，姜屯中学把弘扬"善"学的理念，全面贯彻到学校日常运转的各个环节中。具体讲，主要包括以下几项措施：

标"善"念于校园。首先让墙壁说"善"话，在走廊的墙壁上悬挂介绍滕国历史的挂图以及"善"文化的图片，在门厅的两边刻上《孟子·滕文公》文章，在教学楼侧面雕刻一面以不同"善"字装饰的"百善"书法墙等，让校园里的每一处风景都沐浴着善的气息，供师生们随时浏览，时时诵读，细细品味。墙壁成了流动的历史，成了会说话的"善"的教科书，成了师生舍不得离开的知识长廊。其次，赋楼房以"善"名，给每一幢教学楼、实验楼、电教楼、办公楼、公寓楼等起一个能够反映"善"文化特点的名字，如知善楼、行善楼、本善楼、立善楼、乐善楼、崇善楼、至善楼、扬善楼等等，师生们望楼生义，远而敬之，近而观之，观而从之。通过此举，楼房被赋予了鲜活的文化，变成了育人的师长。再者，在校园的醒目处，比如宣传栏上、走廊旁、草坪边，广泛张贴充分体现"善"文化教育的核心理念，诸如"存善心、有善念、行善举、做善事、成善人、扬善学"等口号，"继承善的传统、推行善的教育、弘扬善的文化、实践善的真义"等标语，使校园真正变成师生们学习文化、道德养成、思想进步的"善园"。

播"善"念于教师。学高为师，身正示范，姜屯中学按照教师善念、善行教育先行原则，在广大教师中积极推进善教育。学校把培养教师的知善、行善、扬善等意识和行为作为开展善文化教育的基本着力点，开展了一系列活动，包括评选教师为善之星、成立善文化研究会、设立善文化研究课题、召开善文化研讨会、举办善文化教育经验交流会等等。这些活动使教师们把挖掘、传承、弘扬善文化视为己任，自觉做学生的表率，全面提升了教师的师德水平，促进了善文化教育的有效实施。

授"善"学于课堂。"善"的培养，主要渠道应体现在日常的课堂教学中，像语文、思品、历史等文科科目本身就已经包含了很多"善"文化的内容，即便是物理、化学等理科科目也蕴含了一些"善"的哲理。开设校本课程，是善文化教育入课堂的又一主要形式。姜屯中学把《善文化教育读本》作为一门学生必学的课程，使之真正进入了学生的学习生活，为学生进一步学习善文化奠定了基础。除此之外，姜屯中学还邀请一些名师大家来校就"善"文化作专题报告，以提升教师的"善"文化理念，促进学生对"善"的践行。

育"善"品于活动。姜屯中学积极开展各种富有特色的善文化活动，包括国旗下讲话、善文化主题班会、善文化教育大会、评选善小标兵、"善文化"故事征集、从善故事演讲比赛、收集善言善语相互交流、善文化手抄报展览、"善在我心中"征文、设立"日行一善"授星榜等活动，以此激发学生的行善激情。除此之外，还重点开展了以下几项活动：

首先，大力推行"为善日记"。这要求教师认真翻阅每一本"为善日记"，也许捡拾废纸不是大事，也许在出门时礼让同学半步微不足道，但在学生稚嫩的言行背后，可以看到一颗颗充满善念的心。那些在很多人看来大概只有傻子才做的善事，那些在很多人心中早已经遗失殆尽的善行，在姜屯中学的学生心中又重新种下了种子。

其次，定期举办善文化艺术节。学校凭借善文化艺术节这个周期性的平台，把善理念真正推广开来，使广大师生自觉践行。在艺术节期间，所有学生都积极参与，班级真正成了一个大家庭，大家都为集体的荣誉尽自己的一份力。各类特色鲜明的活动，为学生提供了展示自我的平台；与人为善、团结协作等善思、善行，在活动中得以充分体现。善文化艺术节已经成为贯穿学生学校生活的品牌活动，激励着每一名学生不断地发掘自己、完善自我。

再次，成立"善"志愿者组织。善文化不能局限于学校，要使之深入家庭，融入社会，以提高民众的整体素质。让社会人感受善文化的魅力，学生是最好的使者。姜屯中学倡导"善在学校，善在家庭，善在社会"的思想，让学生成为善文化传播的使者，通过深入社区的志愿者服务活动，带动家庭及社会成员共同参与，营造"一所学校教育一批学生，一位学生带动一个家庭，一个家庭带动一片社区"的社会效应。

最后，唱响"魅力"两歌。现在姜屯中学的学生，每天必做的两件事情是诵唱"为善三字歌"和校歌。由学校老师编写的"为善三字歌"，深入浅出，通俗易懂，引导学生每日反思自己的所作所为。校歌更是融合了学校善文化教育的精髓。学生在日常的诵唱中，既感悟了善文化的精神实质，又时时反思调整自己的言行。

四、体悟

善文化的教育势在必行，虽任重道远，但只要从孩子的思想培养做起，从学生的点点滴滴抓起，润物无声，积小成大，就能帮他们养成时时向善、以善立身、以善立事、以善为人的良好品质。

首先，要坚持教师为善与师德提升的有机结合。教师有高尚的师德、严谨的言行以及对善文化的正确理解，是学校开展善文化教育的前提。教育一批学生仅仅是教育了一批学生，教育了全体教师则是提升了教育水平，等于教育了以后所有的学生，打造了学校的文化名片。加强教师为善教育，提高向善意识，是开展对学生善文化教育的关键着力点。

其次，要做好化善于微、落实于行。善文化博大精深、源远流长，学以致用并非一朝一夕之事，必须注重养成教育，学校强调行"善"，无所谓大小，但要从细微处做起，从具体的小事情做起，从每一天做起，从现在做起，从眼前做起，点点滴滴，日积月累，坚持不懈，落实于行，才能以小见大，积少成多，心善如水，从善如流。

再者，要实现文化传承与品德提升的统一。善文化教育不仅仅是属地传统文化的传承、弘扬，更重要的是品德修养的熏陶、提升，不仅要大力在学生中开展认知属地传统文化的教育活动，激起学生爱乡爱校的热情，更要向学生积极传播善的理念，提升学生善的品质。

此外，还要加强善文化教育与其他文化教育的融合。善文化教育是我们开展德育活动、建设校园文化的切入点，具有鲜明特色，但是并不否认、拒绝、排斥其他传统和现代文化的教育，而是以此为基础，主动融合、吸纳真、美的教育，德文化、和文化的教育，等等，从而实现和谐育人、全面育人的教育效果。

"善"文化教育的实践探索①

摘 要： "善"文化是中国传统文化的鲜明特质之一，几千年来始终为国人提供着强大的精神支撑和心灵慰藉。滕州市姜屯中学充分利用地处滕国故地的优势，以"为善兴学"为办学理念，依托丰富的属地文化，以"日行一善，善形一生"为校训，有效地开展了以"培育善人，弘扬善学"为总抓手的独具魅力的善文化教育，将善文化的理念全面融入学校工作之中，构建了以"育善环境""百善行为""和善管理"等为内容的首善校园文化，在善文化教育的高度、厚度方面已经有了长足的进步，在办学水平、管理层次和教学质量等方面都得到了稳步提高和跨越式发展。

关键词： 善文化教育；首善校园

中国传统文化是中华民族赖以生存的根，中华民族的每一步前行都需要传统文化提供营养与动力。在思想上，中国文化追求大智；在科学上，中国文化追求大真；在艺术上，中国文化追求大美；在伦理上，中国文化追求大善。比较而言，中国传统文化属于社会伦理型的文化，无论是大智、大真还是大美，都要以大善为根基。两千多年前的老子、孔子、孟子等对善的伦理属性都作过深刻精辟的阐述，中国"善"文化薪火相传，历

---

① 本文发表于《当代教育科学》2014 年第 16 期

久弥新，始终为国人提供着强大的精神支撑和心灵慰藉。古代滕国享有"善国"的美誉，滕国故地——姜屯，其历史篇章中的文人先贤、历史古迹，每一人，每一事，每一处，时时都在述说着古滕国厚重的历史，传递着善文化的精髓。在荏苒时光中积淀下来的善文化，融入了姜屯人的血脉，代代相传，那是自然的流淌，悄无声息。早在五年前，设学于此的姜屯中学就看到了善文化的强大生命力，以此为教育资源，经过几年的探索，学校在善文化教育的高度、厚度方面已经有了长足的进步，办学水平、管理层次和教学质量等都实现了根本性的变化。

一、探索起步：善文化教育的提出和构想

现代教育的内容不是一种传统文化所能承载的，更不是一种属地文化所能涵盖的。但是有着强大影响力的属地文化作为学生身边的本土文化，是学生从出生就能感受到的文化，学生对其有着天然的亲切感，依托属地文化切入学生的生活学习，有着比普通教育方式更有生命力和穿透力的教育魅力。姜屯中学在充分调研、科学分析论证的基础上，提出了"打造首善校园文化教育"的科学定位：不是局限于单纯的善文化的宣扬和传承，不是单线的实施德育，而是将善文化全面融入学校管理、教育、教学之中，以此作为主旨，构建学校文化体系。其理论架构主要包括：育善环境文化、十善教学文化、百善行为文化、和善管理文化。在经过科学的可行性分析之后，自 2009 年起，姜屯中学以"为善兴学"为办学理念，以"日行一善，善形一生"为校训，以"培育善人，弘扬善学"为总抓手，把构建以善文化为主旨的学校文化作为目标，全面实施善文化教育，培育既有传承又有创新的学校文化，推动学校走上特色发展之路。"为善兴学"这一理念，就是要让善文化在校园内形成足够的高度和厚度，让善文化成就学生，成就老师，成就学校；让善文化成为师生生命中的一部分，成为学校生命的支柱，形成学校和师生文化自信、文化自律和文化自觉的桥梁。

二、用心规划：打造"育善环境文化"

校园环境文化是学校文化建设的主要内容。姜屯中学以善文化为主旨，以打造"育善"环境文化为目标，全方位立体化建设了主题鲜明的环境文化，营造了特色化的育人氛围，让学生在潜移默化中受到熏陶，起到了无声胜有声的教育效果。首先，让墙壁说"善"话。在走廊的墙壁上悬挂介绍滕国历史的挂图以及"善"文化的图片，在门厅的两边刻上《孟子·滕文公》文章，在教学楼侧面雕刻一面以不同"善"字装饰的"百善"书法墙，等等。让校园里的每一处风景都沐浴着善的气息，供师生们随时浏览，细细品味。墙壁成了流动的历史，成了会说话的"善"的教科书，成了师生舍不得离开的知识长廊。其次，赋楼房以"善"名。给每一幢教学楼、实验楼、电教楼、办公楼、公寓楼等起一个能够反映"善"文化特点的名字，如知善楼、行善楼、本善楼、立善楼、乐善楼、崇善楼、至善楼、扬善楼等，使师生们望"楼"生义，远而敬之，近而观之，观而从之。通过此举，楼房被赋予了鲜活的文化，变成了育人的师长。再者，在校园的醒目处，比如宣传栏上、走廊旁、草坪边，广泛张贴充分体现"善"文化教育的核心理念，诸如"存善心、有善念、行善举、做善事、成善人、扬善学""继承善的传统、推行善的教育、弘扬善的文化、实践善的真义"等。另外，先后通过立"善"石、铸"善"印等形式，打造校园文化景点。一尊"善"印，一块"善"石，现在是熏陶学生的一景，将来就是学生接受善文化的美好回忆，它们将让"善"在学生记忆中永存，在学生心中播种下"日行一善"的种子。通过以上举措，让充满生机的校园里处处洋溢着"善"文化的浓厚氛围，使校园真正变成了师生们学习文化、养成道德、提升思想的"善园"。

三、携手攀登：构建"课程文化"

课程是育人的载体，学校的课程建设和实施，贵在求实。结合学校实际开全课程，开足课时，适应学生需求开设特色课程，是善文化教育在课程中得到落实的充分体现。

国家层面的课程规划以及相应的教材，面向的是全国所有的学生，姜屯中学结合学校善文化教育理念，对课程标准、教材等进行校本化处理，以国家课程为主导，将课程善文化和国家课程标准、教材等进行校本化融合，有针对性地在课标、教材的处理上进行综合研究，为学生创造易于理解的课程资源，提高学生的接纳度。

在学科教学实施上，学校将学科课程分类细化，制定不同的备课标准。课程是教师在课程善文化引领下，对课标、教材、学生综合研究后所开发的具体可操作的教学内容，由于充分考虑了学科特点、学生实际，因而有效地提高了课堂教学的效益。

综合实践课具有不可替代的育人价值，本质上是基于实践的学习，主要在于引导学生通过实践掌握探究的方法和要领，感受其中的乐趣。近年来姜屯中学高度重视课程建设，根据综合实践课课时固定、内容自主的特点，在综合实践课程的开发、设计和实施上作了科学的探索，研究设计了符合"双善"课程体系要求的综合实践课程课题，然后吸纳各学科骨干教师，参与到综合实践课的开发、设计上来，形成了一科教师主导、相关学科协助开发的格局。教师之间的合作，为课程的开发、设计奠定了良好的基础。经过探索和实践，已经形成了适合学生特点、层次分明的课程，包括科技、艺术、种植、养殖、人文、历史等多个板块，10 余个专题，20多个活动项目。

学校特色课程包括善文化教育课、合唱课、竖笛课、跳绳课、生态课、园艺课、无土栽培课等20 余项，这些课有明确的目标、科学的内容、充足的课时以及全面的评价体系，上课采用统一开课走班选学的方式，为学生提供了可供选择的课程。

学生在校三年，入学时有"与善同行"入学课程、毕业时有"因善腾飞"毕业课程，三年间还有常态化的升旗课程、节会课程、活动课程等。以毕业课程为例，我们将该课程命名为"因善腾飞"，目的在于帮助毕业生解决面临毕业的心理问题，科学指导他们进行学习和复习、规划设计人生、锻炼身体等，让他们舒缓压力，保持阳光心态参加学业考试。我校教师通过督导毕业生自查、纠改"达善标"活动的完成情况，强化、完善"达善标"活动的成果。通过举办盛大的毕业典礼活动，让学生在真情和感动中经历情感的震撼，接受感恩教育、亲情教育，让他们怀着感恩的心、怀着对未来的无限憧憬和信心走出校园。"因善腾飞"毕业课程分为三个部分：我的毕业路、"我和兄弟姐妹的情谊"主题班会、"因善腾飞"毕业典礼。每年的毕业典礼，都让学生感受到一次源自心灵深处的感动，都是一次真情流露的感恩教育，让学生重温三年置身善文化教育中的收获，他们学会感恩，懂得善待，为自己的人生道路注入不断进步的动力。

四、入思见行：推行"百善行为文化"

学校全面推行"达善标"评价机制，努力引导学生养成事事向善的良好习惯，进而将其内化为优秀的品德，以达到"善形一生"的育人目标。学校结合《中学生守则》《中学生日常行为规范》和学校善文化教育的育人目标，将学生三年要达到的德、智、体、美各方面的养成目标细化为一百条行为标准，贯穿于学生的课堂学习、常规活动、日常行为之中，作为学生三年学习和生活中的最低行为门槛，通过达标活动，促进学生的全面发展。在此项工作中，全体教师人人都是教育者，人人都是监督者，人人都是评价者，实现了对学生的全方位、立体化的教育评价，促进了学生的全面发展。一条标准，不是人生的全部，却是人生的基础；一百条标准，不是全部的人生，却是人生的必需。也许，我们的学生做不到最好，但是，只要他在努力，一切都会融进他的生命……

学生在"为善日记"中写道：善是一个人的良好品质，是人的特有属性，那什么是真善呢？在我心中，善心是纯洁的，是高尚的。它发自内心而不求回报，是人思想的最高境。善心是来自心灵深处最清澈的泉，善心是来自湖边最轻柔的风，善心是来自大地最独特的道。善心是阳光，可消融一切的仇恨、怨恨和嫉妒，使人如沐春风，使一切冰雪消融。当我认真翻阅每一篇"为善日记"时都会被学生们充满善念的心感动。也许捡拾废纸不是大事，也许帮同学捡支笔微不足道。其实学生们只要有一个善行，甚至仅仅有一个善念，在将来的社会生活中，这个善行或善念都有可能成为支撑一个良好公民的精神基石。通过开展"达善标"活动等措施，让学生充分认识到"日行一善，善微亦可贵；善形一生，善恒品自高"的道理，这样他们自觉接受善文化教育的熏陶，接受善的教育，他们的行为悄然发生变化，好习惯得以养成，善的美德开始在心中生长。愿姜屯中学的毕业生走出校门时，都能成长为素质优良，心有善念，品行端正的知善、向善、行善之人。

五、凝心聚力：建设"和善管理文化"

学校的主体是教师和学生，教师是学校的第一资源，真正影响学生、决定学校发展的就是教师。一个学生乃至一个社会人，无论他最终能发展到什么程度、有何作为，成也罢、败也罢，在他的记忆深处一定有一个或几个令他终身受益的老师；一所名校之所以成为名校，支撑它的也一定是一支师德高尚、教学水平精湛的教师队伍。可见，教师的素质于一个学校的发展来说，是关键中的关键。学高为师，身正示范，姜屯中学按照教师善念、善行教育先行原则，在广大教师中积极推进善文化教育。学校把培养教师的知善、行善、扬善等意识和行为作为开展善文化教育的基本着力点，开展了一系列活动，包括评选教师为善之星、成立善文化研究会，并设立了善文化研究课题，召开善文化研讨会，举办善文化教育经验交流会，等等。通过这些活动，让教师们把挖掘、传承、弘扬善文化视为己任，自觉做学生的表率，全面提升了教师的师德水平，促进了善文化教育的有效实施。

有人说，管理是一门科学，也是一门艺术。管理的科学性主要体现在组织架构和操作流程的设计优化上，而管理的艺术性则主要体现在对组织中的人的影响和激励上。对于学校管理而言，必须兼顾二者，否则，要么会因管理的科学性不足导致工作没有规范、效率低下，要么因管理的艺术性不足带来对工作热情的降低，甚至干群关系紧张。针对当时学校管理涣散、人浮于事的现状，学校选择从建章立制、确立规则入手，科学设计学校各项制度，优化教职工岗位设置，大胆引入教职工全员岗位竞聘机制，激发了广大教师干事创业的热情。以后又根据素质教育的要求，本着重心下移、阵地前移、减少层级、提高效能的原则，对中层管理岗位进行重新设置，例如撤销教导处，设立课程管理处和七、八、九年级三个教学处，均直接由分管校长领导，提高了中层的执行力。每个副校长除分管工作外，再分包一个年级，建立了校级领导有分工、有合作的网格化管理格局，填补了管理漏洞，改变了职责不清、相互推诿的弊端。这种由教职工到中层再到校级层层递进式的管理体制以及流程设计的优化，切实提高了管理效能，为学校各项工作的有效开展提供了强有力的制度保障。人们常说学校要以人为本、尊重教师，在笔者看来，建立科学的制度就是坚持以人为本、尊重教师的最重要的前提。什么是以人为本、尊重教师？还给教师岗位自主选择权、公平公正知情权、履职尽职工作权、专业成长发展权等各项权利，就是对广大教师最大的尊重，就是对他们最大的激励。

回望善文化教育的每一步，笔者都心潮澎湃，感到由衷的欣慰。在素质教育的大潮中，这仅仅是迈向成功的第一步，传统文化教育之路任重而道远。站在教育的视角，对照《完善中华优秀传统文化教育指导纲要》的要求来审视善文化教育，需要做的工作还有很多，但因为有了第一步的成功经验，相信以后的探索之路定会披荆斩棘，再结硕果。

参考文献：

［1］孔凡海．弘扬"善"学，以"善"育人——以滕州市姜屯中学善文化教育的探索与实践为例［J］．当代教育科学，2011，（8）：40－42．

［2］王思婷．为善兴学：彰显文化教育生命力［N］．中国教育报，2012－06－20（7）．

受师生认同的文化才是有
生命力的文化[①]

文化可以大到能包容天地，可以小到现身于市井家庭，可以简单到融入人的举手投足、一颦一笑；文化是附着在人身上的，有人的地方就有文化的存在，有文化的地方才会体现教育的真谛。这些也是我在姜屯中学做"善文化教育"之后渐渐领悟到的。

2009 年，我调入滕州市姜屯中学任校长。依托学校地处古滕善国的优势，我首次提出了"善文化教育"的构想。在五年多的时间里，我一路走来，躬行不辍、砥砺前行。如今，"善文化教育"已经在我校落地生根、枝繁叶茂、开花结果，成为学校的特色品牌。

我们的"善文化教育"从营造环境文化开始——赋楼房以善名、标善念于校园、让墙壁"说"善话。很快，"善文化教育"的环境氛围初步形成。光有环境文化不行，还需要师生的实践——授善学于课堂、以活动育善品。"善文化教育"日臻丰富起来，学校面貌焕然一新。改变校园环境不难，实施"善文化教育"方案也不难，而师生言行、内在的改变却缓慢而艰难。我想，如果不能深入人心，不能从根本上转变师生的观念，不能

---

① 本文发表于《山东教育报》2015 年总第 1000 期

影响、改善师生行为，"善文化教育"就失去了意义，学校文化就不可能建立起来。于是，以"做人师、做善师"为导向的教师文化和以"百善行为"为导向的学生文化开始形成雏形。随着研究与探索的不断深入，育善环境文化、双善课堂文化、百善行为文化、和善管理文化"四位一体"的学校"善文化教育"体系逐渐构建起来。物质的、精神的，有形的、无形的，行动的、思想的变革相互交错、融合。至此，"善文化教育"体系基本成型。

曾有人说，一流企业做文化，二流企业做质量，三流企业做产品，的确如此。细数那些百年企业，哪个没有自己响当当的文化？始建于 1903 年的青岛啤酒厂是我国为数不多的百年企业，每瓶青啤在出厂前都要经过 1800 个控制点的监测，对于行外人来说这是无法想象的，但对青啤人而言这是必须完成的程序。所以，现任老总金志国说，百年青啤最重要的文化传统就是诚信，诚信是青啤人的品质。海尔总裁张瑞敏说过，做企业就是做文化，海尔文化的核心就是创新，创新伴随着海尔从小到大、从中国走向世界。日本企业家稻盛和夫秉持"做企业即做人"的经营哲学，先后成就了两家世界 500 强企业。可见，企业文化定能为企业锦上添花、铸就辉煌。企业如此，那么学校呢？学校更不能没有文化。学校是最应该拥有文化的地方，是文化滋生、传播的净土。这是我们这些教育管理者优先思考的课题。

对于文化的理解，可谓人言人殊。有人认为，文化就是贴在墙上的标语、图画、展牌，这种人把文化当成了装饰。有人请来所谓的文化公司来设计、包装，觉得文化可以制造。前者对文化理解得过于肤浅，未得其精髓；后者不懂得文化是生长在学校土壤里的，以为是移植来的。这样的文化有形无神，既没有根又没有魂，这不是学校文化。所以，建设真正属于自己学校的文化，不是一件轻而易举的事，更不是一件轻易就可做成的事，而是需要深入了解学校历史，结合地域文化，融合师生智慧，需要经过反复思考、充分论证，形成理论，需要实施、检验，才能总结、提炼出来。

有人觉得，搞文化建设难以短期见成效，出力不讨好，不如抓学生成绩来得快。这种想法虽不能说错，但极其短视。抓成绩与搞文化建设是相辅相成的，二者不矛盾。要想办一所有品位、有境界的好学校，只靠提高成绩是不行的。急功近利做不成文化，而没有文化的学校注定不会成为名校。所幸，我校文化建设没有步入以上种种认识误区。近六年来，善文化慢慢地浸入师生心灵深处，"勿以恶小而为之，勿以善小而不为""日行一善，善形一生"的理念贯穿于校园的每一个角落，"为善兴学"已成为姜屯中学师生的一种精神信仰、一种责任担当。

学校文化好比深埋于校园土壤里的"根"，土壤的肥沃与否决定了根系发达与否，而"根"决定了"树"的寿命，如果没有底蕴，那么很难成就其发展的高度、宽度和厚度。其实，学校无论大小，无论地处城市还是乡村，都可以拥有高远的目标定位、独具魅力的文化追求和美好执着的教育梦想。

传统文化教育模式建构与实践[①]

摘　要：传统文化教育模式建构，可以从挖掘属地传统文化精神内涵、形塑良好校园传统文化环境、丰富课内外教育活动载体三个维度着手，使之形成内强研究、外塑行为、注重实践的强三角架构。姜屯中学的"善文化教育"与北辛中学的"文化底色，因材发展"，为区域传统文化教育模式建构提供了实践支撑。

关键词：传统文化；教育模式；初级中学

文化是民族和国家的精神命脉。在教育教学中传承中华优秀传统文化，是坚定文化自信的鲜明体现。本文以区域传统文化教育为切入点，探寻初级中学践行传统文化教育的有效模式，并以实践案例予以具体化，力求为传统文化教育模式建构提供有益借鉴。

一、传统文化教育模式建构

对于以培养青少年责任感为使命担当的初级中学而言，应遵循青少年心理成长和道德养成规律，构建具有区域特色的传统文化教育模式，助推中国特色社会主义文化教育事业发展。

[①]　本文发表于《中学政治教学参考》2019 年第 9 期

1. 挖掘属地传统文化精神内涵

中学生是学习、传承、传播优秀传统文化的重要主体，是将知识性优秀传统文化转化为现实性人文精神的实践主体，他们的言行渗透着中华优秀传统文化的共性，体现着地域文化的个性。"一方水土养一方人"虽然体现的是浓郁的乡土观念，却内蕴具有鲜明地域特色的思想观念、生活习惯和民俗信仰。换言之，地域性传统文化深刻影响着一个人的行为方式。这对于初级中学开展传统文化教育具有重要意义。因此，初级中学担负的时代使命之一，就是深度挖掘属地传统文化精神，并将其融入教育教学中。

2. 形塑良好校园传统文化环境

校园人文环境承载着一所学校的育人理念与办学风格，孕育着师生的精神需求，凝聚着师生的智慧结晶，憧憬着师生的美好未来。营造具有传统文化情怀、充满人文意蕴的物化环境，促使青少年产生心灵共鸣，进而培养青少年良好的道德情操和审美素养，对于初级中学来说至关重要。校园传统文化环境塑造，不仅体现在校园建筑、景观、场馆设施等物化环境上，而且潜隐在学校制度、课程环境、人际关系等默化环境中。物化环境和默化环境相辅相成、相互依存，共同构成了校园人文环境空间的价值内涵。

3. 丰富课内外教育活动载体

课堂教育是学习基本理论知识的主渠道，在夯实青少年传统文化知识，使之建构自身传统文化知识体系的过程中发挥着不可替代的重要作用。在传统文化教育模式建构过程中，要加大融入传统文化教育内容，完善相关学习资源，提升教师传统文化知识储备和传统文化素养，为学生答疑解惑，以有效引导青少年践行优秀传统文化。学校社团活动也是学习和践行传统文化的重要载体。学校应发挥团委、组织的引领作用，成立传统文化社团，加大对传统文化社团的指导和支持，积极开展丰富多彩的文化艺术活动。此外，还应充分利用网络教育平台，推送网络文化"微"产品，打造优秀传统文化教育网络阵地。

二、区域传统文化教育实践

对于初级中学发展而言，要打造学校品牌，形成学校特色，构建学校精神品位，就必须了解本土文化传统，研究优秀传统文化历史价值，挖掘文化内涵，摄取文化精髓，淬炼出适合学校发展的核心精神。

1. 姜屯中学之"善文化教育"

姜屯中学所在的姜屯镇，是战国时期滕国所在地。滕文公作为滕国国君，谦逊好学，施行以"仁政"为核心的"善政"，并逐步确立"以善治国"的治国理念。正如中央电视台大型系列纪录片《中国影像志》栏目组所说："滕国历史悠久，文化灿烂，特别是蕴含的'善文化'，对于当今中国具有十分重要的现实意义。中国'善文化'源于滕州，滕州是中华文明的重要源头。"

善是中华传统文化最重要的特质。我们所要探寻的"善文化教育"，主要指以全面育人为目标，以机制建设为保障，以课堂建设、课程建设、活动创新为手段，着眼于学生整体成长与发展，着力培养学生良好品德与行为，关注学生精神生活质量与个性化学习需求，满足不同学生的多样化发展需要，促进每一个学生健康成长。学校开展善文化教育，可从以下四个方面着手。

一是让课堂充满"善文化"关怀。开展"善教、善学"的"双善"课程文化活动。围绕"善教、善学"理念建构课堂，姜屯中学形成了"双善"课堂教学模式。这一模式包括"以标导学""自主探究""展示互动""精讲诱思""达标检测"五个环节，简称为"双善五环"教学模式。文化的因子渗透到课堂教学的每个环节，教育的终极追求弥漫其中，熏陶习行。

二是让墙壁传播"善文化"思想。在墙壁上悬挂"善文化"图片，雕刻《孟子·滕文公》文章、百体百善书法等，让墙壁育人；赋楼房以善名，如知善楼、行善楼等，传播善文化思想；标识善文化核心理念，如存善心、有善念、继承善的传统、推行善的教育等；此外，建景观墙、立善石、制作文化长廊等，善廊上刻有对联"善国善政善治存善风，善园善教善学育善人"。

善文化宣传栏

三是让广场凝集"善文化"智慧。在姜屯中学校园中心区域的花园东北角，矗立着"善文化"教育的重要标志之一——善石。善石端庄、厚重，高约2米，上面卧有弧形缺口，正面镌刻着一个大大的"善"字，色泽鲜红，非常醒目。立善石不是简单地造一处校园景点，它蕴含的是把善文化教育做强、做大、做好的决心和信念。

四是让校徽凝聚"善文化"育人理念。校徽图案传达着学校的文化育人理念。"善文化"校徽的图案是：在浩瀚的海洋里，有一本打开的书籍，一棵绿色的小树苗在茁壮成长，下面写着建校时间"1957"。大海代表知识的海洋，代表无穷和深邃；绿色小树苗代表生机和希望；下方的"1957"是建校时间，承载着辉煌。整个造型像一个大大的"善"字，让人一眼就觉察到扑面而来的善意，体会到善花必结善果的挚诚。

2. 北辛中学之"文化底色，因材发展"

北辛中学所在地滕州，深受源远流长的北辛文化影响。北辛中学以开启中华文明曙光的北辛文化命名，文化理当成为学校的底色。"庠序之教，育人之所"，北辛中学理应担当起传承、播撒、弘扬优秀传统文化的使命。

一是"尚善、有礼、格物、维新"的育人目标。滕国被孟子誉为"善国"，"卓然于泗上十二诸侯之上"。崇仰美好、崇尚善道的尚善基因自古就根植于这方水土，千年荣光，汩汩流淌，今犹需发扬光大。"尚善、有礼、格物、维新"源于滕州的历史文化，深厚的文化底蕴，凝结成明亮的精神四维。因此，在育人目标方面，根据"办有文化底色、因材发展的学校"这一发展愿景，北辛中学将育人目标定位为：育"尚善、有礼、格物、维新"的学生。

基于滕州厚重、悠久的地域文化的"尚善、有礼、格物、维新"育人目标，兼顾了人文精神与科学精神、做人素养与做事能力、历史传承与未来适应，兼顾了核心素养的一般科学描述与凸显个性特色的学校表达的有机统一，全面概括了北辛中

北辛中学育人目标

学学生的精神气质、人格气象、学识气度，是北辛中学教育情怀的终极价值标准。

二是"七色工程"打造文化底色。在育人策略方面，学校根据发展愿景和育人目标要求，从七个方面着手形塑文化底色。

文化底色工程。全面推进学校文化底色工程建设。以北辛文化为底色，淬炼形成学校核心价值取向，并达成共识，不断为北辛文化注入新的时代精神，使其成为磨砺师生心志、成就幸福人生的基石。

质量本色工程。质量是学校立校之本。研究教学规律、学习规律、学生成长规律，探索适合学生发展的教学方式、学习方式、实践活动方式，推动全员育人、关注个体、因材施教的有效落实，为实现公平、高质量的教育不懈努力。

课程染色工程。遵循"激发兴趣，尊重差异，彰显个性，提升素养"的课程理念，推动国家课程校本化多点实践、地方课程有效开设、校本课程体系化初步建构。在校本课程开发中坚持面向不同学生、促进个性发展、因材发展原则，兼顾历史性与前瞻性、传统性与现代性相统一，着力培养学生的创新能力和实践能力，为培育既有传统文化滋养又能面对未来挑战的优秀学生助力。

活动增色工程。以"立德树人"为根本任务，以全面提升学生综合素养为目标，以养成教育为重点，以德育课堂为主渠道，以德育实践活动为载体，以家庭、学校、社会三位一体教育网络为保障，打造有特色的德育

活动，高效推进德育工作。

教师亮色工程。以教师成长为本，以专业化发展为出发点，以学习型、研究型教师梯队建设为突破口，着眼教师师德素养、专业素养及面向未来的眼光，重点关注对学情把控能力、教学设计能力、课堂驾驭能力、总结反思能力的培养，努力建设一支适应教育发展和学校发展要求、师德高尚、业务精湛、结构合理稳定、具有高度责任心和人文素养的学科骨干教师队伍，以反思实践、同伴互助、专业引领提升教师职业成就感和幸福感。

管理正色工程。全面推进现代学校管理制度建设。坚持尊重和信任是最好的管理、健康和进步是最好的成长的管理理念，践行依法办学、自主管理、民主监督、社会参与的管理理念，完善学校制度建设，探索学校管理高效运行机制，营造"尚善、有礼"的良好工作氛围，激发教师的积极性和正能量，实现"格物、维新"的和谐发展学校管理总体目标。

学生出色工程。积极践行素质教育，让学生"因材发展"，培养具有"尚善、有礼、格物、维新"文化气质、文化品格的富有北辛中学特色的当代中学生，让北辛中学学生成为有中国灵魂、有世界眼光的现代中国人。

文化育人是中国特色社会主义文化教育的重要推手。从文化中来，到文化中去，文化育人与文化自信应成为广大教育工作者不断思考和前进的动力。

为善兴学　彰显文化教育生命力[①]

——山东省滕州市姜屯中学"善文化"教育纪实

在山东古滕国腹地，孟子性善论思想实践地，一座以"为善兴学"为目标的学校正走入学界视野，并彰显出强大生命力，这所学校就是山东省滕州市姜屯中学。该学校是一所省级规范化学校，依托故地"善国"的属地文化，学校制订了详细的善文化教育方案，以"育人为先，践行为本，弘扬为主，传承为任"为指导思想，把学校作为善文化传播的有效场所，并把学生培养成了"了解善文化、学习善文化、践行善文化、弘扬善文化、传承善文化、丰富善文化"的主体。

教育不仅仅是传承，更需要传播和发扬。学校校长孔凡海身体力行，成为"为善兴学"教育目标的带头人，在他的带领下，学校卓有成效地开展了以"培育善人，弘扬善学"为总抓手的独具魅力的善文化教育，取得了良好育人效果。

---

① 本文系《中国教育报》2012 年 6 月 20 日 07 版对姜屯中学办学经验报道

打造善学品牌　平凡中铸就不凡改革

姜屯中学的善学教育萌芽于2009年8月，那时孔凡海正式接任该校校长一职。作为一名有责任心的校长，从走进这所学校的第一天起，他就开始思考：一所省级规范化学校，要获得长足发展，要把学校办成有特色的品牌化学校，其着力点应该在哪？

"车祸现场，路人冷漠的表情；邻里坊间，因蝇头小利而恶言相向、谩骂怒斥……"这一个个镜头在孔凡海的脑海里闪现，"上善若水，水善利万物而不争，处众人之所恶，故几于道"，这是老子在《道德经》中对"善"的解释。是的，孔凡海得出一个大胆的结论：在"事不关己，高高挂起"的口头禅中，在经济社会道德和信用大量缺失的时候，人们的心会凉薄，因此，弘扬传统"善"学文化已势在必行。而姜屯地处古滕国腹地，是孟子性善论思想的最早实践地，至今民风淳朴、善风犹存。沿着属地文化的主脉，姜屯中学站在了善文化教育的天然高地，它拥有开展"善"学教育的独特优势。由此，孔凡海提出以"培育善人，弘扬善学"为总抓手，开展、实施善文化教育的构想。

孔凡海设定的"善"学教育目标是：以全面育人为目的，以机制建设为保障，以课堂建设、课程建设、活动创新为手段，着眼于学生的整体成长与发展，关注学生的精神生活质量与个性化学习需求，满足不同学生多样化发展的需要，让每一位学生个性得到张扬。姜屯中学还为"善"学教育设定了"存善心、有善念、行善举、做善事、成善人、扬善学"的核心理念，学校依据这六大理念，重新界定和解读了学校的"三风一训"——校风是"真而善，善而美"；教风是"以学定教，严谨善诱"；学风是"勤学善思，自主互动"；校训是"日行一善，善形一生"——真正做到将"善之精神"根植心中，使"善之花"绽放在校园的每一个角落。

由此，在充分论证基础上，以《培育善人，弘扬善学》为题的理论文章见诸报端，姜屯中学着力推广"善"学教育，此项改革刚尝试，便因其适时、适地的深入挖掘而在业界引起轰动。

如今，因为"善"学教育，滕州教育界的目光便转向了这所学校，在孔凡海带领下，"善"学教育为姜屯中学赢得满堂喝彩。当时的省教育厅副厅长张海泉、宋承祥分别到校督导工作；学校在山东素质教育论坛上介绍经验；2012年2月《善文化教育的创建与融合》荣获第三届山东省政府教学成果二等奖。学校先后被评为全国青少年文明礼仪教育示范基地、山东省《中小学生人文素质的培养与研究》实验基地、滕州市家庭教育基地、山东省规范化学校、枣庄市中小学特色品牌创建工作先进单位、枣庄市平安和谐校园、枣庄市素质教育先进单位、枣庄市艺术教育示范学校、枣庄市实验室及实验教学管理规范化学校、枣庄市体育艺术2＋1项目示范学校、枣庄市教师发展示范学校、滕州市教育工作先进单位、素质教育特色创建优秀项目学校、滕州市书香校园等。

创建善学课堂　坚守中燃亮智慧生命

学校文化离不开课堂这个基础阵地，"善文化"必须融入课堂，在课堂中摸索、应用、创新，从而得到启发和经验，否则，就会失去其发展的支撑和依托，会缺乏厚度和完整性。

根据"善"学教育理念，姜屯中学提出了"十善课堂"的概念：善育、善动的课程；善待、善教、善诱的教师；善学、善思、善取、善为、善创的学生。

姜屯中学"善"的培养体现在日常的学科教学中，语文、思品、历史等科目都涉及很多善文化的内容，丰富而细致。学校教师邱伟担任六个班级的善文化教育课，谈到善文化进入课堂的重要意义，他深有感触地说：

"善文化教育课作为校本课程，通过课堂的形式进入学生的学习生活中，充分体现了学校对善文化教育的重视，同时也提高了学生学习善文化的积极性。"

姜屯中学还构建善育、善动的课程文化。学校成立了课程开发委员会，研究制订课程计划，鼓励教师主动承担课程开发工作，积极构建符合学生发展要求的校本课程，全面开设校本综合实践课程。学校的综合实践课包括合唱课、竖笛课、书法课、泥塑课、乒乓球课、象棋课、跳绳课、生态课、园艺课、无土栽培课、网页制作课等十余项。"这十几门课程，都是老师们根据自身特长和学生实际开发的，在开发中，始终贯穿了善育、善动的理念。其中，《善文化教育读本》荣获'山东省评比三等奖'。"说到此，孔校长脸上流露出欣慰的笑容。

探索善学管理　实践中体悟人文关怀

课堂是落实善文化的主阵地，加强课堂管理，能够督促教师真正将善文化融入教育教学行为中，姜屯中学以"好课堂是管出来的"为管理理念，为了把"善"学教育渗透在每一个环节中，在课堂管理中积极采取"听评测思"四字方针，教师在课堂教学中积极落实"三讲三不讲"，培育高效课堂。"三讲三不讲"：讲问题、讲思路与方法、讲规范；不看不讲、不练不讲、不议不讲。讲问题是指把"问题"看作课堂教学的起点，让学生既知其然又知其所以然；讲思路与方法是指讲思考问题的条理脉络，找到解决问题的具体方法；讲规范是讲做题的规矩。"三不讲"强调的是看、练、议，学生不预习、不练习、不讨论，老师就不要先讲。"三讲"与"三不讲"是紧密联系、不可分割的，"三不讲"是"三讲"的基础和前提，"三讲"是"三不讲"的延伸和强化。

课堂下则要播"善"念于教师。教师应以"人居善地，当存善心"

来升华人格，完善自我。校长孔凡海指出：要推行善文化教育，教育一批学生仅仅是教育了一批学生，教育全体教师则是提升了教育水平，等于教育了以后所有的学生，打造了学校的文化品牌。加强教师为善教育，提高教师向善意识，是开展学生善文化教育的关键着力点。因此，学校以"尊重和信任是最好的管理，健康和进步是最好的成长"为管理理念，做了以下努力：一是通过"善国善教师德宣誓"、教师师德培训学习等活动，加强教师对善文化的正确理解。二是开展校本研训工作。通过骨干示范、外出学习、课堂研讨、限时制卷、基本功大赛等活动，提高教师的教学能力，让教师成为教学的行家。三是实施教职工岗位竞聘制度。通过每年一次的人员、岗位互动流转，让每个教师找到最适合自己发展的位置。四是全员育人理念学习，写出学习心得，并适时组织"全员岗位育人经验交流会"。一系列的制度保障，有效提升了教师为善教育的执行力，进一步推动了学校"善学教育"的品牌建设。

对于学生，学校采取"走班选学"制度。学生在自由选择、积极参与适合自己特长的活动课程中，充分发挥了自身的优势，挖掘了潜力，培养了实践能力，为全面发展奠定了坚实的基础。

聚焦预习稿　点滴中舒展学习乐趣

在"善"反思教育理念引导下，姜屯中学创建的以"预习稿"为载体的自主互动式学习方式成为学校的关键性品牌。此课题研究带头人为校长孔凡海。课题设立的一个前提是姜屯中学发现学生的预习存在问题：由于社会环境的变化，农村孩子中留守儿童居多，学习缺乏父母的必要监督；课余时间预习不充分；口头布置预习任务，学生的操作自由度较大，影响预习的效果；学生预习缺乏思考的深度。

为解决这几个问题，姜屯中学进行了认真分析、充分论证，全体教师一致同意进行预习稿的使用，并对此进行了进一步的研究。由此，在课改的浪潮中，学校积极构建了"以预习稿为载体的自主互动式学习模式"。其环节主要包括：自主预习——展示互动——当堂达标。自主预习在先，是准备，它是课堂学习的基础和前提；展示互动是做法，是过程，它是课堂学习的灵魂和关键；当堂达标在后，是检测，它是课堂学习的巩固和提高。三环相扣，有机结合，浑然一体。这种模式的重点是教会学生预习。预习是课堂学习的基础和前提，良好的预习是课堂成功的一半，离开了预习，就谈不上真正意义上的课堂学习。预习稿是专为预习设计、专供预习使用的学习材料，不同于"讲学稿""导学案"，它为课堂教与学的有效展开提供第一手资源，是教师指导学生预习的载体。预习稿的使用，使学生预习有了目标，使问题得以发现，使学生听课抓住了关键，使学生的疑惑得以解决。在课堂上自主学习是学生主要的学习方式，此种学习方式把课堂还给了学生，把学习还给了学生，给学生留下自主学习的时间和空间，以完成属于他们自己的学习过程。

播撒善学文化　无声中显示教育魅力

"教师之为教，不在全盘授予，而在相机诱导"，姜屯中学通过学校文化建设诱导学生接受"善"学教育，以达到寓教于乐的效果。

姜屯中学在走廊的墙壁上悬挂介绍滕国历史的挂图以及以"善"文化为主题的图片，打造《孟子·滕文公》文化墙，雕刻"百体百善"书法墙，将校园里的主体建筑命名为知善楼、行善楼、立善楼、崇善楼、扬善楼等等，还科学设计出一些浓缩的体现善文化教育核心理念的口号和标语，诸如"存善心、有善念、行善举、做善事、成善人、扬善学"等口号，"继承善的传统、推行善的教育、弘扬善的文化"等标语，使校园真正变成师生们学习文化、养成道德、提升思想的"善园"。

对姜屯中学学生而言，接受"善"文化教育的机会很多，课外活动同样成为学校播撒"善"文化的有利时机。国旗下讲话、善文化主题班会、善文化教育大会、评选"为善小标兵"、"善文化"故事征集、"从善故事"演讲比赛、收集善言善语相互交流、善文化手抄报展览、"善在我心中"征文、设立"日行一善"授星榜、善文化艺术节等活动，激发了学生的行善激情，也为学生提供了展示自我的舞台。

做好"善"这篇大文章，学生自然都会善待自己，善待他人，善待社会，善待大自然。一篇篇"为善日记"彰显了孩子们稚嫩的心灵在善学教育的滋润下茁壮成长。七年级七班的董晓彤在她的"为善日记"中写道："冬日里打扫卫生，无意间发现了水龙头还开着，便不顾寒冷把水龙头关上。"她的同学王艳芳写道："善是人间最美好的东西，善是一盏灯，为所有人照亮了前方的道路。"稚嫩的文字，写不尽学生为善的欲望，却彰显出姜屯中学的"善"学教育正在由他们传承……

善恒品自高，一个以善为终极教育目的的学校，必拥有高雅气质。走进姜屯中学，感受到的是其浓厚的善文化氛围，学校教师和学生之间充盈着的"善"的气息会扑面而来，这种气息隔绝于世俗外，弥久恒新。我们相信，姜屯中学今日所做的点滴努力，必将成为教育史册上的一次有益尝试，从姜屯中学走出去的学生，也都会有坚定不移的信念，那就是：日行一善，善形一生。

第 二 辑

四四方案，新辟育人途径

学校文化是学校的灵魂、精神之所在。建设有地域特色的学校文化，开展有生命力的学校文化教育，让"扎根中国大地办教育"的使命化为文化育人的思考与行动，凸显其鲜明的中国风格、地域特色，使中华民族历史文化传统的价值底蕴赓续下去，以开启从文化的视角审视学校、解读教育、化育英才的新征程。

孔凡海校长在第二届齐鲁名师名校长论坛上发言

"四四方案"开启文化育人新路径[①]

滕州市北辛中学的渊源可溯及 700 多年前元代的性善书院,原名为滕北中学,2010 年 10 月更名为北辛中学。学校现有 160 个教学班,在校学生 8600 余名,专任教师 549 人,设有学院路校区、通盛路校区、善国校区三个校区,是滕州市规模最大、教育质量最优的公办初中学校。

学校以"办有文化底色、因材发展的学校,育尚善有礼、格物维新的学生"为愿景目标,全面实施素质教育,稳步推进教育改革,各项工作均取得可喜成绩,连续 15 年在滕州市办学水平督导评估中夺得全市同类学校第一名。

在教育转型的时代大潮中,北辛中学紧紧地跟随和引领时代的走向,牢牢抓住发展的触点,不断变革自身,更新自我。其中,围绕学校文化育人的理念,北辛中学在脚踏实地的践行中探索出一条新的路径。我今天着重就此方面作交流,题目是《从文化中来,到教育中去之"四四方案"开启北辛中学文化育人新路径》。

习总书记在全国教育大会上明确指出,要"坚持扎根中国大地办教育",这是国家对教育的时代要求,这也给了北辛中学极大的震动和警醒。

滕州市北辛中学是一所极具文化底蕴的学校,北辛中学校名源于距今

---

① 本文系 2020 年 9 月 16 日《教育家》杂志线上圆桌论坛发言材料

7500 年的"北辛文化",而北辛文化是写进中国历史教科书的滕州历史文化,因此立足滕州大地办教育,这是北辛中学再出发、再腾飞的一个契机。

作为中华文化的重要组成部分,北辛文化是个"富矿",是北辛中学无可替代的"财源",是全体师生最好的教育沃土,扎根其中,传承、弘扬北辛文化及其一脉相承的地域文化,是北辛中学办有文化底色、因材发展学校的必然选择。于是北辛中学决定开启一个文化育人的北中"四四方案",即四标、四园、四院、四类课程。

北辛中学在充分开发属地文化的基础上,深入挖掘滕州文化内涵,提出了基于北辛文化核心精神的学校育人目标:培育"尚善、有礼、格物、维新"的新时代中学生。

"尚善"源于战国后期滕文公礼聘孟子,问政于滕国文公台上宫馆。孟子主张实行仁政,以善治国,滕文公便接受并尊崇孟子的善政思想,并予以实施,因此孟子誉滕国为"善国",可见崇仰美好、崇尚善道的尚善基因自古就深植于

北辛中学的尚善亭

乡民血脉,汩汩流淌,今日犹需光大发扬。

"有礼"源于被司马迁称为"汉家儒宗"的滕州人叔孙通,他在汉初制定典籍礼制宗庙仪法,而礼乐文明、礼乐教化维系着中国古代社会的持久和谐、稳定繁荣,由此滕州也被视为中华礼乐文明的发祥地。

"格物"源于滕州先贤"科圣"墨子,他一边作为思想家主张"兼爱""非攻",一边作为科学家"即物而穷其理",在力学、光学领域都卓有建树,大家耳熟能详的"小孔成像"就是墨子最早提出的。2016 年 8 月于酒泉卫星发射中心搭载长征二号丁运载火箭发射升空的全球第一颗用于进行量子科学实验的卫星就被命名为"墨子星"……墨家的科学成就斐然,英国科学家李约瑟说:"墨家的科技成就超过整个古希腊。"科学的清

流在滕州大地始终静静繁衍。

"维新"取自《诗·大雅·文王》："周虽旧邦，其命维新。"有革新、创新之意，"造车鼻祖"奚仲、"木匠祖师"鲁班，均是滕州人，他们一生有无数发明创造，成为创新的巨匠、创造的宗师。他们的名字已经成为古代劳动人民智慧的象征，那不断革故鼎新、推陈出新、更新自我的维新追求奠定了民族昂扬向上的根基。

育人"四标"尚善、有礼、格物、维新，均源于滕州厚重、悠久的历史文化，兼容了人文精神与科学精神、做人素养与做事能力、历史传承与未来开创、核心素养的一般科学描述与凸显个性特色的学校表达四对关系的有机统一，高屋建瓴地概述了北辛中学宏大而细微的教育教学目标体系，是北辛中学教育情怀的价值标准和精神尺度。

以此为统领，北辛中学在教育转型的时代浪潮里，牢牢地抓住发展的触点，果断地拉开了"坚持扎根中国大地办教育"的文化布局。

统筹设计完善"善园、礼园、墨园、班园"四大主题园建设，搭建传承弘扬文化的物化载体，不断完善公共文化设施，使师生员工教有其所、学有其所、乐有其所，让主题园形成联盟态势，让建筑说话，让文化的生态环境发挥感染陶冶作用，用直观的视觉文化构筑师生的现实家园，让师生在求知、求美、求乐中受到潜移默化的启迪和教育。

北辛中学的墨园

北辛中学的班园

教育无小事。北辛中学重视每一个细微之处，绝不轻忽怠慢，用心、用情、用力、用文化的柔韧之砂纸来打磨粗糙。学校特别强调细节的经营，关注每一个部位的文化设计、文化用意，例如教学主楼"存心楼"的命名就体现了这种文化设计。

存心楼其实和滕州的历史文化有关，这是从滕州的文化基因里生长出的文化创意，它源自元代滕州性善书院存心堂。而存心堂又因孟子的"君子以仁存心，以礼存心""存其心，养其性"得名。元代学者刘有源在《滕州性善书院存心堂记》中说："今独以存心名斯堂者，良以圣贤千言万语，只是令人收放其心而存之。称慎思而精研，七篇之中无非欲人存心也。"故此，存心楼意在师生要存初心、忠心、勤心、仁心、善心、孝心，以承继古圣先贤的仁者情怀和生命精神，并将之发扬光大。

当然，文华楼、材盛楼等，不一而足！

在四园之外，北辛中学又别开生面地组建了四院。

因为北辛中学的前身是元代知州尚敏创设的"义塾"，取名性善书院，学校据此重建性善书院。

为传续滕州文化先贤叔孙通、墨子、鲁班的人文精神，组建礼乐学院、墨子科学院和鲁班劳动实践学院，推动文化育人目标落地生根。同时，学校邀请地方专家、学者和老师，着力构建与之呼应、一脉相承的四类课程：善系列课程、礼乐类课程、劳动实践类课程、科技创新类课程。

一方水土养一方人。这些氤氲着深厚历史人文气息的特色课程，深受广大学子的喜爱，成为北辛中学文化育人的四驾马车。

北辛中学独特的文化育人的"四四方案"打造出一个服务师生、传承优秀传统文化和属地文化的教育体系，在校园内形成全面全方位文化育人的发展态势，提升了学校文化育人的效能。

近年来，在北辛中学"四四方案"推动实施下，"办有文化底色，因材发展的学校"文化育人的硕果频现：从这里走出了山东省"感恩小明星"颜铭，走出了勇救落水母女、获得首届"感动滕州人物"称号的李瑾清，走出了被中国篮球运动学院录取并送往克罗地亚集训的满嘉乐，走出了获得山东省中小学生足球联赛季军的北中女足，走出了代表山东省参加中学生创客全国总决赛并获得二等奖的七年级学生王延淼，走出了"新中国最美奋斗者"80后科学家孙滔，还走出了60多名考入北大、清华的毕业学子……

我们期待北中学子在浓郁的学校文化熏陶下，深深地烙下尚善、有礼、格物、维新的印记，留下北辛中学特有的标识，以此打牢中华文化的底色、中国人精神的底色，并努力将之传播开来。

"从文化中来，到文化中去，到教育中去"，北辛中学文化育人的教育选择力求先人一步，独树一帜。这所学校植根于滕州丰厚的历史文化，深深汲取着中华传统文化，以别出心裁的教育智慧，守正创新，培根铸魂，给广大师生缔造了一个蕴历史于当今、化无形为有形的高能"幸福场"。北辛中学将在面向未来的发展长途中，继续以己之力汇流江河，为建设一所有内涵、有品质、有文化的齐鲁名校奋斗不息。

奋斗　思考　阅读^①

　　东风随春归，发我枝上花。在这柳枝吐翠、草长莺飞的季节，北辛中学全体师生带着对寒假生活的美好回忆，带着对未来美好的憧憬，迈着新时代的步伐，迎来新的学期。在此，我谨代表学校，欢迎大家回到北辛中学这个温暖的大家庭！祝愿大家在新的一年，拥有新的开端、新的心态、新的收获！

　　回眸 2018，北中学子百舸争流，捷报频传。60 多名学生荣获 8 级以上器乐证书；300 余名学生在国家、省市才艺大赛中获奖；30 余名学生在枣庄、滕州青少年科技创新大赛中获得一、二等奖；李欣悦同学获得山东省第 33 届青少年科技创新大赛一等奖；男篮、男乒、女足、田径、器乐、舞蹈队等均获枣庄市各类比赛第一名或一等奖；在 2018 年初中学业水平考试中，762 人超过滕州一中录取分数线，学校荣获枣庄市初中教学质量评比一等奖。这一项项振奋人心的成绩、一串串亮丽数字的背后，挺立的是北辛中学师生顶风冒雨的钢铁脊梁，浸透的是北中师生风雨兼程的辛勤汗水，凝结的是北中教职员工对育人初心的追求与梦想。

　　展望 2019，"奋斗"依然是新时代的关键词，更是我们北辛中学的最强音。七年级的同学们经过一个学期的初中生活，告别童年的稚趣，收获

---

① 本文系在 2018—2019 学年度春季开学典礼上的讲话

了可贵的成长经验，对未来的学习更加期待。八年级的同学风华正茂，迎来更加忙碌、充实、快乐的生活。九年级的同学，你们将开始在北辛中学的最后一个学期的学习，肩负着续写北辛中学荣光与梦想的重任。你们在校时间还有100天，"读书不觉已春深，一寸光阴一寸金"，希望你们惜时如金，一如既往地做好课前的预习，上课认真听讲，及时整理笔记、错题，坚持适合自己的学习方法，努力将自己的生活安排得充实、井井有条。面对社会"自古功名属少年"的期许，你们要紧握奋斗之桨，高扬奋斗之帆，拿出抓铁有痕、踏石留印的干劲，一步一个脚印往前走，永不放弃，在奋斗中铸就蕴含于内的顽强力量、外化于形的坚韧气质，带着"舍我其谁"的自信迎接中考。同学们，北辛中学提醒你们：道路千万条，中考第一条；学习肯拼搏，家人笑开颜。

展望2019，学会用"复盘"思维推动自己成长。"复盘"一词为棋类术语，指每次对局后，要在棋盘中重新走一遍，以检查对局中对弈者的优劣与得失。对同学们来说的"复盘"，就是把所学过的知识、做过的习题和操作过的实验等重新在脑海中"过"一遍，通过对过去的思维过程和行为进行回顾、反思，避免再犯同样的错误，从而实现知识的增长和能力的提升。常常听到一些同学抱怨：我认真听课了，做了很多题目，每天也学到很晚，为什么成绩还提不上去？其实我们上课、做作业之后，学习过程并没有真的结束，这些只是做了一半，还需要我们及时回顾学习时的思维和行为，反思原因，寻找规律，提升能力。回顾思维与行动、反思原因、寻找规律是复盘的举措，提升能力是复盘的结果。任何时间、任何地点，只要你觉得有必要，都可以进行复盘。成功的事情，通过复盘发现真正促使成功的原因，继续成功。失败的事情，通过复盘发现失败的关键，避免重蹈覆辙。荀子《劝学》中"君子博学而日参省乎己，则知明而行无过矣"，说的就是这个道理。同学们，让"复盘"思维成为你们的一种习惯吧！

展望2019，在阅读中丰富知识，改变自我，提升文化自信。"满纸荒唐言，一把辛酸泪。都云作者痴，谁解其中味?"让我们看到寂寞的孤灯下，一个单薄的身影在严寒酷暑中笔耕不辍，用心血和生命为世人奉献出《红楼梦》这部不朽的著作，真切地打动了无数读者，唤起了人们内心深处的文化归属感；一部《平凡的世界》激发更多人的学习动力，促使其奋发有为，金榜题名；《大秦帝国》描述了在礼崩乐坏、群雄逐鹿的春秋末年，面临亡国之祸的秦国于列强环伺之下，从秦孝公开始，筚路蓝缕，变法图强，经过七代君臣的近 140 年不懈努力，最终扫六合而一统天下的艰辛悲壮历程，具有强烈的现实意义；科幻小说《流浪地球》则缓缓道出中国人对家园和故土的热爱，面对危机的人类，带着地球这个家园一起去远方，凸显了构建人类命运共同体这一主题……同学们，从一定程度上来说，阅读带给我们的最大价值是改变。正如特级教师白金声老师所言：读书不能改变人生的长度，但可以改变人生的宽度；读书不能改变人生的起点，但可以改变人生的终点；读书不能改变人生的物象，但可以改变人生的气象。

同学们，阅读改变了我们的格局，思考指明了我们的方向，奋斗则让我们走向成功。2019 是你们"百花齐放春满园"的一年；2019 是你们"鹰击长空，鱼翔浅底，万类霜天竞自由"的一年；2019 是你们"风华正茂，书生意气，挥斥方遒"的一年。

亲爱的同学们，我和你们可敬的老师们将继续真诚地陪伴大家，为你们2019 的出色、出彩助力、加油，为你们未来精彩的人生之路奠基、铺路！莫辜负这新时代的大好春光，努力奋斗、奔跑，逐梦前行！谢谢大家！

在不断超越自我中成长^①

老师们、同学们：

大家好！溽暑未去，金秋已至。在这丹桂飘香的季节，我们相聚在美丽的校园，隆重举行北辛中学开学典礼。首先，我谨代表全体师生向 2020 级新同学、新加盟的教育同仁表示热烈的欢迎！你们的加入，定会让北辛中学的校园更加生机勃勃、欣欣向荣。今天我讲话的题目是《在不断超越自我中成长》。

2020 年初，新冠肺炎疫情突袭而来，春季开学一再延期。疫情期间，学校积极响应"停课不停教，停课不停学"的号召，认真实施在线教学。广大教师精心备课、认真录课、及时在线批改作业，释疑解惑，不失时机地进行露天家访了解学情；同学们积极参与，通过线上赛晨读、赛作业等形式开展竞学活动……复课后，学校统筹防疫工作，做好线上线下有效教学衔接，全体师生共克时艰，同舟共济，把疫情带来的影响降到最低。星光不负赶路人，付出总有回报。今年中考，有 766 名同学升入滕州一中，自主招生考入 89 人，均居全市第一名；八年级在全市期末调研考试中夺得桂冠，全市前 100 名，我校有 51 人，创下历史同期最好成绩；七年级在多校联考中也是拔得头筹。我建议大家用热烈的掌声向奋力拼搏、创造佳

---

① 本文系在北辛中学 2020—2021 学年度开学典礼上的讲话

绩的北中学子表示热烈祝贺，向悉心指导、精心培育你们的老师们表示衷心的感谢！

多年来，北辛中学用自己独有的方式，在内涵品质、师生发展、特色建设等方面不断革新，不断超越，实现了高位优质发展。今天，我想和大家谈两个方面：一是介绍北辛中学是一所什么样的学校；二是跟同学们提几点希望，助力你们尽快成长。

北辛中学是一所有文化底蕴的学校。校名源于距今 7500 年的"北辛文化"，学校以传承、弘扬"北辛文化"为己任，提出"尚善、有礼、格物、维新"的育人目标，深入挖掘属地文化内涵，统筹设计完善"善园、礼园、墨园、班园"四大主题园建设，组建性善书院、礼乐学院、鲁班劳动实践学院和墨子科学院，着力打造以"善课程、礼乐课程、科技创新课程、劳动实践课程"为核心的"四类"课程体系，坚持"从文化中来，到文化中去，到教育中去"的办学思想，逐步推动文化育人目标落地生根。

北辛中学是一所有温度的学校。这种温度集中体现在北中人那份强烈的人文精神之中。像多年无私资助贫困学生的"枣庄最美教师"丁菊老师、拾金不昧的"枣庄好人"张景营老师，像山东省"感恩小明星"颜铭同学、勇救落水母女的"感动滕州人物"李瑾清同学，等等，他们都在传承那份止于至善的大爱温度。

北辛中学是一所管理高效的学校。近年来，学校探索出"级部 + 中心"的高效管理模式，实现"教"和"育"、"教"和"研"的有机融合。每个部门都有责、权、利相统一的负责人，每个部门都是"动车组"的一节车厢，都仿佛安装上自主发展的"发动机"，都自带动力系统，各个部位、各个系统的能量被充分调动，各个级部的活力竞相涌流，整个学校的发展动力也后劲十足。

北辛中学是一所因材发展的学校。学校尊重学生的差异，采用多尺度评价学生，挖掘每个学生潜能，使学生成就更好的自己。学校先后有近 60

位学子步入清华、北大；这里走出了亚运会竞走冠军、皮划艇冠军、全国跆拳道冠军；在各级赛事中，女足、女篮、男篮、乒乓球、围棋、田径、书法、机器人等多个项目屡获佳绩。随着通盛路校区"四院"逐步建成，"课程＋社团"的新选课方式将为更多同学个性化发展提供更加绚丽的舞台。

同学们，你们是祖国的前途、民族的希望、创新的未来。在此，我向大家提出三点希望：

一是要涵养国家情怀，担当有为。

"一个国家最好看的风景，就是这个国家的年轻人。""时代需要攀登者，更需要攀登精神。其实，攀登精神流淌在每个中国人的血液里，融汇在日复一日的奋斗中。"这两句话分别出自视频《后浪》和队员成功登顶珠峰后的感慨，它们都准确地指出了青年人的存在意义和价值追求。同学们，你们都是"后浪"，你们更是时代的"攀登者"。你们身处"两个一百年"奋斗目标的历史交汇期，这既是人生最大的幸运，也意味着责任担当。特别是在国家将强未强、关键领域核心技术受制于人的严峻形势下，你们不要成为时代的看客，要有振兴中华、服务国家、引领人类文明进步的责任使命和价值认同。你们要做新时代的奋进者、奉献者，努力成为建设祖国的有用之才。希望你们时刻铭记习总书记的嘱托："'得其大者可以兼其小'，只有把人生理想融入国家和民族的事业中，才能最终成就一番事业。"

二是让厉行节约成为校园风尚，争做绿色节约消费的实践者、传播者、监督者。

受疫情影响，国际上正面临粮食危机，世界上一些主要产粮国已禁止粮食出口。我国是粮食进口大国，每年需进口1.2亿吨左右的粮食，大豆年均进口占比75.4%。我国进口大豆主要来自美国，由于中美存在贸易摩擦，因此我们要做好遭到最不利外部情况时的应对之策。民为国基，谷为民命，越是面对风险挑战，越要端稳中国碗，盛满中国粮。与此同时，虽然我国粮食供给整体安全，但是浪费现象严重。数据显示，我国每年浪费的食物折合成粮食，估计有1000亿斤。这个数量，可以满足约3.5亿人一年的口粮需要。这一触目惊心的数字，让人心疼。"俭，德之共也；侈，恶之大也"，勤俭节约是中华民族的传统美德，良好美德贵在养成，我校要推行光盘行动，反对餐饮浪费，坚决杜绝"舌尖上的浪费"。希望全体师生相互监督，持之以恒，久久为功，让节粮、节水、节电成为每一位北中人的良好习惯。

三是勤学善思，学有所成。

水之积也不厚，则其负大舟也无力；风之积也不厚，则其负大翼也无力。同学们要认真听好每一堂课，做好每一次实验，读好每一本书，积极参加社团活动，既要学好有字之书，还要读懂无字之书，做到观察、学习、思考、实践紧密结合，厚积薄发，变"被动学习"为"主动学习"。任何成功都是持续努力的结果，正如国学大师钱穆先生所言："古往今来有大成就者，诀窍无它，都是能人肯下笨劲。"所以，我希望同学们秉持自强、自立、学博致远的优良学风，让优秀成为习惯，不断提升自我，超越自我。

"桐花万里丹山路，雏凤清于老凤声。"同学们，处在急剧变化的时代，我们唯有不断超越自我才能获得更好的成长。今天，北中人的品格将在你们身上生生不息、永远激扬，祝愿你们在北辛中学绽放青春梦想，书写绚丽华章！

谢谢大家。

打造卓越教研团队　促进学生因材发展

——滕州市北辛中学打造卓越教研团队的实践与探索

研为根本，本固校兴。一所学校的可持续发展，离不开高质量的教师队伍，离不开固本强基的教科研活动。滕州市北辛中学在长期的实践与探索中走出了一条打造卓越教研团队、促进学生因材发展的教研教改之路。北辛中学通过不断创新教研形式和内容，关注课堂教学，关注孩子们的成长，有力地促进了教学质量的全面提高。

一、聚焦课堂教学的研究，带动学校教科研的建设与发展

课堂是提高教育教学质量的主阵地，构建高效的课堂教学模式是提高教学质量的关键。学校以教研组为单位，利用每周固定的教研活动时间，进行课堂教学的精细化探讨研究。

1. 强化课堂质量的意识，创建基于课程标准的教研氛围

坚持"学主教从、先学后教、以学定教"的原则，以学生为中心、以学习为主线、以学情为依据、以思维发展为目的，推动深度思维，积极推进教学方式和学习方式的创新变革。

2. 推动学校"三级建模"，打造课堂教学新模式

以"自主探究、合作竞学"型教学模式为抓手，以小组合作探究式学习为载体，依托教师的个体智慧和教研组的集体智慧，做到学科模式化、

模式学科化，注重学思结合，倡导启发式、探究式教学，帮助学生学会学习、学会探究、学会合作。真正构建学生生命成长课堂，建立贴合学科实际特点的教学模式，不断推动教师课堂教学的达标和升级。

3. 开展"过六关"活动，引领课堂教学研讨活动有序开展

以各学科教研组为单位，进行教学活动的观课听课，开展同组内议课评课活动，撰写教学评价，进行经典课案研究分析。学校领导工作重心下移到课堂、教师和学生中，采取随堂听课、评课、当场反馈的方式，密切关注教师的课堂教学，以此引导教师全力追寻课堂教学的有效性。通过这些活动让教师全员互动，主动参与，相互学习，共同提高教学水平，促进教师教学能力和教学质量的提高。

4. 以解决具体问题为宗旨，构建基于课程标准的备课新模式

教改初期，我们研究出了"导练循环教学案"的备课模式，采取"集体周备—轮流主备—审核共定—个性实施—反思完善—电子归档—循环使用"的编制使用方式，教研活动坚持"研教结合，研修一体"，以解决具体问题为宗旨，注重实用性和可操作性。教研组在长期的思考实践中，又研发出基于课程标准的逆向思维设计下的新课程方案——学历案，探索出一条由教师立场转变为学生立场的新路子。它是教师在班级教学的背景下，为了便于学生自主建构经验，对学生学习过程进行专业化预设的方案，包括学习主题、学习目标、评价任务、学习过程、检测练习和学后反思等环节。它是一种相对独立的课程计划，一种指向个人知识管理的学习档案，一种课堂内外师生、生生、师师交流的互动载体。它的实质是真正从学生的立场设计学习，使我们的备课教研上升到新高度，完成了教师对教学专业的再认识，使课堂教学的科学性、专业性大大增强。

5. 加强作业教学研究，提高作业育人功能

作业布置是为了帮助学生完成知识的巩固、应用。学校以学科组为单位，启动"作业育人"改革实践模式，加强了对作业的有效性研究，提出巩固知识、体验过程和激发求知的作业育人三维目标。拓展作业内容与形

式设计，丰富学生作业的过程、方法的习得以及情感的体验，从而最大限度地发挥作业育人功能，突显作业育人成效。物理组朱林老师带领部分老师尝试着把遇到的习题用实验探究作业的方式完成，帮助学生加深对物理概念和规律的理解，完成知识向能力的转化，很好地落实"从生活走向物理，从物理走向社会"的理念。在设置、改进实验作业的过程中，学生通过实验探究理解了科学的内涵，培养了自己解决实际问题的能力、创新意识、动手实践能力、科学精神等方面的素养，从而品尝到解决实际问题的甘露，作业已不再是负担，学生真正成为作业的主人、学习的主人。英语组在课程中心赵志敏主任的带领下，研发英语特色作业，根据学生的生活实际和学习需要，把每天所学的音标进行同步模拟发音并进行打卡学习；用五色小彩旗的形式，制作个性小卡片书写张贴，彰显个性，培养了学生学习英语的兴趣；根据西方节日，制作万圣节和感恩节手抄报，拓宽了相关词汇和知识，提高了学生的设计布局绘画审美能力，增强了学生对不同国家、不同文化的理解和认识。这些灵活多样的作业类型，打破了传统意义上乏味的抄写模式，破除了学科之间的壁垒，丰富了孩子们的生活，激发了他们的求知欲望，使他们的综合能力得到大大提升。

二、以校本课程的开发建构，助力教研增长点的进一步实现

以国家课程为统领，以培养学生的核心素养为目标，以北辛中学核心价值理念"尚善、有礼、格物、维新"这四个维度为依托，以学科组为单位，搭建起四大体系的校本课程：善课程、礼课程、科学课程和拓展创新课程。善课程：语文学科组开发了以人文素养为原色的经典诵读课程；综合实践组开发了以滕州善文化为依托的校园向善日劳动课程。礼课程：语文组开发了以北辛文化为底色的滕州人文简史课程；音乐组以学生的艺术审美为目标开发了音乐铃声欣赏课程；体育学科组以培养学生的兴趣特长和身体素质为切入点，以学生的健康生活为目标，开发了快乐校园足球课程。科学课程：理化生组研发了科学探索 DIY 课程，关注学科之间的通融性；物理组开发了引桥实验课程，打通初高中学段的孤立和封闭，关注学习的衔接和持续。拓展创新课程：英语学科组以培养学生的阅读素养为目标，把国家课程进行了校本化整合拓展，开发了阶梯英语拓展课程；微机组开设了机器人课程；综合实践组开发了以丰富学生的学习经历和生活体验为出发点的研学旅行课程。这些课程的研发无一不是学科组集体智慧的结晶、辛勤努力的成果，促进了教研增长点的实现，使我们的教研水平朝着专业化的方向迈进了一大步。

三、以课题研究为切入口，加强课堂教学有效性的研究

融合信息化技术新成果，通过学科微信圈、云平台等开展信息交流，实现优质教学资源共建共享，学会教学大数据的分析应用，主动研究课堂教学中出现的困难和问题，在解决问题中提高自身的教育教学能力。学校以校刊《课改之声》、学校网站、网校为主阵地，瞄准教育科研的前沿领域，开展领先性的教学研究，加强了教师之间教学经验的交流和科研成果的推广，教师的教学能力得到很大提高，教科研硕果累累。五年来，有 2 位教师荣获全国优质课一、二等奖，8 位教师荣获省优质课一、二等奖，56 人在滕州市级以上优质课评比中获奖。300 多篇论文、课件制作等发表或获奖。学校先后承担了全国"十三五"规划课题"义务教育学段实验能力培养的研究"、山东省社会科学规划重点课题"中小学生人文素质的培养与研究"等 14 项省级以上课题研究，目前已有 9 项结题。学校先后被评为山东省首批中小学校本培训示范学校、山东省中小学教师远程研修先进单位。

四、构建教研训一体化的教师培养模式，促进教师的专业化成长

1. 成立名师工作室

学校以名师工作室建设为载体，搭建骨干教师成长平台、教学研究公众平台和教学改革示范平台，制定了《北辛中学名师（骨干、新秀）评选办法》，建立了新秀、骨干、名师培养的长效机制，培养一批市内外、省

内外知名的专家型教学名师。近几年，学校共计 5 位教师获全国优质课一、二等奖，15 位教师获山东省优质课一、二等奖，56 位教师获枣庄市优质课一、二等奖，1 人被评为齐鲁名校长，1 人被评为枣庄市名校长，1 人被评为枣庄市名师，1 人被评为枣庄最美教师，25 人被评为枣庄市教学能手，12 人被评为枣庄市学科骨干教师。

2. 开展"青蓝工程"

发挥名师、骨干教师的辐射、带动作用，搭建多元平台，促进青年教师的专业成长。尤其是今年考录的青年教师人数居多，他们大都分到乡镇进行为期两年的支教工作。考虑到年轻教师的专业成长，学校制定了青年教师的专业成长规划，探索出分层、分类满足青年教师发展的培训机制，推动青年教师队伍的整体发展。

3. 开展优秀教师教学思想提炼和推介活动

为教师提供展示推广、教学评优、著书立说、科研论文等更多更好的表达机会，近三年来，学校 100 余名教师在各级各类教学评比中获奖。300 余篇论文在国家、省市级杂志发表，20 余项教学课题结题，全国及省市优质课、枣庄市教学能手、滕州名师、学科带头人均占滕州市初中段的三分之一。

五、建立多元评价机制，激励教师专业发展

1. 完善教师专业发展考核评价机制

完善教师发展的评价指标体系，对教师的师德素养、教育能力、教学能力、科研成果、培训情况等进行全面的考核，每学年对教师的专业发展情况进行全面、综合评价，把教师专业发展作为职务评聘、评先评优的重要依据，用评价来促进教师专业水平的整体提高。

2. 健全教研机构，建立奖惩机制

构建了"校长室—分管校长—教导处—教研组—备课组"的教研体系，成立了教科室和课程中心，强化对教科研常态工作的管理。所有领导干部包教研组、备课组、课题组，全程参与教研活动。

3. 完善教学质量评价办法

坚持"学校—年级组—备课组"三级质量检测评价体系。抓实四清，抓好班教导会和以教研组长为核心的学科质量分析会，撰写教学质量分析报告，重在诊断考情、学情、教情，优化解决方案，让每位学生的困惑点、提升点根植于教师心中，让教师在教学中做到有的放矢。开展培优辅困和第二课堂活动，充分拓宽"培优、补差、促中"的途径与策略。

4. 成立教师成长自组织

各个学科组由志向相同、理念接近、有共同目标和追求的老师组织起来，自发和自主地进行教研活动和教学探索，谋求专业发展。英语学科的DIY工作坊，理化生组的DIY工作坊，语文学科的性善书院、明德国学社、读典文学社，等等，这些自组织团体和社团的老师，利用节假日和休息日，自发组织学术研究、专业探讨、著书立说，走出了一条自我突破、自我发展的专业成长之路。自组织现象是对行政管理的一个有效补充，完善了教师队伍建设的发展机制，达到了学校科学管理的新高度。

北辛中学教研改革之路还在探索之中，尽管有些研究还不够成熟，或者还没有发挥出最大的成效，但我们一直以专业化发展为出发点，在教学管理、质量监测、教学评价、校本师训等方面努力实现新突破，寻求新的增长点，建设一支适应教育发展和学校发展要求、师德高尚、业务精湛、结构合理、相对稳定、具有高度责任心和人文素养的卓越骨干教师团队，以专业引领提升教师的职业成就感和幸福感。

课堂教学中的"三讲"与"三不讲"①

从本校上学期结束的新一轮赛课活动中，我感受到了课堂教学的变化，感受到了教师授课的灵活性和学生较强的应变力。教师的教学观念在变化，引导、指导的作用在加强；学生有了学习的热情，学习主动性、积极性在提高；教师言简意赅、生动清晰、富有启发性的教学已有效展开，课堂焕发出生机和活力，教学效果明显增强。我看到了课堂改革的希望，倍感欣慰。这些成效的取得得益于我们对课堂教学提出的"三讲"与"三不讲"原则。

"三讲"，第一讲是讲问题。"疑"就是问题。"学贵有疑"，"小疑则小进，大疑则大进"，可见学生在学习过程中发现问题、思考问题、解决问题是多么重要。教师应当把"问题"看作课堂教学的起点，对学生的问题不能视而不见，更不可草草应付或直接告知结论。问题是金，教师要深入其中、弄清缘由、找准症结，然后深入浅出、简明扼要地分析、讲解，使学生既知其然又知其所以然。做到了这点，才能让学生真正吃透问题，领会知识，学生不进步都是不可能的。所以，学会发问、深明其理的学生才能"青出于蓝而胜于蓝"，而非"鹦鹉学舌"。

第二讲是讲思路与方法。思路是指思考问题的条理脉络，如问题各要

① 本文发表于 2011 年 3 月 7 日的《山东教育报》

素之间有什么联系，思路从哪里展开，问题该如何切入，等等，厘清了这些才能找到解决问题的具体方法。另外，解决某一问题的方法有几种、哪一种是最好方法、方法中的关键是什么，这些都是教师必须挖掘必须要讲的。教师教会了学生解决某类问题的方法，引导学生举一反三，远远胜过让学生苦战题海，这就是所谓的"授人以渔"。

第三讲是讲规范。这里我们指的是"作业规范"。规范是每位师生都明白的事，解题步骤、作答过程、书写格式等都有严格的规范。规范的问题是最简单也是最易被忽视的，但绝不是小事，这就要求教师既要在讲解中以身作则、规范好自身行为，又要对学生严格要求，将练习、作业的规范性列入批改评价中。只有日常的训练做到位了，学生才会养成好的答题习惯，才不会在考试中失分，才能为将来更深入地学习打下良好基础。规范是做题的规矩，而"无规矩不成方圆"。

"三不讲"，第一是指不看不讲。顾名思义，学生不看课本、不预习，教师就不要先讲课。学生不知道本节课要学习什么，老师只是在讲台上苦口婆心地讲，学生只能被动地听，想想看，这样的课堂效率有多高？这是"满堂灌"现象。我们在这里强调的是"预习"，因为再精彩的授课也比不上提前预习的效果。不看不讲不仅是对学生提出的课前预习、带着问题听讲的要求，同时也是对教师教学方法的改进提出的要求。有效地预习，听课时心中有数，能收到事半功倍的效果。

第二是指不练不讲。练习是学习知识、巩固知识的最佳途径。动动笔写一写、练一练是理解、掌握和消化知识的必由之路。只听不练收效甚微，无异于纸上谈兵，即便是天才学生也是要训练的。在练习中会暴露和发现很多问题，发现的问题经过认真思考，弄懂的，也就提高了自己，不懂的，可以做下标记，以备请教。通过练习可以发现解题的规律，建立新旧知识之间的联系，从而温故知新、融会贯通。只看不练、只听不练、只说不练收不到理想的学习成效，正所谓"先练后讲，效果理想"。

第三是指不议不讲。学生通过预习、练习发现了问题，先与同桌、同学议论、交流、沟通一下，在互相商量中又可以化解掉一部分疑问，议而不决的再提交教师。教师则要把握好讲的时机，待学生进入"不愤不启""不悱不发"的境界时，即果断出手相助、完美作答，这样，学生的学习才会步步深入，学生才有攻坚的快感，才能促进其学习能力的真正提升。

总之，"三讲"与"三不讲"是紧密联系、不可分割的有机整体，是课堂教学过程中我们对讲课细节的提炼，也是教学改革中推陈出新的大胆尝试。"三不讲"是"三讲"的基础和前提，"三讲"是"三不讲"的延伸和强化，不讲有不讲的实效性，讲有讲的针对性。讲和不讲要根据学情而定，以期最大限度地服务学生学习，发挥"三讲""三不讲"的意义和价值。

如何"教"好在线教学

——关于疫情期间在线教学的若干思考

当前，我国教育系统正积极响应教育部"停课不停学、学习不延期"的号召，以各种方式积极主动地探索在线教学。坦率地说，当在线教学以一种实然要求和应然应对来"接管"传统课堂教学之时，笔者却产生了一种失落感：在线教学并不像想象的那样高效和美好，它带给我们新鲜、惊喜和期待的同时，也带给我们困惑、无奈甚至是失望。在线教学之所以效果不彰，并不是在线教学本身之错，而是在新冠肺炎疫情之突然、之猛烈的情形下，从事在线教学人群的措手不及和慌乱应对。我们还没有思考透彻，就一下子扎进在线教学的深水里，而即便是有些粗浅的思考和认识，也快速淹没在教学的知行错位之中。在当前在线教学紧迫局势之下，笔者认为必须从认识、走向、方向三个方面来辩证思考在线教学所带来的一系列问题，才能真正提高在线教学之效果。

一、审时度势：只有认识到位，工作才能到位

目前教学工作随疫情而不断延期，这进一步考验了各校起始所持的认知程度、教学设计的高度、工作安排的长度，还有对师生、家长的动员力度。这些都是影响在线教学质量和可持续性实施的重要因素。开课伊始，不少人有这样的忧虑——在线教学是形式，远不如常规的线下教学，做做

样子而已。这一认识显然是错误的。存有此类想法的校长、老师仅仅是做了临时性安排，并没有真正用心开展学情调研、师生动员、课程设计、效果评估和平台选择等教学安排，更不会想到疫情的变量带来的时间后延。

可以肯定地说，"停课不停学、学习不延期"的设计与安排，是教育部在深思熟虑的基础上作出的重大决定。甚或说，这是教育部下的一盘有格局、有胆识的大棋。众所周知，国家早就提出教育信息化的战略，为此投入了大量人力、物力、财力，调动了种种力量，采取了一些手段和方法，并取得了一定的成绩。在这场突如其来的疫情期间，推进信息化进校园、进课堂，采用线上教学的方式教授知识，正是检验信息化成果的时机。因此，在教育部的部署之下，全国一个指令、一盘棋，纷纷统筹跟进，在线教学迅速推进，成为生动现实，变成了这些年来最大的一场教育试验，即使遭遇吐槽、质疑，也终不为所动。这一试验的意义所指，就是将极大地推进教育信息化的进程，有利于更新师生观念、丰富教育资源、拓展教育空间，有力促进教育方式、育人方式、学习方式等方面的变革。

二、把握走向：亟待破解的四个难题

在线教学与传统课堂教学有诸多相似之处，若要凸显在线教学的效果和优势，就必须把握好其涉及的课程、管理、班级和学生四个关键点。

第一，课程。从在线教学走向在线教育。从过去一段时间的在线教学实践来看，单一的、纯粹的知识教学吸引力在下降，学生起初的新鲜感、刺激感和热情渐渐降温，学生的自律程度、自主学习的主动性也出现了较大的差异，从而影响了在线教学效果。如何科学设计引导，增强学生在线学习积极性呢？笔者认为，解决这一问题的关键就是引领在线教学走向在线教育，即克服单一的教学内容，拓展教育的范围，扩大学生视野，尝试多样化的教育手段。例如：音乐欣赏、心理辅导、爱国教育、科学普及、保护自然与环境、信息素养、健康素养等等，均需要进入在线课程，成为在线教育的一部分，也可以尝试跨学科、主题化项目式学习。当然，最重要的还是深入挖掘学科教学中的育人内涵，如钟南山、李兰娟等最美逆行

者的事迹可以成为多个学科的生动教学内容。

第二，管理。从线下教学管理走向线上教学管理。课堂教学搬到了线上，无疑给教学管理者带来了新的挑战。对于管理者而言，教学在哪里，管理就要到哪里，因而不断摸索、探讨适合在线教学的管理方式、方法，就变得急迫而必要。这就要求管理者探寻新的管理结构、模式及方式，有效整合教研力量，优化教学设计，调整课堂结构，增强师生、生生互动，突出教学效益。

从笔者所在中学的实践来看，"互联网＋教学（教研、备课、上课、监测、班会、家长会等）＋多维评价（学生、家长、同行、领导）"的管理模式，不失为实现在线教学有效管理的新探索。其他诸如晒学习成果、晒班级美篇、晒学生美篇等，都成为调动师生教与学积极性的好方法。

第三，班级。从行政班级走向班级社区。疫情让学生学习的地理环境、空间环境发生了巨大变化，学生从学校回归家庭，从集体走向个体，从依赖走向独立，学生开始成为真正意义上的学习主体。行政班级渐渐淡出，学生由教室走向居家书房，由集中走向分散，班级更像一个社区。在这样的新环境下，班主任由班级管理者成为班级社区的组织者，教师从主讲变主播，由讲授者成为学习活动的设计者、指导者，家长由配角变主角，由学生学习的督促者成为不离左右的陪伴者、监督者，学生由被动

北辛中学教师疫情
期间露天家访

的接受者开始真正成为自主学习、自我管理的主人。其中，家长的示范与陪伴尤其重要。正如俞敏洪所说，"学生一样的宅在家，一样的上网课，不一样的父母陪伴，不一样的假期生活，不一样的学习态度，开学后，有人还在原地踏步，甚至走下坡路，而有人，却已经走向质的飞跃"。

班级社区使每个人的角色发生了变化，每个人都要重新适应这一新变化，所以如何适应新的角色定位，更好地发挥新角色功能，更好地整合多方力量，以更加有效促进学生的学习及习惯养成，等等，不仅是一个值得各方探讨、深思的新课题，也是一个需要不断尝试、总结、反思、改进、

完善的实践行动。

第四，学生。从他管走向自律。学生学习的计划性、毅力、自律性都是取得良好学习成绩的重要保证。这一点在假期里得到了验证，即在学生离开老师、家长监督的情况下，这些品质，特别是自律意识可能更重要。而这恰恰是不少学生所欠缺的。平日里，家长关怀无微不至，大事小事一概代劳；老师教学也是由上到下的单向传授、强于灌输，学生被动听、被动学。长此以往，孩子们的生活有人料理，学习作业有人辅导监管，学生学习主动性、自我管理的意识和能力显然不能得到提高。

这一境况要求我们在日常的生活、教学、管理中大胆放手，使学生养成自己的事情自己做的好习惯，在课堂教学中要更加重视学生自主学习能力的训练与培养，使学生成为会自学、能自律的主动学习者。老师切不可继续越俎代庖、包办太多，否则就会影响学生可持续发展的学习力形成，以及慎独、自律、负责、担当的品格及素养的培育。

三、精准方向：从传统的线下教学走向线下、线上教学融合

疫情使在线教学变成现实，通过尝试在线教学这一新的教学方式，老师们在实践中积累了不少经验，也得到了些许教训。无论成败得失，这都是一段难得的、让人难忘的经历。将来疫情结束，师生回到校园，切不可将在线教学优势束之高阁，又回到传统的线下教学的老路；要继续发扬在线教学之所长，有效融合线上、线下教学，实现教学效益的最大化。

在日常教学与管理中，尤要提高信息化技术应用的自觉性，从教学与管理的内容、形式到教学与管理的全过程，都要认真结合好在线教学的优势，使线上、线下教学优势互补。在线教学在学生个性化培养方面的优势尤其值得重视，如针对不同学生的需要，设计与之匹配、适合的资源包，以更好满足学生因材发展、个性化发展的需要。

石以砥焉，化钝为利。线上、线下优势互补、有机融合，使面向学生集体的教学与面向学生个性化、异步发展的指导相辅相成，共同为促进学生因材发展、优势发展、全面发展助力。

作业育人：作业教学改革的新思考[①]

作为学校教育管理者，笔者常常看到这样的课堂景象：一个个埋头刷题的学生，一双双无奈的眼神，还有面对如山作业时的厌恶表情……这不禁令人陷入思考：我们习以为常的作业真的出现问题了吗？为何以巩固知识、增强学习能力和激发求知欲为目标取向的作业却成了学生肩膀上沉重的负担？

为解答这一疑惑，笔者试着将目光转向课堂。课堂效益的确有待提高，毕竟课堂学习最重要，如果老师讲解不甚清晰、点拨不到位，必然会影响到学生课堂学习质量，课堂上出现了损失，只能依靠课后作业弥补。需要继续追问的是，除课堂以外，我们司空见惯、日日离不开的作业本身是否也出现了问题？从现有作业的性质到作业功能、作业内容和形式的设计是否是学生厌倦、逃避作业的理由呢？

作业，《辞海》解释为"为完成生产、学习等方面的既定任务而进行的活动"。而《教育大辞典》则把完成学习任务的作业分为课堂作业和课外作业两大类："课堂作业是教师在上课时布置学生当堂进行检测的各种练习，课外作业是学生在课外时间独立进行学习的活动，是检测学生是否学会了课上的知识点的一种方法。"由此可见，作业具体指向的是知识，而非其他，

---

① 本文的部分观点发表于 2018 年 12 月 12 日的《中国教师报》

老师布置作业就是为了帮助学生完成知识的巩固、应用。但在教学实践中，"作业"迷失了应有的价值取向，将知识的巩固与应用变成了试题的重复与固化。

学生把题目刷了一遍又一遍，学不会练会、练不会考会，直至把题目做到烂熟于心，才会善罢甘休，学生俨然成了刷题的机器。这样日复一日，为做题而做题的单一化作业导致学生产生枯燥心理和厌烦情绪，学生无法体会作业所带来的欢喜、愉悦的积极体验。究其根本原因，就在于我们对作业性质的定位出了问题，仅把作业当成完成学习任务的活动，或者当成检测、练习的活动，没有明确作业的过程与方法目标，也忽略学生的态度、情感与价值观的培养。这既窄化了作业的目标、内容及内涵，也窄化了作业的形式，进而导致学生作业负担重、厌烦作业等问题的出现。

基于以上认识，笔者所在学校尝试启动"作业育人"改革实践模式，提出以巩固知识、体验过程和激发求知的作业育人三维目标。"三维目标"是一个作业目标的三个方面，而不是三个独立的作业目标，它们是统一的不可分割的整体。作业育人的目的，就是要寻求突破作业单一功能限制，以教学三维目标为导向，尝试实施多样化的作业设置策略，拓展作业内容与形式设计，丰富学生作业的过程、方法的习得以及情感的体验，从而最大限度地发挥作业育人功能，突显作业育人成效。

案例一：在物理实验作业中，朱林老师发现，老师们似乎更注重学生对科学知识的学习，而对发现知识并建构知识体系的科学探究活动以及在这个过程中形成的科学精神、科学文化等方面关注、重视得不够。本来，帮助学生在实验中学习物理知识、学会学习、学会探究、养成正确的价值观应该是物理实验课努力追求的目标。但是，时下的物理实验作业已然偏离了这一方向，仅仅停留在物理知识的理解、消化及落实上。于是，朱老师带领部分老师尝试着把遇到的习题用实验探究作业的方式完成，帮助学生加深对物理概念和规律的理解，完成知识向能力的转化，很好地落实"从生活走向物理，从物理走向社会"的理念。在朱老师的课堂里，处处可见"探究"的影子，比如在"摩擦起电"的学习中，刘一霏同学拿两个相同的梳子在同一毛巾上同时摩擦，用一梳子去吸引小纸条一端，而用另一个梳子去靠近纸条另一端，出现了排斥现象，从而得出"同种电荷互相排斥"的结论。徐正同学在探究"串联电路电流规律"时，发现把一个白色二极管与灯泡串联，灯泡不发光，而二极管则很亮。这超出了初中物理学习范围，他在老师的帮助下查阅资料知道了二极管的发光原理，也知道了中村修二等三名科学家因为发明蓝色二极管获得 2014 年诺贝尔物理奖，而这则是在红色二极管发明 50 多年之后科学家才取得的成就。这让学生深深地为物理学家探索科学之旅的艰辛历程所感动，从而增强了学生对物理的情感和历史责任感。

让朱林老师欣慰的是，现在很多同学都在用这种方法学习物理，对实际实验中出现的一些与理想实验中有差别的实验数据，也都能尝试着用物理规律分析，逐步去寻找缘由，从而想办法改进实验……就这样，在设置、改进实验作业的过程中，学生通过实验探究理解了科学的内涵，培养了自己解决实际问题的能力、动手实践能力，提高了创新意识、科学精神等方面的素养，从而品尝到解决实际问题的甘露，作业已不再是负担，学生真正成为作业的主人、学习的主人。

可见，作业究竟是否枯燥、乏味，是不是学生学习的负担，不能简单地以多与少去衡量，其关键就在于，作业能否激发起学生学习兴趣，能否与学生生活建立联系，并且学生在其中能否获得积极的情感体验，继而产生对科学知识的深化与升华、对科学现象的好奇与探究欲望、对科学规律的尊重与敬畏。

案例二：针对传统的英语教学与作业设置强调语法功能、弱化话题功用、与学生的生活实际脱节的现状，英语组的老师们在赵志敏主任的带领下进行了课程校本化作业改革，他们根据学生的实际需要，打通了作业育人的渠道，丰富作业类型，让学生爱上英语，爱上学习。比如，预备阶段音标学习，老师改变了原来的抄写模式，布置了一起作业的打卡程序，学生根据每天所学的音标进行同步模拟发音，家长督促孩子打卡上传，老师不但能及时了解学情督导学习，还促进了家校共育。此外，老师还让学生制作了精美漂亮的音标小卡片，小组不定期抽读，有效助力了学生对音标的识读学习，学生的责任心也得到培养；学完了预备单元的几个常规句型，老师浓缩出主题为"我就是我，不一样的烟火"的个性小卡片的制作，用五色小彩旗的形式，把个人的爱好兴趣及特长，用英文书写装点张贴，彰显了孩子个性，激发了孩子学习兴趣；万圣节来临，老师让学生上网查找有关万圣节来历的资料，利用所学句型，设计制作万圣节手抄报，从而帮助学生拓宽了相关词汇和知识，提高了设计布局绘画能力，孩子们在自主求索中增进了对不同国家、不同文化的理解和认同。这些灵活多样的作业类型，打破了传统意义上乏味的抄写模式，破除了学科之间的壁垒，丰富了孩子们的生活，激发了他们的求知欲，使学生的综合能力得到大大提升。

综上所述，作业改革初步成功的实践告诉我们，在作业设计上，一是要跳出知识、技能的局限，使学生在做题、解题的过程中总结、体会、理解思考问题的习惯与方法，进而激发其积极的情感体验，使其保持旺盛的求知欲；二是要在强调知识性目标的同时，注重学生对作业过程的体验与思维方法的习得，进而引导学生树立态度、情感目标，深入挖掘作业的价值之所在；三是要改变单一作业模式，从作业内容到形式不断予以拓展和丰富，增加作业设计的灵活性、趣味性、生活性、实践性，从而让作业的过程富有意义。这既是作业设置的应有之义，也是作业价值的充分体现。也唯有如此，学生才会投入精力，高质量完成作业，有滋有味地体悟作业的妙处，而不是将做作业当成枯燥乏味的学习任务；教师才会超越授人以鱼的低层次，经过授人以渔的中阶段，达到授人以欲的高境界。

"七色工程"打造滕州教育新标杆[①]

——滕州市北辛中学通盛路校区办学一周年

　　滕州市北辛中学通盛路校区是滕州市委、市政府化解大班额问题的重大民生工程。校区位于城区北部，通盛路北侧，安居路东侧，与市政务中心和体育中心毗邻。学校设计规模48个教学班，容纳学生2400人，解决滕州市区北部8个小区、6个村居学生的上学难题。2018年，学校首届招收七年级新生650人。

　　一年来，北辛中学通盛路校区以"办有文化底色、因材发展的学校"为发展愿景，以"培养尚善、有礼、格物、维新的北辛学子"为育人目标，遵循教育教学规律，优化课程实施方案，尝试教育教学改革，大力实施素质教育，全面提升教育教学水平，各项工作取得了一定的成绩。枣庄市教育局副局长冯仰军、滕州教育和体育局局长刘金山到通盛路校区检查指导工作，对学校的办学成果给予充分肯定；曲阜师范大学国家课程研究中心副主任张雨强教授对通盛路校区的课程理念、课程建设给予高度评价。中央党校宪法研究室主任王勇教授到通盛路校区参观访问时深有感触地说："没想到母校北辛中学新校区文化氛围、设施配备、教学管理在不到一年的时间，水平如此之高，我相信一所一流名校正在崛起。"

[①]　本文系《齐鲁晚报》2019年6月6日B04版对北辛中学办学经验的报道

校区全方位开展以文化底色工程、质量本色工程、课程染色工程、活动增色工程、教师亮色工程、管理正色工程、学生出色工程为主体的"七色工程"建设。

文化底色工程。校区以北辛文化为切入点，浓缩出"尚善、有礼、格物、维新"8个大字，以此为学校底色，创建文化浓郁、独具魅力的校园文化。开辟了音乐小镇、书法小镇、悦读小镇，创设舒适的文化空间，展示多彩的校园生活，激励师生不断进取。"尚善、有礼、格物、维新"的北辛文化解读版，为师生打好生命的底色；学校的新标识、北辛盖顶和土琵琶，引导学生了解滕州文化，增强对家乡历史文化的认同感；楼道班级文化墙，展示班级文化和特色活动，留下学生各个节点的闪光足迹，成为班级主题教育的重要阵地。浓郁的文化氛围，让师生找到了归属感，增强了爱国、爱家、爱学校的深厚情感。

北辛中学的标识

北辛文化标识物

质量本色工程。以狠抓教学质量为主线，打造专家研究型教师团队，塑造有格物、维新思维的学生群体是每个北辛教职工的不懈追求。作为新建学校，通盛路校区教学质量成为各级领导和社会各界关注的焦点。为守住质量底线，校区把加强教学常规管理作为校区的中心工作，明确教学的各个环节，要求老师做到9个好，即制订好计划、备好课、听好课、上好课、布置批改好作业、进行好单元测试、抓好教研组教研活动、抓好学业辅导和活动辅导、抓好教学反思。让全体老师明确教学常规要求，并贯彻、渗透到教育教学工作的每一个环节。对备课、作业、助学、堂清、周清等采取周查、抽查和月查相结合的检查方式，对检查结果利用周前会和教研活动进行总结反馈，表扬闪光点，肯定常规点，督促改进不足点，老师们的教学行为不断规范。设立专门的备课中心，强化集体备课，研讨备课内容，初备课堂教学设计；各学科老师分工轮流主备教案和课件，实现备课质量的最优化。在全体教师中推行"自主探究、合作竞学"课堂教学模式，开展课堂教学过六关活动和听评课活动。先后组织了骨干教师模式示范课、青年教师模式过关课、交流教师模式达标课、全员模式交流课，通过听课、说课、评课，研讨课堂教学心得，实现了课堂教学效益的有效提升。为实现课堂知识的落实，加大了堂清、日清和周清的力度。通过查课和学生课堂训练调查单，及时掌握老师课堂堂清情况，不断矫正讲得过多、缺乏训练巩固的低效课堂。

课程染色工程。校区本着"激发兴趣，尊重差异，彰显个性，提升素养"的课程理念，紧扣学生核心素养，初步构建起人文艺术、科学技能、体育健康三大门类课程体系。为满足学生因材发展的需求，为学生成长搭建起一个展示自我的平台——社团超市，根据学生的特点和教师的特长，首批开设了14个"课程＋社团"，学生可以根据兴趣爱好，选择自己喜欢的社团，参加活动，发展特长，这些社团课程成为最受学生和家长欢迎的课程。为使学生感受故乡深厚的历史文化内涵，厚植家国情怀，学校以"一塔六馆"属地文化为依托，将优秀的地域文化和中华优秀传统文化结合，开发了"馆"课程；赴厦门研学课程让孩子们走出校门，走向社会，培养具有中华民族灵魂、世界眼光的新时代学子。

活动增色工程。校区以立德树人为根本任务，以德育课堂为主渠道，以传统节日和特殊节点为载体，积极开展丰富多彩的主题教育活动。把主题细化成具体教育活动，重点开展了以军训为主要内容的国防和意志品德教育，以自救知识讲座、安全歌曲传唱为主要内容的生命教育，以规范养成教育月活动为内容的行为规范教育，以"我为国庆献礼"活动为主要内容的爱国主义教育，以"为爸爸妈妈做件事"为内容的孝亲教育，以"宪法在心中"为内容的法制教育……发挥传统节日的文化教育功能，提高学生的思想道德素质。成立机器人、国学、传统文化、舞蹈等 14 个社团组织，聘请老师辅导。举行校园文化科技节、体育节、艺术节，组织学生参加各类科技、体育、艺术比赛，发展学生个性特长，让不同的学生因材发展。舞蹈队获得北辛学区 2019 年"五四、六一"艺术展演一等奖。

教师亮色工程。校区推进教学改革创新，通过教研教改助推教师专业发展。校区研发设计了基于课程标准的新的学科教案。该课程教案体现了目标引领、评价先行的逆向思维设计理念，意在让老师们专业性地选择设计方案、教学方法，杜绝教学的随意性；重视"教学反思"，让老师通过对教学中某一点的反思梳理，升华为实践经验，向名师的标准迈进。启动了"作业育人"改革实践，重新定义了作业的三维目标，拓展作业内容与形式设计，开发了各科特色作业，最大限度地发挥作业育人功能。2018 年12 月，北辛中学通盛路校区作业育人经验刊登在《中国教师报》，受到教育权威专家的认可和关注。一年来，滕州市地理学科的教学公开课及教研会、滕州市青年教师生物德育优质课、滕州市经典阅读进课堂报告、北京新东方名师团队英语观摩课、滕州市首届教学名师考核相继在通盛路校区举行。学科老师自发成立英语阅读自组织、善国文化自组织、科学探索自组织、经典诵读自组织，大家自发聚在一起，观课议课，研讨教法，碰撞思维，叠加智慧，充满了正能量。老师们在各自的工作中努力拼搏，超越自我，亮点不断，精彩纷呈，教育生活充实而快乐，专业化程度明显提升，职业幸福感与日俱增。孔凡海被评选为齐鲁名校长，丁菊老师被评为枣庄名师并荣获"全国巾帼标兵"荣誉称号，4 人被评为枣庄市教学能手，26 人获滕州市级以上优质课或公开课奖项。

管理正色工程。校区全面推进现代学校管理制度建设，探索学校管理高效运行机制，实现尚善、有礼、和谐发展的学校管理总体目标。学校选拔优秀中层干部到北中通盛路校区工作，建构了"级部＋中心"管理模式，成立了级部、课程中心、资源中心，按照"校长—级部—班主任—学生""校长—课程中心—教研组—学科老师—学生""校长—资源中心—

职员—学生"的管理线条，明确各部门的工作职责，各部门各负其责而又相互配合，减少了管理层级，缩短了管理链条，提升了管理效能。成立级部和班级家委会，定期召开家委会和家长会，征求教育教学管理意见建议，邀请家长来校助学助考，形成家校共育的合力。

学生出色工程。校区坚持立德树人，聚焦核心素养，承格物维新北辛之风，做尚善有礼北中之人，培养出与世界接轨的具有关键能力和必备品格的时代新人。一年来，学生在北中通盛路校区的学习生活中，健康成长，因材发展。王莹同学曾两次在北辛中学、尚贤中学的联合阅卷考试中荣登榜首，吴鸿飞同学荣获山东省青少年机器人大赛一等奖，7 名同学获枣庄市青少年科技创新大赛和枣庄市第十届"小哥白尼"杯实践与创新大赛一、二等奖。孩子们在首届科技节、体育节、艺术节和"社团＋超市"的大型活动中表现出色、绽放精彩。

2019 年暑期，北辛中学通盛路新校区将全面启用。新校区教学楼、学生餐厅、体育馆、灯光操场、地下停车场等设施齐全，图书室、学生书吧、理化生实验室、微机室、录播室、3D 打印室、创客空间、机器人实验室、非遗教室等功能室一应俱全，并按照省级一流学校的标准配备器材；学校将建成智慧校园系统，配备最先进的多媒体系统，实现校园网络系统全覆盖，成为滕州学校设施设备现代化的新标杆。

北辛中学通盛路校区将弘扬"弘毅自强、追求卓越"的学校精神，以"培养尚善、有礼、格物、维新的北辛学子"为育人目标，把学校建设成为一所文化底蕴丰厚、教学设施一流、现代管理规范、特色课程丰富、学生因材发展、教师专业而幸福的齐鲁名校，为广大学子成人成才提供最优质的教育资源。

办有文化底色、因材发展的学校^①

——滕州市北辛中学教育教学改革纪实

山东省滕州市，古为"三国五邑之地、文化昌明之邦"，是"科圣"墨子、"工匠祖师"鲁班、"造车鼻祖"奚仲以及孟尝君、毛遂的故里。距今 7500 年的"北辛文化"，更是中华民族最早的文明发源地之一，而以"北辛"命名的滕州市北辛中学便坐落其中。

近年来，该校自觉传承"北辛文化"，在教育转型的浪潮中，确立了"办有文化底色、因材发展的学校"的宏伟愿景，通过让学生走上"星光大道"、让教师参与"三乐"论坛，实施"级部＋中心"管理和文化育人"四四方案"，为全体学生健康成长、全面发展助力。

"星光大道"——搭建"炫梦"新舞台

偌大的操场，锣鼓喧天，彩旗飘扬，人头攒动。"点亮理想之灯，拥抱青春之梦"的巨幅标语在主席台上格外醒目；彩虹门顶部嵌上"成功之门"的金字标识，操场中间一条红地毯一直延伸到主席台前，"星光大道"

---

① 本文系《山东教育》2020 年 7、8 月合刊对北辛中学办学经验的报道

四个大字熠熠生辉。

只见一排排学生身着校服、胸戴红花、手持光荣册，在全校师生、家长代表赞许的目光中，昂首挺胸，充满成就感地走上红地毯，依次步入"成功之门"，踏过"星光大道"。

原来，这是 2017 年学校举办的颁奖典礼，对评选出的各类"校园之星"进行隆重表彰。目前，"星光大道"已成为北辛中学一道独特的风景。

"北辛中学一校三区，有近万名学生，他们来自千差万别的家庭，他们的潜质禀赋各不相同。"校长孔凡海说，

北辛中学校园之星走"星光大道"

"如何尊重每一个学生，理解每一个学生，激发每一个学生，让他们千姿百态的生命各尽其力、各展其长、各尽其能，从而成就最好的自己，这是摆在北辛中学所有教育工作者面前的一个十分重要而又棘手的重大课题"。

其实，从 2008 年开始，北辛中学便开始推行"素质教育背景下的学生多元评价机制"。他们在学生中开展以"品德创优、学业创 A、校园创星"为内容的"三创"活动，鼓励教师"因材而教"，激励学生"因材发展"，并详细制定《北辛中学学生多元评价实施方案》，设置学习之星、奋进之星、纪律之星、礼仪之星、管理之星、卫生之星、读书之星、探究之星、合作之星、才艺之星、感恩之星 11 个奖项。

"星光大道"年年推出一批学生之星，群星璀璨校园，激发无限生机。"星光"照耀了学生的心灵，打开了学生的心扉，点燃了学生的热情，激发了学生的斗志，振奋了学生的精神。

社会在进步，时代在发展。如果说教育是在塑造生命，是在唤醒和点燃生命，那么一套贴近学生实际的评价机制，则是点燃青春生命的星星之火。

面对教育改革的新形势，北辛中学也在不断地对评价学生的方式方法

进行探索。

"每个学生都是一座金矿,关键是如何去发现、去挖掘。而教师的责任,就是为不同禀赋、不同潜质的学生提供适合他们天资发展的平台。"孔凡海校长介绍说。2018 年学校提出了"办一所因材发展的学校"的教育理念。

为让每一个学生都获得精神世界的升华,在"品德创优"上,学校秉承"育人先育德,成才先成人"的理念,坚持"全员育人、全程育人",积极拓宽育人渠道,深化育人内涵,成立了由学校领导、教师代表、家长和学生代表组成的"品德创优"评定工作委员会,制定了学生"品德创优"评价制度和具体的操作程序,设计了《北辛中学学生品德创优评定表》。

随手打开一本《北辛中学学生品德创优评定表》,记者看到,其评价内容涵盖爱国守法、团结合作、文明礼貌、自信自立、心理健康等;评价每学期进行一次,具体操作程序为学生自评、小组互评、家长评价、教师评价、学校品德创优评定工作委员会综合认定。

为让每一个学生都能分享学习成功的喜悦,在"学业创 A"上,每学期初,学校要求每个学生要根据自己原有的基础设计"创 A"目标卡,然后各班把学生的"创 A"目标卡统一制成板报,并张贴上墙,接受全体教师和学生的监督。学校和各个班级,则要定期对学生个人发展情况进行综合评定,作为"创 A"活动的过程性评价,并在学期中和学期末根据过程性评价和素质检测等次,把学生学业成绩按一定比例分为 A、B、C、D 四个等级。

"具体到评价中,我们坚持'面向全体、尊重差异、分层评价、注重过程、关注成长'的原则,不仅关注优等生,更把评价这把尺子伸向那些基础相对薄弱的学生。"校长助理刘都涛介绍。学校在后进生中开展"不比成绩比勤奋,不比基础比进步"学业进步生评选活动,力争达到"优秀生全 A、中等生多 A、后进生有 A"的目标,并最终实现"人人创 A、人人争 A、人人有 A"。

对于北辛中学的大多数学生来说，他们内心深处也十分渴望在那红红的地毯上走一走，体验成功的快乐，再燃奋斗的热情。

针对这一实际，北辛中学积极引导学生校园创星，并把它作为多元化评价学生的奖励机制。每学期开学初，北辛中学的学生会根据自己的兴趣爱好、基础特长申报创星计划。学校按照个人申报、班级推荐、学校评定的程序，评选各类校园之星，并模仿中央电视台《星光大道》举行隆重的授星仪式。

从这里，已走出了近60位北大、清华学子；走出了亚运会竞走冠军毛新源、皮划艇冠军任文君、全国跆拳道锦标赛冠军李亮；走出了山东省"感恩小明星"颜铭，走出了勇救落水母女的首届"感动滕州人物"李瑾清；走出了被中国篮球运动学院录取并送往克罗地亚集训的满嘉乐；走出了获得山东省中小学生足球联赛季军的北辛中学女足；走出了代表山东省参加中小学生创客全国总决赛的王延森……

"学生身上蕴含着巨大的潜力，作为教育工作者，要想方设法搭建各种平台，引导学生挖掘自身潜力，让他们释放潜能，扩大闪光点，从'星光大道'走上成功之路，从'三创活动'的平台走向更高的舞台。"负责学校德育工作的李伟说。

这些年来，北辛中学一直把全面实施素质教育作为价值追求，重视学生的生命质量，遵循学生成长规律，多元化、多渠道、多方式全面评价学生，督导教师"因材而教"，引导全体学生"因材发展"，建构起了个性张扬、特长凸显、全面进步的成长评价模式。

"北辛中学校园三创活动丰富多彩、扎实有效，对学生的品德养成教育和技能培养教育走在了全省前列。"2012年5月，原山东省关工委主任王克玉来校视察后如是评价。

北辛中学"多把尺子"评价学生的做法，被省教育厅作为素质教育典型在全省推广；2015年，学校推出的《评价改革一小步，学校发展一大步》经验材料在全省素质教育论坛上交流。

"三乐"论坛——开辟教师成长新路

2019 年 12 月 28 日，天气十分寒冷，北辛中学的报栏前却围了一群教师。原来，他们正在争看一张刚刚贴出的海报。海报上写着学校要举办"三乐"论坛——教学管理者论坛，其主题是"聚焦教学常规，抓好精细管理"。

何为"三乐"论坛？

孟子曰："父母俱存，兄弟无故，一乐也；仰不愧于天，俯不怍于人，二乐也；得天下英才而教育之，三乐也。"其中教育英才是最高级的、最高贵的快乐。热爱教师这职业，爱学生，爱钻研教材，以教书育人为乐，这理应是一名教师的最高人生境界。

"一所学校的管理者，不仅要有一双发现崇高的眼睛，也要架设传递崇高的桥梁；不仅要让教师们借'三乐'平台因材发展，嬗变成块块金字招牌，更要把德艺双馨的教师推向社会，向大众诠释教师职业的崇高与神圣。"对于设立"三乐"论坛的初衷，孔凡海这样阐释。

"三乐"论坛，包括"三乐之班主任论坛""三乐之教学管理者论坛""三乐之名师发展论坛""三乐之教研领导者论坛""三乐之青年教师成长论坛"，在教师的成长之路上搭建"新平台"。

对于教师来说，只要愿意便有用武之地。两年来，北辛中学相继举行了 16 场"三乐"论坛，先后吸引 126 名教职员工走上论坛，展示分享各自的管理和教学经验。

"当时，我在论坛上作了《教育是思的艺术、做的哲学》的自我剖析报告。几位专家直率点评，从不同视角给我指点迷津，让我在前行中有了明确的方向，心中有了更高的追求目标。"八年级的级部主任刘春波深有感触地回忆道。"第一次走上论坛特别紧张，感觉和讲台不一样。同时，也很欣慰学校为不同群体、不同类型的教师设置了专属论坛，打造了一个个分享成长的专业平台。"教师朱林说。"论坛给了我奔跑的快感，我觉得论坛是个'熔炉'，经过'淬火'，感觉自己快炼成钢了。"教师田雨坦陈心声。教师徐洪卫直言："论坛聚拢起一群优秀的人，与他们在一起切磋，让人产生必须远行的内在动力。因为他们会裹挟着你，使你没有任何理由懈怠，'千淘万漉虽辛苦，吹尽狂沙始到金'。"截至目前，北辛中学已有 11 位教师从"三乐"论坛脱颖而出，走出校门举办讲座、报告会达 100 余场。

在办好本校"三乐"论坛的同时，为发挥辐射带动效应，北辛中学还相继举办了"卓越校友大论坛"和"教育年会"等派生论坛，给不同群体提供专属的活动区间，进而打造一个个分享成长的平台，让师生们放飞心灵，携手前行。

仅 2019 年，就有三位英才校友受邀回校作报告。如 1984 届毕业生、中央党校博士生导师王勇教授，作了《立志成才，投身国家法治建设》的报告，勉励学弟学妹们珍惜青春努力向上。1996 届毕业生、自然资源部地勘管理司副处长朱义林，作了《我国的自然资源与管理》的报告，向学生们展示了我国丰富而又美妙的自然资源。1983 届毕业生、水利部综合事业局李景波博士，则结合自己的成长经历，为广大师生作了鼓舞人心的励志演讲。

"风乍起，吹皱一池春水。"这些精彩活动，如一缕缕清风吹进平静的校园，在师生的心海激起层层涟漪。

"丁菊老师引领学生进行英语静默阅读已有 8 年，在引领学生持续静默阅读（Sustained Silent Reading）的基础上，将阅读输出变现，作不同形式的读书报告，写故事梗概，作剧本评析、情景剧表演，不断提高学生进行英语原著阅读的动力，培养学生的域外文化兴趣。"课程中心主任赵志敏说，走上"三乐"论坛后，丁菊便开始重新审视自己的教学行为，进行系统梳理与提高，开创性地推出了"丁氏英语"教学法。

"论坛这个催生婆，催生了新生命丁氏英语特色课堂。我国台湾省

ATM教学法创始人李宗玥，在推出的写作课程中，收录了丁菊老师的学生写的阅读报告。"校长助理王伟介绍说。

丁菊老师在成长的道路上也越走越出彩，先后荣获"全国五一巾帼标兵""枣庄首届最美教师""首届枣庄教书育人楷模"等荣誉称号。

"三乐"论坛不仅引发教师对自己职业规划的深层思索，激发了教师专业发展的新动力，而且让教师们重新定位自己专业发展的新方向。

参加第十七届全国初中信息技术与教学融合创新展示与培训活动并获全国二等奖的李广梁老师说："通过'三乐'论坛，北辛中学教师受益良多，论坛引导教师自我分析，相互砥砺，给了教师们很大的支持。"

美术教师袁家峰通过在论坛的历练，在北辛中学成立了袁家峰书法工作室，自己也跻身中国书协，用浓浓的墨香浸润学子的心灵，传递源远流长的中华书法文化。

语文教师刘士伟在论坛中深刻反思教育经历，2018年执教的《桃源与沅州》被省教育厅评为学习贯彻党的十九大精神的"特色示范课堂"；整理出一部14万字的教育随笔集《弦歌木铎》，在广大青年教师中持续引发热议。

对"三乐"论坛，滕州市教研室初中部主任王立亭给予充分肯定："北辛中学这一独创性的举措，把教育叙事提升为经验思考，又把经验思考提炼成教育智慧，让教师把教学、教研和管理的课题上升到更深入的理性高度，既加大了对教师的培养力度，又给了教师更多的表现自我、发展自我的机会。"

"级部+中心"——打造校园新引擎

2009年，时任北辛中学副校长的孔凡海，调至滕州市姜屯中学任校长；2018年，孔凡海又调到北辛中学担任校长。

作为一位北辛中学的"老人",重回学校的孔凡海一头扎到基层调研。他发现,多年过去了,北辛中学还在沿袭多年的"层级式"管理模式。

"校长、职能部门、各级部、教研组和教师,构成四级管理体制。级部和教研组直接隶属各职能处室,即教研组隶属教务处,年级组隶属德育处。各个环节、部门之间联系薄弱,层次繁多,信息传递有时候比较滞缓,教育与教学容易脱节。"副校长张传友分析当时的情况。

针对这一实际,孔凡海在广泛征求意见的基础上,启动学校管理模式的改革,化"层级式"管理为"级部+中心"的扁平化管理。

所谓"级部+中心"的扁平化管理,就是充分向级部和中心授权,打破部门和职能职责的界线,扩大管理幅度,减少管理层次,变分散管理为集成管理,实现"教"和"育"、"教"和"研"管理的"无边界",较好地解决了原来存在的层次重叠、效率低下等弊端,加快了信息流的速率,有效提高了决策和执行的效率。

孔凡海认为,学校管理在加强"管"的同时,更要把着力点放在"理"上,努力去破解"教"和"育"、"教"和"研"这两个关键矛盾。作为学校这个教育教学主体,必须明确责任权利,创造空间,让干部、教师八仙过海,各显神通,把自己的才华最大化施展。

为保证学校决策更灵活、管理更有效,北辛中学将原来的办公室、总务处等部门全部撤掉,重新设置了级部、课程中心、学生发展中心、资源中心和电教信息中心四个部门。尽管改革动静很大,但由于深得人心,推进起来一帆风顺。

如今,在北辛中学,级部作为学校教育管理的基石、教学的中枢神经,牵一发而动全身。级部主任作为教育教学一线的"指挥官",管理全年级的人、财、物和责、权、利联动,前所未有地调动了级部教学管理层的积极性、主动性和创造性。

作为学校教育教学的引擎部门,课程中心主要负责学校的课程研发、课程架构和顶层设计,级部负责组织实施,引领教师专业发展,为级部教育教学注入蓬勃活力。

作为学校教育教学的助力部门，学生发展中心则负责社团建设和学生活动的策划和组织，并协助级部促进学生的全面发展。

资源中心则整合了总务、办公室、电教、安监等部门的职能，成为学校教育教学的"后勤部队"。

在这里，级部处于学校教育教学的核心地位，课程中心、学生发展中心、资源中心和电教信息中心全部围绕级部开展服务工作。

"教育，既要'教'，又要'育'，'教'和'育'绝对不能分开，一定要解决好'教'和'育'的矛盾。"孔凡海坦言，"以前，教导处只负责教学管理，德育则由德育处负责，两个处各管一块，很容易出现重智育、轻德育的现象。"

现在，学校把学生德、智、体、美、劳"五育"打包，全部压给了级部。学校只考核级部，级部对学校负责。考核既要考得出好成绩，也要有看得见的好习惯，真正把"教"和"育"有机融为一体。

"原来我属于中层，因为上有分管校长，下有副主任，工作听从领导安排就行了。有些工作，不属于我这个中层干部解决的，也就不去思考解决方案，报上去等领导决策就行了。"级部主任张斌说。

实行"级部+中心"的扁平化管理模式后，张斌最大的感受是，级部变成了一个"小学校"。上，要直接对校长负责；下，要直接面对一线教师、学生和家长；中间再无其他层级。现在，级部中的大小事情，都要他来"拍板定案"，再无其他干扰。因此，时刻要思考工作早已成为张斌的习惯，唯恐自己的一点儿失误，影响级部的教育教学质量。

北辛中学管理上的结构优化、布局调整，也促进了管理体系的运行，充分调动了各个部门、各个系统的能量，使各个级部的活力竞相涌流，让整个学校的发展动力澎湃。

一直以来，作为提升学校教育教学质量的"两个拳头"，教学和教研往往是一个拳头强、一个拳头弱。

为解决"教"强和"研"弱的现状，北辛中学选拔一批师德高尚、业务精湛、组织能力强的名师担任学科主任，给他们搭台子、压担子，并赋予他们全面组织学科教学管理的职责，让每一个学科组都成为提升教育教学质量的"动车组"，实现教学和教研两手抓、两手硬。

平时，学科主任各显其能，使学校的教学教研活动呈现出生龙活虎的局面。不同学科的学科主任也各出奇招，加强跨学科教研合作，为促进教育教学质量的提升奠定了基础。

"语言是相通的，学科是互通的。都说英语学习和语文学习一样，是培养语言与思维习惯的一个过程。但在阅读方面，英语和语文又各有千秋……"

"在阅读后力求能达到看懂文章、厘清脉络、了解大意并能自我复述的效果，而相对忽视了对词语和句子的欣赏，弱化了情感和口语的表达。"

在一场由英语学科主任丁菊、语文学科主任张斌牵头举办的别开生面的跨学科教研活动中，大家各抒己见。事实证明，两个语言学科的相互渗透，打破了传统的学科本位，实现了学科间思想、方法和资源等的整合。

"作为青年教师，我一定利用好学科主任这一平台，发挥自己的学科专长，团结带领理化组全体教师做好教学教研工作，让理化学科教学成为北辛中学的一面旗帜。"枣庄市教学能手、理科主任孙成河充满信心地说。

每一年，北辛中学都有 10 个左右学科组荣获"滕州市优秀教研组"称号。

北辛中学"级部＋中心"的管理模式形成后，每个部门都有责、权、利相统一的负责人，每个部门都是"动车组"的一节车厢，每一位教师都仿佛安装上自主发展的"发动机"，并且每节"车厢"都自带"动力系统"。

"以前是'火车跑得快，全靠车头带'，教师都是被动地听从命令，学校发展后劲不足。现在不同了，我们换上动车了!"孔凡海高兴地说。

如今，身为校长的他，再也不用大事小事都要亲自拍板决策。孔校长从纷繁复杂的事务中"解放"出来，腾出更多时间思考学校的发展方向，不断寻求学校建设的"制高点"。

"四四方案"——创造高能"幸福场"

"坚持扎根中国大地办教育。"2018年，习近平总书记在全国教育大会上的重要讲话，为新时代教育事业发展指明了方向，提供了根本遵循。

善于学习的孔凡海马上意识到，立足滕州大地办教育，这是北辛中学再出发、再腾飞的一个契机。

在孔凡海看来，"北辛文化"作为中华文明的渊源之一，是北辛中学最好的教育沃土。扎根其中，传承、弘扬"北辛文化"及其一脉相承的地域文化，应该成为北辛中学的校本课程，也是北辛中学办"因材发展"学校的必然选择。

在充分开发地域文化的基础上，北辛中学提出了尚善、有礼、格物、维新四个育人目标，统筹设计完善善园、礼园、墨园、班园四大主题园建设，拉动了性善书院、礼乐学院、墨子科学院、鲁班劳动学院四院工程建设，着力打造以善课程、礼乐课程、科技创新课程、劳动实践课程为核心的"四类"课程体系。

四标、四园、四院、四课，四位一体，一一对应，被命名为"四四方案"。"四标"是出发点和落脚点，四园、四院、四课围绕"四标"展开实施。

孔凡海告诉记者，"尚善"源于滕地被孟子誉为"善国"。崇仰美好、崇尚善道的尚善基因自古就深植于乡民血脉，今日犹需发扬光大。

"有礼"源于汉代儒宗叔孙通。他在汉初制定礼乐制度，使西汉初的政权得以巩固和发展。

"格物"，意思是探究万物的规律。滕州先贤、"科圣"墨子一边主张

"兼爱""非攻"，一边"即物而穷其理"，在数学、力学、光学等领域卓有成就。英国科学家李约瑟说："墨家的科技成就超过整个古希腊。"从古至今，科学的清流在滕州大地始终静静淌动。

"维新"源于滕州先贤"造车鼻祖"奚仲、"木匠祖师"鲁班。早在古代，他们就是创新的巨匠，其人其名已经成为古代劳动人民智慧的象征。

尚善、有礼、格物、维新，均源于滕州厚重、悠久的历史文化，是学生核心素养富有个性特色的表达。

北辛中学在教育转型的时代浪潮里，启动了"坚持扎根中国大地办教育"的精心布局。统筹设计完善善园、礼园、墨园、班园四大主题园建设，使师生教有其所、学有其所、乐有其所，在求知、求美、求乐中受到潜移默化的启迪和教育。

走在北辛中学的校园，一股浓郁的文化氛围扑面而来。礼园、班园、墨园、善园等蕴含地方文化特色的主题花园错落有致；"北辛亭"、鲁班塑像、墨子塑像、滕州历史文化名人长廊，如同幽深的时光隧道；门厅、走廊间、墙壁上，触目皆是历史光影。师生们徜徉在这样的气氛里，一呼一吸间，即能感受到来自悠久文化的丝丝馨香。

北辛中学的前身是元代知州尚敏创设的"义塾"，学校据此重建性善书院。同时，为传续滕州文化先贤墨子、鲁班和叔孙通的人文精神，还组建礼乐学院、鲁班劳动实践学院和墨子科学院，推动文化育人目标落地生根。

走近性善书院的学生书吧——"养慧斋"，一个稚气清新的声音从里面传来：

"吾十有五而志于学，三十而立，四十而不惑……"这是孔子的人生历程。在每个重要的年龄节点，他都有必须做的事，有满满的收获。在此，我想重点说："'吾十有五而志于学'，这是孔子人生道路的起点，我们恰逢少年，扪心自问：我'志于学'了吗？"

七年级学生马润泽，正从自我体验的角度，与伙伴们分享《"之乎者也"里的乾坤——我和〈论语〉的再次相遇》。台上，马润泽同学认真发问；台下，同学们陷入沉思……

问及学生的收获，性善书院院长刘士伟老师告诉记者："北辛中学培养出来的学生，你细细打量，会发现他们的眼神中有善意，他们的姿态中多了那么一分谦和，他们的脚步笃定，因为他们知道肩头的责任，知道向何处去。"

当前，劳动教育存在诸多薄弱环节和问题，劳动教育在学校中被弱化，在家庭中被软化，在社会中被淡化。中小学生劳动机会减少，劳动意识缺乏，出现了一些学生轻视劳动、不会劳动、不珍惜劳动成果的不良现象。

为此，北辛中学设立了鲁班劳动实践学院，着力解决这个"痼疾"。每个周三下午，成为孩子们最期待的时光。鲁班劳动实践学院里人声鼎沸，学生们走出课堂，在这里放飞自我，重新找到了自信和学习动力。

"鲁班工坊"针对学生的个性特点量身打造，提供了丰富多彩的多元空间，实现了对学生的劳动养成教育。

"老师，您看看我们做的班徽！"在鲁班工坊，来自八年级五班的赵俊杰同学正在专注地给他的作品刷漆。

"受榫卯结构的启发，结合七巧板的拼摆组合思想，又经过 3D 打印机 7 个小时的模型制作，再比照模型操持固定器、墨斗盒、裁刀、砂纸及各种锯条敲打锯磨，这件作品终于要诞生了！"赵俊杰眼里闪着自信而又骄傲的光芒。

"别小看这些作品，从选素材、设计模型，到用锯子、凿子等传统工具打造轮廓，再到砂纸打磨、上漆……这些流程完全出自学生之手，相当了不起！"在指导教师巩存强的眼里，学生们实现了手脑结合的完美嬗变。

在墨子科学院的活动中，记者感受到生气勃勃的探索热情和严谨踏实的科学精神。一个个"微研究"课题进行得有声有色。

"我们的项目是研究小孔成像的奥妙。"学生陈康宁激动地说。给他印象最深的是"墨子号"，它是世界首颗量子卫星，是通过两千年前墨子所实验的小孔成像原理来完成的，十分令人震撼！

因为能在最短的时间内装上鲁班锁，学生王一先被同学们亲切地称为"王鲁班"。王一先说："鲁班锁是鲁班用卯结构，把几个木块拼插在一起的益智玩具。中国古代建筑就是利用这个原理建造起来，不用黏合剂和钉子，将硕大的物体拼凑在一起，而且相当牢固，简直太神奇了。"

"2018 年年底，我们组织开设了机器人编程课程，开启了机器人学生自组织发展新模式。"墨子科学院院长田树琛自豪地说。

此外，北辛中学还邀请地方专家、学者和教师一起，着力构建与之呼应、一脉相承的善文化课程、礼乐课程、劳动实践课程、科技创新课程四类课程。这些氤氲着深厚历史人文气息的特色课程，深受广大学子的喜爱，成为北辛中学文化育人的"四驾马车"。

"从文化中来，到文化中去，再到教育中去。"副校长徐义新介绍说。植根于滕州丰厚的历史文化深深汲取着中华传统文化，以别出心裁的教育智慧，守正创新，培根铸魂，可以给广大师生缔造一个蕴历史于当今、化无形为有形的高能"幸福场"。

在举国实现中华民族伟大复兴的恢宏背景下，在日新月异的今天，坐落在神奇鲁南大地的这方校园，已然探索出了一条别样的育人之路。如今，北辛中学正给师生提供一个广阔的发展空间，让教师常教常新，学生常学常新，教学互促，共同成长。"因材发展"这颗蕴含着人文历史、天地灵气的种子，已然破土而出，茁壮成长，满树繁花，清香四溢，装扮着教育的美丽春天。

第三辑

和善管理，立足尊重信任

目中有人的教育，才是有温度的教育。当校长把老师放在第一位的时候，老师也会把学生放在第一位。校长的眼里有老师，老师的眼里才会有学生，学生眼里才会有光芒。大家相互尊重、彼此信任、教学相长、共同成就，这样的学校不仅是求知的学园、成长的乐园，还是温馨的家园。可以说，教育是一场温暖的修行，所以尊重人、信任人、成就人，永远是教育管理者应坚守的信条和必备的功课。

孔凡海校长给荣休教师赠送学校礼物

尊重和信任是最好的管理

多年的校长经历，使我坚信：尊重和信任是最好的管理。今天，这句话不仅成为我作为校长的一条重要的管理理念，而且成了我至今依然深信、笃行的一条管校治校的座右铭。

其实，这句话还是十年前我在姜屯中学提出的。当时的姜屯中学积累的问题多，待解的难题多，但我始终相信一条，只要本着对老师们的尊重之心，真正为老师、为学校利益着想，再多的问题、难题终能破解。此后的经历，一次次印证了我的判断。无论是教师双向聘任，还是干部竞聘上岗，无论是课堂教学改革，还是丰富多彩的活动设计，无论是评先树优，还是涉及的那点儿微不足道的福利分配，等等，都无不说明，尊重、信任老师，是解决学校各种管理问题的前提及重要法宝。

有一年的教职工岗位竞聘中，有位年龄稍长的老师落聘了，却未见其有多少怨言。这是因为当时设计竞聘方案时，我们采取了双向竞聘的做法，即教师有权根据岗位职责向其负责人提出书面申请，而该负责人有权决定聘与不聘，这一做法赋予教师和负责人以平等的选择权，同时也明确了岗位职责，厘清了工作任务，利于日后形成融洽的干群关系及推动工作顺利开展。我认为，这是一个将尊重理念运用于学校管理的甚佳案例。很多时候，我们作为学校管理者，一方面要确立好教师必须遵守的规则，守住管理的原则、底线；另一方面，要相信、不轻视老师，要相信大部分老师的素质是高的，是敬业爱岗、乐于奉献的，是希望学校好的，他们是学校发展的依靠，所以要给予他们足够的尊重和信任，才能在各项改革的工作中得到他们的理解、支持与配合，学校工作才会在和谐的干群关系中得以顺利推进并取得成效。

其实，人这个群体，是很在乎面子的，爱面子、好面子是人的天性，俗话说"人要脸，树要皮"，老师尤甚！知道了这个朴素的道理，我们也就明白了生活中如何与人相处，工作中如何建立和谐、稳定的干群、同事关系，并使这种关系成为推动工作的润滑剂、发展事业的推进剂。反之，若不明白这个道理，或者口口声声讲平等，工作中却依然打官腔、摆出官架子，一副居高临下的样子，怎会不让老师产生距离感？怎会不引起老师的反感？怎么能得到老师善意的回应、积极的配合呢？实际上，工作中出现的很多不愉快，特别是分歧与冲突，大都与管理者对老师缺少应有的尊重、缺少温暖的情感有关。

今天，越来越多的老师开始表现出对尊重的渴求，其实，这是符合马斯洛需要层次理论的。马斯洛需求层次理论将人类需求像阶梯一样从低到高按层次分为五种，分别是：生理需求、安全需求、情感和归属需求、尊重需求和自我实现需求。一般来说，某一层次的需要相对满足了，就会向高一层次发展，追求更高一层次的需要就成为驱使行为的动力。相应的，获得基本满足的需要就不再是一股激励力量。客观地说，我国社会现在已经进入新时代，社会的主要矛盾由人们对日益增长的物质文化生活的需要与落后的社会生产之间的矛盾，转化为人民日益增长的美好生活需要和不平衡不充分的发展之间的矛盾。这个主要矛盾的变化非常重要，这说明，经过多年发展，人们的物质利益已经得到基本满足，那么根据马斯洛理论，人的需要也要相应地发生变化，人会产生高一层次的需要，而在高层次需求人员集中的学校，尊重已成为老师们普遍的精神诉求，部分老师甚至开始有了自我实现的要求。因此，作为管理者务必与时俱进，深入研究社会进步以及由此带来的人的需要的变化，并据此采取与之匹配的管理思路、管理方式，才能满足人的精神层面的高层次诉求，从而激发、激励人的内驱力、主动性以及潜能，促进工作的有效开展。

重新回到北辛中学工作将满三年，我始终坚持不变的不仅是对教育的初心，还有对老师们的尊重、信任与真诚。近三年来，我用尊重赢得了老师们的尊重，以信任换来了老师们的信任，靠真诚收获了老师们的真诚，也使大家产生了进一步做好工作的动力。管理学大师德鲁克说，管理就是激发人的善意和潜能。也就是说，只有能够激发出人的善意和潜能的管理，才是好的管理，而人的善意和潜能一味地靠硬措施、强权威是不能激发出来的，只有从尊重人出发、以尊重为前提的管理才能达到这一目的。

北辛中学拥有一批师德高尚、业务过硬、肯钻研、乐奉献的老教师，他们值得学校尊重、师生敬重！往年老教师退休时，没有送行、没有道别，那么冷清、寂寞，空留伤感。不该这样的，辛辛苦苦地为学校付出了

北辛中学荣休仪式

一辈子，将最美的青春年华奉献给了学校，退休时怎能这么默默无闻、悄无声息！一定要给这些老教师一个隆重、热烈的礼遇，以表达对他们的尊重、敬重！今年的教师节这一天，北辛中学的会议室里格外热闹，在各位同事的精心策划、组织下，一场令人感动、叫人泪目、让人难忘的荣休仪式如约而至，八位老教师在全体教职工的掌声中登上主席台，接受大家的致敬、祝福。主持人用极富情感的语言，一次次使大家回忆起老教师曾经经历的那些美好瞬间，与同事们和谐相处的欢乐时刻，也深情地表达出了每一位退休教师的心声，曾经的学生上台给恩师献花，我同几位校领导给他们赠送了纪念品，议程中尽是感恩与不舍，面对感人的一幕幕，大家多已泪眼婆娑！最后，老教师们又在全体教师的泪目和掌声中依依告别……我相信，这一仪式既让这些令人敬仰的老教师永生铭记、更加眷恋学校，又让在场的老师们深思将来自己退休时，会以怎样自信而无悔的姿态站稳

这个尽享尊崇的主席台。此中的意义已是尽显无疑！

　　有人说，管理重在管人，管人重在管人心。是啊，人好管，心难拢，若是人心抓不住，丢了人心，何谈工作呢！教师荣休仪式的成功举办，再次说明，作为管理者，要多站在教师的角度思考，学会尊重人、信任人，这样才能真正走进教师们心里，才能真切打动教师们的心灵，才能切实增强教师们的工作意愿，使之愿意发自内心将事情做好，将教书育人的事业做好。如此，管理者的心和教师们的心紧紧贴靠在一起，大家凝神聚力，心心相照，共同奏响团结、奋进、争先、创优的胜利凯歌！

做思考型的有效管理者^①

　　梅花先趁小寒开，参差又欲领春来。北中优秀的教育人聚力凝心，在本次论坛上呈现了一场优雅而又深邃、微小而又宏大的管理盛宴，感谢九位主任的分享。这次论坛可谓亮点纷呈、精彩不断，这严寒里一枚枚闪烁着创新之光的智慧切片，带给我们不尽的感动与欣慰！感谢兄弟学校的各位领导牺牲休息时间拨冗指导！感谢王立亭主任的肯定以及有见地的建议！

　　此次论坛，酝酿已久，系"三乐"教育论坛系列分论坛之一，是专属于教导主任、级部主任的论坛，以后还会有教研领导者论坛等，不同群体都会有专属的论坛，打造一个个分享、成长的专业平台，以期带来观念品位的不断提升，实现"做专业而有品位的教师"的发展目标。

　　我今天谈学习体会，拟了个题目，其中有两个关键词，"有效"和"思考"。作为教学管理者，我们每个人都要思考，我们的管理工作是有效的吗？有无低效或无效的地方？无效、低效常与我们对管理的理解有关，不少人喜欢凭经验管理，而经验很多是不可靠的、不靠谱的；或是常引用企业管理套路，当然企业管理的模式有些是可行的，但也有很多是不可以生硬嫁接的。因为企业生产产品，其管理追求利润、效率，而学校培养

---

　　① 本文系在北辛中学 2019 年度"三乐"教育论坛之教学管理者论坛上的讲话

人，管理追求的是育人效益，二者有本质的不同，我们探讨的是人的精神价值，是育人的有效性。这是第一个关键词。

第二个关键词"思考"，是指大家在工作实践中边耕耘边体会总结，以知行合一的态度铸炼出"专业化的、有品位的老师"。思考是与实践相伴而生的，有什么样的深度实践，就会有什么样的深度思考，因为这样的思考源于自我的教育经历，源于自我的生命体验，完全是自己的，才会"此日中流自在行"，最终达到"吾与汝曹眼俱明"。思考是借不来的，"借来的火，点亮不了自己的心灵"，只有从事物的本质出发，去思考事物的源点，才能找到世界的规律和真相。做有思考的有效教学管理者，应当成为我们共同追求的目标。

借此机会，和大家分享我的一些管理思考与体会。

第一，内容书写在课标里。

近期，教育部取消考试大纲的决定，正在悄然改变着"考什么—教什么—学什么"的逻辑，"以考定教、以考定学"的考试导向开始转向"以课标定考、定教、定学"的课标导向，也就是说，课程标准要求的，就是考试的内容，就是教学的内容。将来，老师们在出卷考试、课堂教学、课后辅导、布置作业等教学工作中的依据就是国家课程标准。从结构上看，国家课程包括学科课程和综合实践课程两类，因此，我认为，综合实践课程必然会和学科课程一样，进入今后的考试或考查内容，这样才有利于国家课程的全面推进及有效实施。基于以上认知，本学期，我校通盛路校区整合力量，组建了综合实践教研组，着力研究综合实践国家课程的有效开设等问题，目前教研组已经顺利启动并有效展开工作。可以预见，作为考试来源与依据的国家课程标准必将有力推动国家课程的全科、全面、有效开设，更好地服务于国家选才用人的需要，服务于人的健康、全面发展的需要，从而使培养德智体美劳全面发展的中国特色社会主义建设者和接班人的育人目标得以实现。

第二，质量隐藏在结构中。

我们围绕质量问题，做过很多工作，积累了很多的经验。今天，我换个角度谈质量，可能因为是校长的缘故，我喜欢思考工作背后的结构问题。

生物学有一个理论，叫结构决定功能，有什么生理结构就有什么功能效用，鸟在空中飞，兽在陆地跑，鱼在水中游，都是由这些动物的结构决定的。所以，结构很重要。万物同理，具体到教育教学质量提高上，道理也是一样的，因此除了常规的提高质量的做法和一些常识类做法之外，还有管理的结构对质量产生的影响。我钦佩的老校长赵联普很有管理智慧，从设计东、西教学部管理体制到设计一级二部管理体制，都切合了当时学校的实际，用结构的改变推动思维的转型，进而推进行动革命，结构改变了质量，悄无声息潜移默化地发挥了积极的作用。

今天，时代在变，学校在变，一切都在变，管理的机制、架构也要与时俱进，所以有了通盛路校区的"级部＋中心"管理模式，有了对级部的"既要看得见的分数，又要看得见的好行为"的要求，有了学科主任的设计，有了综合实践教研组的组建，有了课堂模式升级行动，有了备课结构变化，等等。这些管理结构的设计，对质量是有积极影响和促进作用的，甚至是根本性的、决定性的，因为它们符合了教学实际，抓住了教学本质，合乎了教学规律，整合了教学力量，更重要的是减少了工作的无效低效环节，提高了工作的有效性，从而激发了教师的内驱力，点燃了教师专业激情。可以说，这些变化，解放、释放了教师活力，使他们开始走上专业发展、靠专业提高质量的道路。

第三，管理聚焦在问题上。

问题在哪里，管理就应该在哪里！可是，日常工作中，不少教学管理者仍在依靠着既有经验管理，对眼前出现的新问题或视而不见，或熟视无睹，或避重就轻、有意回避，常常因此贻误了工作。所以，问题很重要，教学管理者不能怕问题、绕着问题走，而要迎着问题去、主动发现问题，努力找到真问题、关键问题。可以说，能不能发现真问题、提出真问题，是考验管理者水平高下的一个重要标准。正如做课题研究，其关键在于提出一个好问题，问题即研究，问题即学问，问题即学术，当然，问题也孕育了解决问题的思路、方案和理念。所以，爱因斯坦才说"提出问题比解决问题更重要"。上学期开展的全员听课活动，就让我们发现了课堂教学中的突出问题，于是才有了课堂模式的 2.0 版，才有了今日之生龙活虎、生机盎然的课堂面貌。因此，所有有成效的管理都源于问题、成于问题，管理聚焦问题，跟着问题走，既是管理之需、工作之需，也是锻炼、培养、提高干部水平的重要途径。

第四，能力扎根在专业中。

实践告诉我们，一个人管理能力高低与其专业理解有关，它体现在专业的思考中、专业的判断中、专业的执行中。而管理者专业素养的形成很重要的一点是，认识我们所处的时代，因为每个时代的管理，包括教育、教学管理都没有脱离时代、超越时代。农业社会的管理离不开一家一户的小农经济，这时期，私塾教育比较发达；工业社会的管理产生于大规模的工厂、企业，应工业之需，学校开启了影响至今的班级授课制；今天的时代开始步入后工业、知识经济、大数据、人工智能时代，存在那么多的未知，充满那么多的不确定性，有人预测与之相适应的是以整体、模糊、参与等为特征的量子管理，教育也在随之不断调适、转型。教育作为社会的一部分，从来就带有很深的社会烙印，教育管理者自然对此不能置之度外，要对社会、对时代有足够的专业审视。离开时代办教育、搞管理是没有出路的。

教育本身的发展也一直合着时代的节拍，教学管理因时代发展而变。早些年，学校崇尚"时间＋汗水"或"白＋黑"，追求延长在校学习时间；规范办学行为后，开始追求时间的利用效益，即同样的时间取得最好的学习效果；今天，国家考试制度作了重大调整，更加考验学校的管理效能及教师的专业水平，开足、开全、开好课程成了教育者当下面临的挑战。这一变化不是偶然的，那么，为什么会有这样的变化？还是要从社会中找答案。过去，社会的主要矛盾是人民群众日益增长的物质文化需要与落后的社会生产之间的矛盾。那时，社会生产力落后，学校也落后，也就是能基本满足学生有学上的愿望。今天，社会的主要矛盾转变为人民日益增长的美好生活需要和不平衡不充分的发展之间的矛盾，人民由过去渴望有学上变为现在希望上好学是再正常不过的逻辑，因而享受优质教育的需求才会这么强烈！所以，教育从来没有脱离社会而存在，社会学本来就是教育人的专业课，认识到社会之变，也就理解了教育之变、教学管理之变，能力才会在应对社会之变、教育之变中得到提升。

而且，由于社会主要矛盾的变化，人民已经由过分看重物质利益开始转向对精神生活的追求，用马斯洛需要层次理论解释，就是开始追求尊重的需要及自我实现的需要。这一变化，很重要，将会改变我们的管理理念、管理思路和管理行为。顺应这一变化，我们要学会尊重、信任、激励人，要淡化物质奖励，增强精神激励作用，引领教师的精神成长；还要加强教师专业引领并使他们从中领悟教学之乐、体验教育幸福感。

因此，作为教育人，作为教学管理者，需要丰富自己的专业学识，尤其是管理专业知识，要专业地认识、理解时代及时代变化，才能走进时代、跟上时代、理解时代，做好新时代的教学管理者，做好不愧时代的教育人。当我们把附着在教育上的所有浮华褪尽，我们所追求的理想的教育真身才站得更稳，最后就像鲁迅先生说的那样，一个个"有思考的有效教学管理者"，他们如同"许多美的人和美的事，错综起来像一天云锦，而且万颗奔星似的飞动着，同时又展开去，以至于无穷"。

赞美的力量

　　作为教育管理者，在学校日常管理工作中多以问题为导向，也就是说问题出在哪里，管理的重心就指向哪里。例如，学校学生学习风气不好，出现了上课迟到早退、不听课的多、作业不上交等诸多现象，那么，学校从校长到中层的管理重心肯定会聚焦于此，并努力找到有效的解决措施，想办法解决这些难题，从而改变现状。如果一所学校出现了学生回家路上发生严重交通事故的问题，邻近的学校得知此消息都会神经紧绷，迅速作出反应，要么紧急加强交通安全教育，要么尽快发放一封致家长的关于预防交通事故的信，要么要求部分家长陪路，等等，种种管理办法与手段，可谓无所不用其极。当然，如果问题是出在部分老师身上，学校管理者就会及时善意提醒、谈心或者加强管理，帮助这些老师改正不足、不断进步，这也不失为一种有效的管理工作方法。客观地说，通过问题导向工作法，确实强化了管理者的管理意识，增强了管理的针对性、实效性，解决了学校内部存在的很多问题，促进了学校的规范、健康发展。

　　问题工作法固然有很多优点、优势，但是也有它的弊端，特别是问题表现在人身上时，这种劣势更凸显出来。我总以为无论在工作中还是生活中，一味盯着某人的问题，把问题集中在某人身上，是件很糟糕的事情，因为那样同时也盯住了某人的弱点，甚至是致命点，很容易导致感情用事而偏离了问题本身，这一点不用多说，大家应该是有共识的。作为一名管理者，如果犯了这样的低级错误，会不会伤害这个老师的自尊？会不会好心办了坏事？答案是肯定的。因为每个人都是有弱点的，也都会存在一些问题，若问题老是被人盯着，心里不舒服不说，还会与管理者产生隔阂、疏离，甚至摩擦、对抗，影响干群关系，其消极意味不言而喻。甚至于这位老师的问题不但不能改正，可能还会越来越多，后果也越来越严重。

那么，有没有一种方法，既有利于解决问题、推进工作，又能给人以尊重，保障人的尊严，激发人的内在动力与积极性呢？一定有更好的办法，那就是改变思路，反其道而行之——盯亮点。前面说过，每个人都有弱点、短板，但是，每个人也都有优点、亮点，都希望自己的优点亮点被别人发现、被表扬，当自己的优势被别人点赞后心情也一定是高兴的，而且还会自觉地、暗自地改正自己的缺点。如此，学校管理的难点可能会解开，突破了这样的瓶颈，问题也就迎刃而解了。由此，我想到了心理学家马斯洛的需要层次理论，马斯洛把人的需求分成五类，由较低层次到较高层次排列。其中，第四层次就是尊重的需要，人的这种需要得到满足，能使人对自己充满信心，对社会满腔热情，体验到自己存在的价值，符合人的内心需求。因此，找亮点、夸亮点这一简单易行的做法体现的恰恰是对人的尊重，是对人的自信心的激发，作为解决问题的大前提是极其重要的。

今读张新平教授《中小学校长：从问题解决者转向欣赏型领导者》一文，深受启发，他的想法为我以上的观点提供了有力的佐证。文中提到，"弗兰克·巴雷特和荣·弗莱认为，当人们以欣赏的态度开展工作的时候，这个世界就会以一种极其特别的方式出现在世人面前。那些积极的品质与富有希望的特征就会变得越发地显而易见"。是的，得到领导和同事认可、获得领导欣赏的人，不仅心情愉快，而且乐于在工作中展示良好的一面，甚至会愈加上进。"与问题解决者不同，欣赏型领导者并不认为自己比员工拥有更多的知识和更高的智慧，不再将自己看作高人一等的专家或医生，更不将对方或者下属看作需要医治的病人，其主要任务不是揭短和暴露弱势，而是要用欣赏、肯定、珍视的态度实施富有激情和创意的领导。"这些话在提醒学校管理者，确实要对自己的角色有更加清晰的定位，要从他人的需要出发，学会发现、欣赏、肯定老师和学生身上的点滴的、积极的变化，而不是一味强调问题，抓住他人的问题不丢，并以此为重要任务，激进地解决问题。这种做法不仅有违人的本性需要，也偏离了校长的当代职业角色，难以最大限度地调动起人的积极性，开拓出生动的教育局面。

可见，亮点工作法不仅仅是一项管理创新的小举措，它还反映了学校管理思路的大变化，表明校长将从"问题为本"转向"欣赏为基"，欣赏由此成为校长领导的第一品质。工作的实践一再告诉我，亮点工作法能够给人信任，激励士气，树立信心，引领全体，这是积极上进的文化。人是需要尊严的，这个基本原则不能违背，如果不顾及这一点，不从人心出发，即便解决了问题，其效果可想而知。放大人的亮点，用亮点点亮每一个人的心灵，给他们应有的尊严，他们的负面言语、消极态度就会少一些，问题也会少起来。还有就是，此人亮点也许即是他人的问题，点亮亮点就是在帮助他人解决问题。当每个人的亮点被点亮，内心得到鼓舞，信心得以恢复，进取心获得激发，那么人的工作、生命状态也会随之发生根本性改变。当然，强调亮点工作法，并非一味排斥问题工作法，问题要盯，问题不盯、不解决，就会一直存在，会成为工作的障碍。但我要强调的是，在盯问题的同时，更要善于找亮点，让一个人的亮点点亮更多人的亮点，让正能量带动正能量，让每个人都被温暖着、感动着、激励着，如此良性循环下去，每个人都可尽享工作的荣光与快乐，这正是我们所追求的新常态。

浅谈教育的前瞻性与现实性

在当今社会变革的时代，各行各业日新月异地变化着，教育显然不能置身事外。纵观教育事业的发展，不难看出教育也在与时俱进，经历着阵痛、蜕变，从而迎来新生。

教育究竟该如何变革，要经历怎样的蜕变，走向什么样的新生呢？围绕这样的话题，大家都在思考、在实践，以期来立题、破题、解题。诸位教育大家、校长在探索的过程中形成了很多鲜活的经验，常有让我们眼前一亮、心头一震，甚至是豁然开朗的感觉。成功的探索固然可喜可贺，但我们也看到了不成功的一面。当我们冷静下来思考的时候，更多地体会到了一种华而不实的感觉，一种悬浮的感觉，好像浮萍，没有了根基，反而显得飘忽不定了。我想，形成这两种感觉的原因可能在于：前者将前瞻性与现实性结合得好，理论与实践统一起来了；后者的前瞻性与现实性没有有机地结合起来，或者思维过于超前，或者想法过于落后，因而带给人一种脱离实际、根基不牢的感觉。

诚然，教育是需要尽力向前看的。南京师范大学著名教授鲁洁说过，"教育是为一个尚不存在的社会培养人"。可见，教育的眼光就要领先于时代、超越于现实，这样培养的人才才能较好地适应将来社会的需要。因此，教育需要前瞻，我认为，作为一校之长，应使命性地接受这个责任，校长需要为学校发展作出目标设计、长远规划，否则，学校是走不远的，很可能尚未起步就已经落伍了。

教育不能不顾现实，甚至脱离现实，教育改革若是为超前而超前，那一定会偏离了轨道，以致"众叛亲离"。所以说，教育的改革、学校的探索必须立足现实、脚踏实地、步履稳健，理想和现实紧密结合，理论与实践反复论证，深入研究校情、师情、生情、区域环境、生存环境等各种因素，在此基础之上展开工作，用超前的、有规律性的教育思考来破解学校面对的种种难题，寻求学校重生之道。校长不是理论家，理论家可以夸夸其谈、口若悬河，校长不行，校长应该是理论指导下的教育实践者，虽然实践起来会更困难，但勇于迈出第一步就是前进的开始。有人说过这样一句话："校长是在戴着脚镣跳舞。"这句话很有道理，但更让我相信的是："有的校长即使戴着脚镣也能跳出优美的舞蹈来。"可以肯定地说，这样的校长就是将教育的前瞻性与现实性结合的典范。

那么，究竟怎样才能做好这样的结合呢？我认为，最重要的是将校长的顶层设计与老师的广泛参与高度统一起来。这样，当我们实施改革、推动工作的时候，从领导到老师，才会思想一致、心向一处、上下呼应、步履协调，从而实现既定目标。最怕的是，校长的思想、设计得不到老师们的认可与响应，形不成共识，引不起共鸣，达不到同频共振，自然也不会共同行动，校长和老师各吹各号、各唱各调的做法最终导致思路不一、工作两张皮的不和谐局面。这样的话，所有的顶层设计、前瞻性眼光、校长理想抱负，都化作乌有。

最后我想说的是，校长不仅要有仰望星空的胸怀，更要有脚踏实地的态度；不仅要有对教育发展的前瞻性判断，更要有大胆实践的魄力。在理性地审视现实的基础上，努力寻求理想与现实的契合点，在前瞻性与现实性的交汇处，才会找到改革的突破口、教育的重生路。

做有爱心、有责任心、有品位的专业教师[①]

金秋送爽佳节至，杏坛正逢又一春。今天，我们齐聚一堂，隆重庆祝第 36 个教师节。在此，我代表学校向全校教职员工致以节日的诚挚问候，向今天受到表彰的北辛中学教育教学先进个人表示热烈的祝贺，向今年刚刚加入北辛中学团队的支教交流教师、新入职的教师、新聘任的教师表示诚挚的欢迎！特别要把最热烈的掌声献给今年荣休的 9 位老教师！老师们，教师节快乐！

景色满园关不住，红花硕果暖人心。刚才我们举行了隆重的颁奖仪式，有 219 位教师获得了学校颁发的各种荣誉奖项，还有 45 位教师被街道表彰。奖项虽然只有一个称号、一张证书，但却代表着同事之间最广泛的认同，代表着学校、学生、家长的充分肯定。它将成为每一位受奖教师职业生涯中光荣记忆的一部分，也是我们一段辛苦付出之后最好的慰藉和总结。在我们受表彰的老师中，有 30 多年默默坚守在教学第一线的老师，有评选出的各级各类名师，有为学校发展作出突出贡献的老师，更有教坛新秀。我想，北辛中学能有这些优秀的老师，无疑是学生们的"幸运"，更是北中的"幸运"。

岁月不居，天道酬勤。过去的一年，是我校发展历史上具有里程碑意

---

① 本文系在北辛中学 2020 年庆祝第 36 个教师节大会上的讲话

义的一年，在各级党委政府的支持帮助下，学校今年中考，有 766 名同学升入滕州一中，自主招生考入 89 人，均居全市第一名；八年级在全市期末调研考试中夺得桂冠，全市前 100 名，有我校 51 人，创下历史同期最好成绩；七年级在多校联考中也是拔得头筹。每一项成绩的取得，都凝聚老师们的聪明智慧，每一次艰难的进步，都离不开老师们的辛勤付出。这里，让我们用热烈的掌声对他们表示衷心的感谢！

学以师而治，校以师而名。高素质的师资队伍是学校的核心竞争力，是学校的底气和力量源泉。今年荣休的 9 位老教师，你们把人生最好的年华献给了学校，你们永远以北中为荣的强烈的集体荣誉感、心系学校的默默无闻的奉献精神、精益求精的匠心精神、团结协作的团队精神永远是我校的精神财富，你们配得上荣休的崇高礼遇，你们的精神永远会一脉相承。

获得"火炬奖"的 21 位老师，你们像火炬一样，用为师之范、笃学之风温暖自己，照亮别人。你们的敬业之志、创新之勇，这种匠心精神有力推动了学校的建设发展，成为北辛中学的精神品格和文化中最深沉的部分。你们是北中人的典型代表，是北中人的精神符号。是你们，功不唐捐、筚路蓝缕、艰苦奋斗；是你们，责任在肩、承前启后、薪火相传；是你们，胼手胝足、牢记使命、不忘初心。一代又一代紧紧把握教育发展机遇，用责任和良知教学，用勤奋和悟性科研，为学校竖了柱子、争了荣誉、创了牌子，筑就了一座又一座事业的大厦。风雨话沧桑，往事非如烟，北中人的精神源头就在于此。

今年我校特别设立了首届"春笋奖"，12 位青年教师榜上有名。我国的最东面生长着一种毛竹，在长达 4 年的时间里，仅仅长了 3 厘米，而从第五年开始，便会以每天 30 厘米的速度生长，短短的五六周时间可以长到十几米。而实际上，前面的 4 年，这种毛竹表面上看长得非常慢，但它的根在土壤里却延伸了数百米，前面的付出就是为了扎根，是为以后的快速成长做积累。春笋，就意味着厚积薄发、脱颖而出，去追逐更高的蓝天。今天，当北中把时代的元素融入教育，让创新的种子开花结果时，吸引了一批又一批慕名而来的教育新锐。他们是一个独特的群体，创造着独特的教育价值。他们以自己探索创新的精神，激发学生探知未来的意识；以精深的专业素养、出色的才华与能力，承托学生的终身发展；以自己的人格魅力，丰实学生的精神家园，确立服务社会、贡献人类的理想！你们，未来可期。

疫情期间及复课后，张德文、丁菊、李菲三位老师，重伤不下火线，那拄拐的身影更成为学校最靓丽的风景。还有诚实守信枣庄好人张景营老师，26 位"最美云主播"，13 位获得北辛中学"突出贡献奖"的教师，"露天家访"的各位老师，你们是北中人

北辛中学"9.10"教师荣誉墙

的缩影，师德高尚、锐意进取、勇挑重担、能创辉煌，有你们，北辛中学，明天会更美。

成绩来之不易，未来更需努力。新的学期，是新的起点，是新的希望，是新的旅程！借此机会，我向全校教师发出几条倡议，与大家共勉。

第一，和蔼和悦，做一个充满爱心的老师。爱是教育的灵魂，没有爱就没有教育。苏联著名教育家苏霍姆林斯基说："教育技巧的全部奥秘在于如何热爱学生。"大爱无声铸师魂。老师关爱学生，学生尊敬老师。优秀学生就是在这样"爱"的氛围中成长起来的。教育事业的一切工作都是为了孩子。以学生为本，就是要一切为了学生，为了学生的一切。作为老师，要加倍呵护、加倍关爱学生，一定要以强烈的责任心，把自己的情感倾注到每一个学生身上，真正做到"一个都不能少"。

第二，和谨和逊，做一个有高度责任心的老师。教师岗位既光荣又辛苦，既平凡又伟大。大家应珍惜岗位、敬畏岗位、认真负责、勇挑重担、精益求精。只有爱岗敬业，才有激情，才能创新。希望全体教师继续以

"桃李不言，下自成蹊"作为人生最大快乐，用真心、真情、真诚关爱每一名学生，开启学生智慧，陶冶学生情操，真正成为学生健康成长的指导者和引路者，"捧着一颗心来，不带半根草去"。

第三，和敏和睿，做一个专业的老师。梅贻琦先生有个形象比喻，"学校犹水也，师生犹鱼也，其行动犹游泳也，大鱼前导，小鱼尾随，是从游也"。教师之责，重在教书育人；育人之所，首推三尺讲坛。扎实的知识功底，过硬的教学能力，勤勉的教学态度，科学的教育方法，这是教师的基本素质。作为老师，我们要始终处于学习状态，把学习当作一种责任和追求，当作一种生存方式和生活态度，激发自我实现的内动力，自我发展、抱团发展，努力成为教书育人的行家里手，做专家型、学者型教师。

第四，合情合智，做一个有品位的老师。作为一名教师，就要守住教育这方净土，淡泊名利，宁静致远，永远保持人民教师的清风正骨和道德情操。要把修身立德作为最基本的职业要求，内外兼修，涵养品质，时时处处净化自己的心灵，检点自己的言行，坚守职业操守，规范从教行为。《资治通鉴》说"经师易遇，人师难遭"，说的是以精湛的专业知识传授他人不难，但以高尚的人格修养去教人做人不易。希望大家既要做传授知识的"经师"，更要做善于育人的"人师"，在三尺讲台上把牢方向、守住底线。在教书的同时注意育人，帮助学生扣好人生的第一粒扣子。

老师们，"人间春色本无价，笔底耕耘总有情"，时代的教育呼唤我们以事业至上的境界、精益求精的作风、完美极致的格局、坚韧不拔的意志、进取创新的精神、追求卓越的习惯铸就北中教育的"工匠精神"，续写新时代北中教育的传奇，以骄人的姿态昂首挺胸迈进21世纪20年代！

这样的教师怎能不优秀

每年的教师节，我校都要表彰一批优秀教师，今年也不例外。我由衷地祝福他们的事业更上一层楼。我发现，在受表彰的队伍中，不少教师几乎年年榜上有名。可能有人要问：这些教师为什么能年年优秀？我想这个问题不难解答，没有人能随随便便成功，也没有人能随随便便优秀，他们身上一定有着某些优于常人的东西。这些东西又是什么呢？教学成绩好？工作表现突出？关爱学生？乐于助人？还是其他因素？这些固然重要，但都是日常的工作表现，可以说只是表象，单靠这些指标还不够，这些老师身上一定有比这些更重要的品质，我认为这些东西是无形的，但可以化为有形的东西支撑着他们，也许就是他们成功的秘密所在吧。

第一，高效的执行力。执行力是什么？其实就是我们常说的落实。落实就是把每一件事情做到位，落地生根。习近平总书记一再强调"一分部署、九分落实"，可见执行力之于工作有多重要！任何事情都是这样的，设想规划得再好，若执行不力、落实不到位，都是纸上谈兵或者说是一张废纸。所以，作为教师，要把备课、上课、作业、辅导等教学工作的每一个环节、每一个步骤、每一处设计想清楚、弄明白，真真切切地落实到每一节课堂里；要加强对学生的研究、对学生学情的研究，使教学工作的各项设计符合学生实际，能够实实在在地促进学生有效学习；要研究学生的成长规律和育人规律，把立德树人、教书育人的使命潜移默化地渗透、体现在整个教育过程中。教师为人师表的职业特性决定了教师要言行一致、说到做到，不能做说话的巨人、行动的矮子。落实中看功夫、执行中见真章，行动中才会彰显师表、作出业绩。

第二，超强的主动性。主动性就是个体按照自己规定或设置的目标行动，而不依赖外力推动的行为品质。从此定义可以看出主动性对于一个人而言是非常重要的。主动的反义词是被动，被动工作和主动工作实在是有天壤之别。被动工作的人，把工作当成任务，甚至当成负担，对待工作消极应付，态度上不情愿、无精打采，工作中很难体会到乐趣，处于这种状态的老师怎么可能不讨厌工作，不产生职业倦怠？所以，这样的活法，既影响了工作，又有可能损害到身心健康，更谈不上教书育人了。相反，那些主动工作的人就表现得截然不同：他们有目标、有追求，有热情、有激情，愿意付出，有干劲、闯劲，精神十足，充满自信，拥有这种心态和状态的老师，他们热爱自己的工作，又怎么会有职业倦怠？

第三，重视自我发展。人的先天素质固然重要，但后天的发展更为关键。现实生活里，自恃聪明而最终碌碌无为的大有人在，而先天优势并不明显却后来居上、独立潮头的人亦屡见不鲜。可见，自我发展的愿望高不高、主动发展的意识强不强，在某种意义上决定了一个人发展的高度、宽度和厚度。有着强烈发展愿望的人，大多具有明确的目标、谦卑的态度、孜孜以求的精神、不怕挫折的意志、积极上进的行为，向着高远的目标行进，走在了时代的前列；而那些不图发展图享受、不求上进求安逸、不愿学习愿清闲、没有目标而故步自封的人常常在时代的选择面前处于劣势，最终一事无成。对于教师而言更是如此，当今时代发展日新月异，知识更新频率空前加快，新技术层出不穷，真是"人不学无以为师"。试想，一个不愿学习、不求上进、不图发展的教师，面对当前改革的新形势，又怎么会有竞争力？最终只会被时代淘汰。最好的发展是教师的自我发展，被时代淘汰的终将是丧失自我发展能力的人。因此，当前教师必须要在自我发展上下功夫，在主动发展上下功夫，激活自我发展的内驱力，不断丰富自我、提升自我，真正做到学高为师、不惧挑战。

第四，善于人际交往。交往是一门学问。它告诉我们，每个人都不是生活在真空里，都要与人打交道。因此，学会交往、提升交往品质，对一个人的成长和进步意义非凡，对于我们教师尤其如此。古人云：多交益友，不交损友。这告诫我们要和有益于我们的人打交道，要远离损害我们的人；要与高人为伍，和有道德的人打交道，才能见贤思齐、受到鼓舞、浑身充满正能量。在工作中、生活中，要多和善良的、正直的、真诚的、积极的、上进的、想作为的、有修养的人在一起，他们是你生活里的知己、生命中的贵人；那些消极、偏私、极端、工于心计、整天抱怨发牢骚、总是对人对事对社会不满的一类人要远离，如果不慎结交了这样的朋友，要想办法抽身而出，如果深陷其中，经常和他们泡在一起，迟早毁了自己。多和那些有正能量的人在一起，时间久了，他们的人格魅力会极大地影响我们，这样，我们的心胸会开阔、心态会平和、做事有原则、行为有尺度、为人有口碑、事业有作为！

改变很难，也可以不难，改变从今天做起，从自己做起，从初心做起，每天改变一点点，就会前进一大步。我的态度是：端正三观，与正确的人为伍，做正确的事，肯在主观自我上下功夫，即便你不能变成一个优秀的人，也一定会优于原来的自己，从而成就自己与众不同的有意义的教育人生！

走向融合式教学的新范式

——与顾苏云校长面对面

苏州市立达中学的顾苏云校长是苏州市特级校长，她讲话干脆、利落，不拖泥带水，语速和缓，而且站高望远、见识独到、充满教育情怀，这是我对顾校长的第一印象。

从她的介绍中，我了解到顾校长已经成功地成就了一所好学校——景范中学，使之成为全国初中校长培训基地，景范中学的经验惠及了众多同行。一年多前，她在临退休之际又接受重任担任了立达中学校长，这增加了我对顾校长的敬佩之情。初识这些，我就相信，顾校长对治校做教育必有其独特的理解和感悟，我从中必会受益良多。从她的报告以及后来面对面的交流中，我不断感受到她理性、睿智的思考，坚定、执着的信念，开拓、进取的担当精神。

校长就是要举旗子、定方向

苏霍姆林斯基说过，校长的领导主要是教育思想的领导。这句话深深地影响了顾校长。顾校长对此也有其形象的解读，她说"校长就是举旗子、定方向"。做过校长的人都知道，办学校最难的在于确立办学方向，有了明确的方向，其他一切问题都有了遵循和目标。顾校长原来所在的景范中学，确立了先忧后乐的办学理念，学校其他的方面，如课程建设、环境文化、教学文化、育人模式等均以此为依据，扎实、有效地开展起来，形成了独具魅力的学校文化，打造出一所有内涵、有品位、有品质的享誉全国的名校。到了立达中学，顾校长又开始了新的思考，传承立达文化、办学生喜爱的学校、育未来社会之优才成了这所学校的办学目标，而且顾校长初步构建了一整套的从课程到教学、从管理到文化、从教师发展到学生成长等的规划、设计，目标明、思路清，各项策略才能有效跟进。很期待，在顾校长主政下的立达中学早日呈现新气象、新风貌！

学校转型发展的突破点在于课程和教学

顾校长的这个观点抓住了学校转型、发展的关键和要害，即课程、教学，它们分别指向学校教育培养什么样的人和怎样培养人的问题，这是学校要着力破解的重点及难点。在学校课程层面，立达中学为学生提供了立己课程与达人课程，拓宽了学生成长的跑道。为落实教学作为学校中心工作的地位，顾校长领导原来所在的景范中学相继实施了质量三宝（集体备课、有效课堂、学法指导）、翻转课堂实验及书院式教学的探索实践，均成效显著，而且这些探索步步为营、基础扎实、水到渠成，这里面体现了学校领导者的领导智慧、管理能力和审时度势的能力。

来到新学校，顾校长又提出了"立达教学范式"，其基本理念就是：教学过程更丰富；师生关系更和谐；学生发展更充分、更满足。顾校长还初步明确了其基本特征，如学为中心、发展思维、和谐融洽、教学相长、尊重差异、融通达用、授之以渔等，说到底，立达教学范式指向的是人的全面发展。这一新颖的提法让我感到，顾校长深悉教学规律、洞察教学现状、主动引领转型，而且这一范式突显了包容性，彰显了学校的个性表达。作为知名校长，顾校长不止步于原地，一直在不停地思索、开拓，着力于内涵挖掘、提升，形成学校新亮点，树立学校新品牌，她值得我尊敬。

持续学习成为教育上的一棵常青树

顾校长认为，在学校里，人的管理才是教育的起点，校长举旗子，教师搭梯子，学生照镜子，其中，教师的作用是基础性的，因此，校长要亲自领导教师发展工作，指导教师发展中心做好教师发展的规划、实施、考核及评价，并且采取多种举措，把教师群体改造为教师团队。举措之一就是，为老师提供发展的福利，如成立"立达书院"、开设发展课程等，促进了教师的专业成长和综合素养的提升，特别是促进了中青年的快速进步。但同时中青年教师也慢慢地拉开了与老教师的距离。老教师们也渐渐明白，依靠既往经验和吃老本、加班加点、严加管教等传统办法，来面对、教授今天的学生已经行不通了，只有不断学习，向时代学习、向年轻人学习，常学常新、与时俱进，才会不被时代抛弃，才能成为教坛的常青树。因此，与其说他们输给了年轻教师，毋宁说他们输在参训热情不高、自我学习欲望不强上，或者说他们没有输给哪个人，而是输给了这个时代！

顾校长的思考，不仅思路宽、视野广、境界高，也重基础、接地气、抓细节，既有大胸怀，也有大情怀，针对不同群体的教师需要，提供让教师各取所需的发展课程，有效促进了教师的整体发展，使教师群体转化成了坚强有力的教师团队。

学校的品位在于细节

  威海经济开发区凤林学校，地处开发区城乡接合部，相比中心城区的学校，其位置和生源基础处于不利的地位。然而，就是这样一所普通的九年一贯制学校，在近几年的发展中风生水起、饶有品位，它是怎样办到的呢？其中的奥秘在哪里呢？在这里要感谢威海－枣庄教育结对子项目，让我们能够走进这所学校、走近于艳丽校长，近距离感受、感悟她的治校之道。

  于校长在会议室热情地接待了我们，安排仅有的两名副校长张志刚、丛培洋分别安排我们的听课、参观学习及生活问题，并嘘寒问暖、有问必答，就像我们是他们的家人。这让我们不虚此行，不仅收获了治校经验，还收获了友谊和精神的愉悦，是一次充实而圆满的学习。

  凤林学校的鲜明办学特色是生命教育，是于艳丽校长基于学校历史和现实提炼出来的，有根基、有继承、符合校情，其富有成效的实践使学校充满了生命的律动，使学生焕发了生命的活力。我认为生命教育提得好，它不是为了博谁的眼球、迎合什么，而是着眼于把学生看成活生生的生命个体，着眼于把学生培养为有灵性、有情怀、有担当的人。这样的目标指向高远、富有内涵、极富人文情怀，足以打动每一个学生、打动每一位老师、打动每一位家长，让学生个体生命的成长丰盈而有韵味。

  生命教育，说起来，是一个很大的话题，凤林学校是如何把这样一个大话题做到学校工作中去的呢？于校长介绍说，他们通过生本化课程、生命化课堂、体验式德育和赏识化管理四个途径，抓住健生、智慧、责任、尚艺、科技等主题，达成珍视生命、丰盈生命、激扬生命、提升生命的目标，从而实现生命教育的主要目的。我知道，这一高度概括的体系，绝非一日之功，一定经历了艰难探索与实践，就像我校的善文化教育历经多年打磨才渐次成型、形成体系。尤其可贵的是，他们针对每一个主题均设置大量具体而又可操作的活动平台，确保生命教育目标得以实现。如在生命化课堂中，有三助力自学能力，如思维导图、学习单、微课开发；有四渠道，如确立规则、监测达标、小组展示以及合作学习展示台；教学模式是五环节教学法即创设情境、合作探究、拓展延伸、达标监测、强化积累；现在正在探索移动设备与课堂深度融合的课题研究。再如，在珍视生命系列中，学校设置了生命安全教育基地，诸如交通、消防、急救、饮食、防震、心理咨询等主题教室作为有效的生命体验载体，非常有利于培养学生安全意识、安全技能及对生命的敬畏之心。联想一下鲍方老师被他格外器重的学生刺杀一案，我们尤其感到寒心、痛心，这个所谓的优秀学生哪里还有一点儿对老师的感恩之情？哪里还有一点儿对生命的敬畏之意？因此，凤林学校花费这么大的精力对学生进行生命认知、生命情怀和生命意义的教育是值得的。学生放学时的一个细节，更让我们对该校的生命教育肃然起敬：学生按班级排着整齐的队伍，沿学校门内主道有序分流，分别走向左侧固定乘坐的校车、右侧的步行道和校门外的公交站，他们称之为"站台式"交通模式。一所学校把学校安全做到这个份上，怎能不让我们竖立大拇指，为他们点赞！

凤林学校的课堂也值得回味，有几位老师的课非常出彩，他们的精彩有共同的优点：一是教师的角色转变成了学生学习的设计者、组织者和引导者，学生有了充足的时间充分讨论、交流、展示，把学生当成了有生命的个体，而非等待装载的器物，体现了对学生的尊重；二是学生学习投入，而且学习秩序井然，没有发现一名学生不学习、不参与，在乎每一个学生、关注每一个学生、发展每一个学生，在这里得到了很好的呈现。其实，一所学校办得好不好，品位高不高，最重要的是看课堂，课堂里隐藏着评价学校优劣的标准，在这里我看到了该校生命教育在课堂里的有机融合和有生命力的展现。

虽然我们在凤林学校的学习时间短，但一个个生动、鲜活的细节令我们每一位感受颇深，我们感受到了于校长、张副校长、丛副校长及老师们的敬业热情，感受到了同学们在安全祥和的校园里健康地成长，感受到了生命教育在学校各方面工作中的渗透、融合，感受到了生命教育在学校已经开花结果。我们常说办学要优质、要有品位，什么是品位？我的答案是：办学的品质在思想，学校的品位在细节！

有教育情怀的万老师

曾听过北京特级教师万平老师的一场生动、暖心的报告，题目是《教育是温暖的》。从万老师充满感情、娓娓道来的讲述中，从她与一个个特殊学生的曲折故事里，我知道，教育的温暖发自她的内心，来自她那直透孩子心灵、温暖孩子心扉的教育情怀。

万老师已经有 36 年的教育生涯，因为各种原因，万老师几易岗位，做过辅导员，教过音乐，又做语文老师和班主任，每个岗位都做得风生水起、业绩突出，让人感受到，如果不是对教育事业的痴迷，不是对孩子有真情，不是出于对工作的热爱，一个老师怎么可能轻易接受岗位的频繁调整，而且做得越来越好！可以说，万老师本身的成长经历就是一幕动人的故事。

万老师讲到从辅导员转型为音乐老师的艰难：不会弹钢琴的她，从头学起，钢琴曲弹不下去了，就把曲谱狠狠地摔到地上。钢琴老师没有生气，说："我把这一段曲子放慢 20 倍，你再听听！"这一句话把万老师惊醒了，教育孩子何尝不是如此！有些孩子就需要放慢速度，就需要耐心等待，他们就像是迟开的花朵，绽放时也会有自己的美丽和惊艳。万老师就这样接纳、开化、转变了一个又一个问题学生，做出了属于自己的美丽教育人生。

在万老师看来，做教师就要走进学生心里，理解学生感受，关注学生心理，与学生平等地交流沟通，对待那些来自困难家庭的学生尤其如此。举个小例子，夏日的教室，阳光火辣辣的，直射到上课的学生身上、脸上，照得人睁不开眼睛，万老师发动学生从家里带来布头做窗帘。布头大大小小、五颜六色，其中有的还是陈旧的白色抹布头，对于这些，万老师都不在意，她将这些布块拼起来，大大的漂亮的窗帘做成了，同学们非常高兴，更重要的是做成的百纳布窗帘里有每个学生的参与和奉献，这个活动培养的是学生心中有他人、有集体的良好情操。

万老师的日记教学很有特点，一本本大大小小的本子上，记满了她和一个个学生通过言语沟通达到心灵相通的真实历程，记满了孩子们鲜活的真实心迹，也记满了万老师从心底里发出的爱。万老师对孩子们的缺点从不张扬，而是规过于私室，注重保护他们的隐私和尊严；相反，对孩子们的优点，哪怕再小，也一定会放大、广而告之，正所谓扬善于公堂，为孩子们找回自信、找回尊严。就这样，万老师的日记教学为学生点燃了一盏盏心灯，照亮了他们的心灵，照亮了他们持续前行的路。此外，万老师还带领孩子们办起了《小笔头》班报，搭起了孩子们展示才能的平台，孩子们在这里进步着，发展着，实现着一个个小梦想。

当教师不容易，当万老师这样的优秀教师更不容易。万老师说，当老师要经得繁劳、耐得烦恼，幸福才会垂青于你。万老师说她当一辈子老师不后悔，当一个个孩子在她的精心培养下成长起来，并且带给她一次次惊喜和感动时，幸福感油然而生，觉得当教师是赚的、值得的。是啊，多么朴实的话语！像万老师这样的优秀教师有很多，他们在三尺讲台上一站就是几十年，无怨无悔，敬业奉献，获得桃李满天下，为我国的基础教育事业奠定坚实基础，他们才是新时代最可爱的人。我想说的是，做教育就要这样，有梦想、有情怀、动真情，这也是做一名优秀教师的最为重要的资本！

平台，成就教师的舞台

办学校、做教育，推动学校变革，无论从哪个点切入、从哪个地方寻求突破，最终绕不过的落脚点还是在课堂上，在教研活动中。否则，一切学校变革都难以推进，不可持续。要把老师们的关注点吸引到课堂中来，让老师把精力投入到课堂研究中来，只靠校长和领导干部的要求是不够的，要求也许能管用一时，但管不了长远。我认为，通过搭建平台，为老师们提供全方位展示的舞台，以此来激发教师们的参与意识、竞争意识和发展内驱力，才是至关重要的。把这一想法和几个领导沟通后，我坚定了初时判断，并且选择把教研组长论坛作为一次尝试，主题为"课堂观察者——教研组长的视角"。我想通过这次尝试，凸显教研组长的重要性，改变既往教研弱化的现状，树立以研促教的新风，引领老师们走上专业成长之路。

在持续三个小时的教研组长论坛中，我校的三位教研组长用他们精彩的展示带给了我惊喜。他们表现得很专业：刘永明老师把小小的几何画板运用得淋漓尽致、出神入化、奥妙无穷，其中通过变化图形竟然得出20个变式，其研究之深、之透，难以有人出其右，难怪他的案例演示能够编入教参；丁菊老师在激趣导学上匠心独具，活泼的经典角色扮演、贴心的生日礼物、生动的情境再现，从中我看到了丁老师对学生的尊重、关爱和感化，她开启了教者乐教、学者乐学的英语教学新境界；续士芹老师汇报展示的是她和教研组同事们开展的阅读课改革，种种阅读活动设计，如课前

2 分钟诵诗、3 分钟演讲的细节安排，均可看出她的良苦用心，她在课堂内外营造了读、说、写的浓厚氛围，极好地促进阅读走入学生的生活。

开学后不到两个月的时间，已累计有近十位领导、老师登上大大小小的讲台，展示了他们扎实的基本功甚至独门绝技。我想，通过搭建一个个平台，让老师们在不同的平台上展示自己多年来对课堂教学、对学生管理、对教育的理解和经验，展示的过程既是对既往实践和做法的系统总结、凝练提升，也是通过自己的表达实现与同事或同行的交流、互鉴。我看到，一个个精彩的分享感动了听者，感动了专家，也感动了老师们自己；我看到了老师们演讲后脸上掩不住的满足感、成就感，那是一种轻松、释然，更是一种自我褒奖。坦率地讲，这符合我的预期设计，是我想要的样子，多年的校长经历告诉我，老师们不会拒绝这样的平台，更不会拒绝自我发展、自我成长的机会，他们有这样的需求和渴望，只要我们给他们平台、给他们机会，他们就会不断地带给我们一个又一个惊喜，也给自己带来追求更高目标的信心和勇气，同时，他们的做法也会感染、激励、带动身边的同事。不仅仅是这些，通过这些精彩的表现，我看到的是久抑的热情的释放，是对自己未来发展的希冀的释放，是对自己生命活力的释放，是对教育的热情的释放，是对事业的激情的释放，这恰恰是一个教育者最需要的，也是一名教师追求卓越、成就自己、成就学生、成就他人的最宝贵的精神财富！这让我有理由期待，北辛中学的老师们潜力无限、发展无限，名师之路越走越宽广！

享誉世界的美国企业家杰克·韦尔奇说过，"在你成为领导之前，成功只和自己的成长有关。当你成为领导之后，成功和别人的成长有关"。这句话，让我感到既沉重又坚定，因为我越来越觉得成就老师不仅是一名校长的使命，是校长职业幸福的源泉，更是一份责任所在。今天，我作为新时代的一名校长，站在教育的新起点上，抓班子建设，抓师资队伍，抓教学研究，等等，无疑是在执行一桩分内的、沉甸甸的任务，在北中，为老师们搭建起一个个成长的平台，应该是我校教学改革迈出的新的一步，也是校长送给老师们的一份礼物。

不负青春共筑梦　砥砺奋进立潮头[①]

大家上午好！在这繁花似锦、荷香四溢的盛夏时节，我们共聚一堂，大家一起交流学习。在此，我代表北辛中学向在座的各位老师致以崇高的敬意！特别是听了 13 位青年老师的交流发言，我深受触动、很受教育。他们身上体现出的甘为人梯、诲人不倦的职业操守，培育英才、潜心育人的价值追求，甘于淡泊、乐以忘忧的敬业情怀，值得我们大家学习。

习近平总书记指出，时代越是向前，知识和人才的重要性就愈发突出，教育的地位和作用就愈发凸显。近年来，我校认真贯彻习近平新时代中国特色社会主义思想和党的十九大精神，坚持教育优先，深化教育改革，全校教育事业呈现出良好的发展态势。对于我们来说，就是要发扬成绩，乘势而上，努力把北辛中学的教育名片做得更靓、打得更响。借此机会，围绕办好人民满意的教育，我以四个关键词谈谈我的感受，与大家共勉。

一、奋斗——要激扬青春奋斗，当好耕耘者，积极回应人民群众对优质教育的期盼

习总书记说"幸福都是奋斗出来的"，奋斗这个词本身就是一种幸福。我们每位青年教师成长过程中都蕴含了奋斗。青春用来干什么？就是用来

[①]　本文系在 2020 年度北辛中学"三乐"教育论坛之青年教师成长论坛上的讲话

奋斗的，这样美好的岁月才不会被辜负，我真的希望看到青年教师们那种努力拼搏奋斗的样子。苏轼说："古之立大事者，不惟有超世之才，亦必有坚忍不拔之志。"年轻人身上有很多标签，拼搏、奉献、无畏，这些都是我们青年人身上应有的品质。在座的有很多稍年长些的领导和老师，他们年轻的岁月都是这么一步一步地奋斗出来的。我们北辛中学也是如此。今天的北辛中学已成为所有滕州学子向往的学校，已当之无愧地成为滕州初中教育的领跑者，这实际上是靠我们一代一代的老师们奋斗出来的。这就是一个学校成长的主旋律，我们整个学校发展壮大，拥有今天的地位的秘诀就是奋斗。

一个人的成长、一个单位的成长都离不开奋斗。我认为年轻人不奋斗、贪图安逸、追求享受的想法，是没有市场、没有出路，更是没有出息的。只有奋斗了，所有的幸运才会垂青于你，幸福才会真正地围绕在你的身边。奋斗的历程肯定不会是一帆风顺的，其中有得意、也会有挫折；有乐观、也会有悲观；有兴奋的时刻、也会有委屈的时刻。这是一个饱含复杂情绪的历程，它是与奋斗者始终伴随的，也是奋斗者在奋斗过程中要付出的代价。也正是这些磨砺，让我们这些年轻人一步一步地成熟起来。挫折磨砺了我们的意志，苦闷丰富了我们的情感，逆境锻炼了我们的心境，悲观也会分生出希冀，委屈也会撑大我们的格局。今天我们讲青春非常美好，就是要用奋斗实现我们一个美好的青春。要向我们的青春致敬，致敬什么呢？就是这个关键词——奋斗！

二、梦想——要坚持以梦为马，当好引路人，帮学生扣好人生的"第一粒扣子"

拥有梦想是非常难能可贵的，这好像是年轻人的专利。有梦想的人总是往前看的，年轻人向前看的时候比较多。到我们这个年龄，有时考虑问题就会瞻前顾后，向前看的同时，还会不由自主地向后回望。年轻人最该拥有的就是梦想，这对一个人的成长很重要。梦想总是要有的，不论你是否能够实现，万一实现了呢？你如果没有梦想，那这个万一也就不存在了，你有了梦想，就有可能圆梦。有时倒过来看年轻人，正是因为有了梦想，才显得这段时光更有分量。

回想一下，我年轻的时候也怀揣梦想。大学毕业，被分配到了一所农村中学工作，后来调到城里来工作。那个时候非常彷徨，有很多的想法却无法实现，总有一种怀才不遇的感觉。在我的内心深处，隐隐地也有一个愿望——若干年后成为一校之长。我当时在滕西中学是四班的班主任，现在滕南中学的孟楠校长是三班的班主任，现在鲍沟学区的胡勤庆主任是我们班的数学老师，现在市教研室的王立亭主任是我们班的生物老师。那时，几个年轻人的心中有了这样或那样的梦想，我们都在默默地坚持。到了今天，好像我们的梦想基本都实现了。

老师们的梦想不仅仅是当校长，还有很多，比如当名师、当名班主任、成为教育家，我们有很多的选择，前提是你一定要有梦想，有了梦想，就有了目标，有了方向，就会为之奋斗，就会为之执着，遇到困难也不会退缩，会勇往直前。当然你也需要在工作生活中不断地学习充电，提升自己。一个有梦想的人，就拥有很多的选择。他会为了这个梦想去做各方面的准备。所以，我们就不难理解，有梦想的人往往就容易成功。我们只要有梦想，一切皆有可能。

三、专业——要加强术业专攻，当好排头兵，让教育教学更优质

专业这个词，一直在我的脑海里萦绕着。今天的演讲不少老师都提到了"专业"。大家知道最初国家为什么要设立教师节吗？主要就是由于当时教师的工作不被重视，只有通过设立节日才能引起人民的重视和关注。设立教师节的时候教师的地位远没有现在高，现在教师的地位，一步一步地提升了。我们今天提专业，说明教师的很多工作还不够专业，北辛中学教师发展的目标就是做专业而有品位的教师。提"专业"这个词有的青年老师可能不太服气，会想我们在大学学的都非常专业，我们都当专业学科

老师了，能不专业吗？这里面看你怎么去理解，想一想，我们与律师、法官、医生去对比一下，我们真的专业吗？病人到了医院里面，愿意将自己的整个身体托付给医生，会对医生无限信任，因为他们能给病人拿出来一个科学、有效的治疗方案。可是老师在教学管理中能否拿出来这样的一个方案呢？试想一下，家长教育孩子的方式和老师教育孩子的方式，到底有多少不同呢？育人不是家长的专业，教师育人更为专业，那是不是我们就一定比家长更高明？按理说教师应当能够拿出治疗孩子身上出现的各种学习问题和心理问题的方案，但能否拿出来这样一个帮助孩子成长的科学方案呢？很多时候我们还是束手无策的，这说明我们今天的教师离专业真的还有点儿距离，所以我就希望年轻的老师不要认为你书本上学到的东西就是专业，那只是专业的一部分，更多的专业在于我们如何用学到的知识、学到的理论去解决教育中的各种问题，解决孩子成长过程中的各类问题。如果我们能拿出方案帮助学生改变，促进他们更好地成长，我觉着那你离专业就更近了一步。或者说我们的行为就体现出来了它的专业性，我们的教育行为才是专业的。

首先我们青年教师要放大教育格局。往往我们认为多年的经验非常珍贵，但另一方面恰恰是那些经验束缚了我们，因为有些经验是经不起推敲的。如果我们用科学的、专业的视角看待它，我们会发现很多经验，根本称不上经验，甚至是一种错误。这靠什么来甄别，我想就是靠教育。我一直主张我们教师在课堂中，要在教学的层面再向上走一步，把教学提高到教育层面，要学会用教育的视角来看教学，用教育的理念来指导教学，使你的教学行为充满教育性。如果你有这样的一种思维方式，你的专业性就会比别人强很多。我们每个教学行为都有教育性，我们能做到吗？很多时候我们还只是停留在经验层面上，就教学抓教学，就教学研究教学，你的层次就很难上去，老是在低端徘徊，那样工作只能是一个教书匠，很难达到一个专业的高度。

其次要树立课程意识。在大学里面学到的课程论等方面的知识很多，但是，我们真的通过专业的学习，树立起一种课程的理念了吗？树立起一种课程的观念了吗？恐怕是要打一个问号！所以我就想这个专业性要成为每一个青年教师成长规划的一个重要目标，要从今天开始，努力增加对专业的认知、增加一些专业的思考、进行一些专业的探索，做一些专业的总结，真正使专业融入到我们的教学生涯。这样专业性就体现出了教育的价值，也能够体现出我们老师的价值。

四、文化——要涵养文化底蕴，当好指明灯，打造高素质专业化教师队伍

目前，学校是我们老师工作和生活的场所。因此，我希望大家能够努力地去读懂学校、读懂学校历史。刚才好多老师在论坛中提到了学校文化，这让我感到非常欣慰，这说明你们对我们的学校文化已经有了一些了解。北辛中学这一校名由北辛文化而来，北辛中学是从文化中走来的学校，我们这样的学校，应当努力向文化走去，还要向教育走去。大家要增强一些对这些提法的认识，如果对北辛文化和学校文化多一些了解的话，你可能就会更深入地了解我们学校为什么提出来这样的愿景，而不是别的愿景？为什么是这样的目标，而不是别的目标？为什么我们要这样践行，而不是以别样的方式去践行？

北辛中学的旧称为滕北中学，1982 年建校，你们知道 1982 年之前的学校历史吗？当时城区同时开建了东西南北四所学校——滕东中学、滕西中学、滕南中学、滕北中学。滕北中学来自于书院学校，当时书院学校有小学部和初中部，小学部留在原址，初中部的老师和学生搬着桌子凳子就到了当时的滕北中学，以这些人为主体建设了滕北中学，我们滕北中学和书院学校是有渊源的，有传承的。滕州的文化学者追溯了一下，清朝的时候有道一书院，道一书院之前叫性善书院，后人考证性善书院的位置应当在荆河公园的东门。当时的知州是尚敏，重视教化，非常重视人才的培养，所以建了一个书院，叫性善书院。北辛中学文化的传承历史悠久，文

化底蕴非常深厚，就是扎根在滕州大地上。习总书记说："坚持扎根中国大地办教育。"我们就要扎根滕州大地办一流的教育。这个追溯是非常符合逻辑的，是非常有道理的，那么多的历史荣耀和光环都集结在北辛中学身上，当然，接力棒也传到我们这一代人手中，所以我们承载着历史，承载着更多的希望。

"弟子事师，敬同于父"体现着人们对教师最朴素、最由衷的敬重。青年教师能够加盟北辛中学，我觉得真的是一种机缘，是一种幸运。这所学校真的值得我们为之骄傲，值得我们为之奉献，值得我们为之奋斗。我们每个人都应当成长为优秀的老师，更好地服务于这个学校，服务好这所学校的孩子们。这些你理解了，你就知道我为什么要提文化底色、为什么要提因材发展、为什么要提尚善有礼、格物维新。这些提法都与我们学校的历史有关，与滕州文化历史有关，这些提法也是在这样的基础上提炼的，不是从别人那里搬过来的，是北辛人一点儿一点儿地总结提炼出来的，所以这些提法是有扎实的根基的。

昨天，我在党员干部会上讲到，北辛中学经过多年的发展，一直高位运行，北辛中学的教育质量在滕州一直处于领跑地位，这些对我们来说也是一个新的挑战，如何突破发展的瓶颈？如何使北辛中学再跨上一个更高的平台，这是我们这一代北中人一个共同的奋斗目标，这也是一个非常具有挑战性的课题。

2020年是非同寻常的一年，站在学校发展的角度来看，我们的学校这一年也非同寻常。北辛中学已经走进"20年代"，北辛中学即将开启一个新的十年，很多标志性的事件在我脑子中不断萦绕，大家最关注的就是九年级的中考，今年的中考我们有89人过一中自主招生线，有766人过滕州一中线，特尖生、优秀生人数遥遥领先，可以说我们2020年的中考取得了全胜；八年级的期末考试创造历史最高，以绝对优势稳居第一；通盛路校区在短短的一年取得了非常可观的成绩，已成为社会非常关注的一所名校；善国校区在今年的中考中也取得了辉煌的成绩，有71人进入滕州一中；这样看来，北辛中学的办学经验是可以复制的，是可以推广的。

"青春须早为，岂能长少年。"北辛中学的年轻人必将大有可为，也必将大有作为。你们是学校的中坚力量，是学校的生力军。我们的学校未来是什么样，就看你们青年教师的今天是什么样。三尺讲台连接五湖四海，一寸粉笔贯通万代春秋。你们作为知识的传播者和智力的开发者，希望你们尽快地融入北辛中学这个大家庭，同老教师们一道共同奋斗，增强学识、自我充实、超越自我，提升教育教学能力，为北辛教育事业的发展倾注满腔热情，在平凡的岗位上做出不平凡的业绩！让自己的人生价值在教育事业中熠熠生辉！

最后，衷心祝愿各位老师工作顺利、身体健康、阖家幸福！谢谢大家。

"任务管理"辩证法[①]

如何完成上级主管部门下达的任务，如何管理校内各项工作任务，如何组织实施并确保任务有效完成，是每一位学校管理者不可回避的课题。在学校任务管理实践中，我认为要正确认识、把握好几个辩证关系。

"做正确的事"和"正确地做事"

弄清做的是什么样的事，做成事后解决的是什么问题，有什么影响和意义，等等，这些是任务的方向；方向确定后，完成任务要选择什么措施及手段，怎样策划实施，等等，这些是完成任务的方法问题。方向与方法，两者相辅相成、缺一不可。方向不对、目标不明，做了只会事与愿违、徒劳无益，正所谓"差之毫厘，谬之千里"；同理，方向正确、方法不当，也只会耗时费力、事倍功半。只有方向正确、方法得当，处理好"做正确的事"和"正确地做事"两者的辩证关系，才会圆满完成工作任务，取得事半功倍的效果。

---

① 本文发表于 2010 年 7 月 6 日《中国教育报·现代校长》

"接受"和"完成"

对于上级领导安排的任务，有些管理者茫然接受，不加思考，草草分工下去了事。至于如何执行、能否完成、结果怎样，则不予理会，认为布置、分配下去了就是完成了任务，这是管理的大忌。

在每项工作的任务链中，接受并分配任务只是迈开了执行任务的第一步，是工作的起点。在接受任务和完成任务之间，离不开各分管人员的检查、督促，必要时出谋划策，给予指导。管理者不监管验收，盲目听取汇报，就有可能使工作任务流于形式，或有头无尾。等到迎检时，才临时"抱佛脚"，不辞辛苦加班，仓促应战，为时晚矣。

作为一个管理者，不仅要抓住任务的关键所在，还要落实好任务链的各个环节，更要全身心地投入，周密地调度、统筹安排、全过程监管，这样工作任务自然会完成得圆满。

"一件事"和"几件事"

教学教研工作的得力开展，需要全体师生的通力协作。在每个工作日内，只有一件事情等待完成的概率很小，更多的是同时遇到几件事。完成一件事相对容易，对管理者的能力要求不是太高，而同时完成几件事，就要看其统筹布局能力、调度指挥能力、执行协调能力了。这是一个考验，是对其耐性与心智的考验。如果为了做某事，急于求成、大动肝火、激化矛盾，即使侥幸做成，最终也是一大败笔，达不到应有的效果。

复杂的学校工作任务，要求每一位管理者，不仅要具备做好一件事或几件事的能力，而且在完成各项工作任务时，还要主次分明、运作有序、有条不紊，甚至相得益彰。

"应对"和"应付"

态度决定一切。对待工作任务，是积极应对还是消极应付，反映了一个管理者的态度和境界。接受任务后，表现出积极准备、主动承担的态度，认真负责、扎实深入的作风，不推诿、不扯皮的责任心，无所畏惧、知难而进的精神，善于创造条件，才能够不断开拓新局面，提升管理境界。

应付做事，就会不主动、不深入、不踏实，做起事来常常因为思考不周密、准备不充分而使工作难以开展。如果遇到困难，则不思进取、束手无策，导致工作停滞不前，这样的管理者带不出好的团队。因此，态度决定成败：认真应对任务，则事事可为、成绩卓然；消极应付任务，则事事难为，谈何作为？

"完成"和"反思"

完成了一项工作任务，顿觉释然，身心轻松了很多，这是最自然的感觉。然而，轻松之余，尚需反思——任务完成得究竟怎么样？质量高不高？有何经验值得总结？有何教训需要吸取？将任务的完成和完成后的反思统一起来，至此，完整的工作任务链才得以建立。

同时，经过反思后的工作又上了一个新台阶，为以后做好铺垫、打下基础，如此良性循环，经验不断积累、水平不断提高，才会更好地适应新时期教育管理的需要。

以上观点是我在从事学校管理工作中的一些身心体会。需要强调的是，教育教学管理，面对的是教师这一知识分子群体，担负的是教书育人的重任，必须时时不忘记这一特殊性，才能以独特的视角去理解、掌握、运用好"任务管理中的辩证法"。

学校领导者要有三把"刷子"

上个月，马云的一个关于校长领导力的演讲再次引发轰动效应。马云说，今天做校长比任何时候都难，但是比任何时候都需要有领导力。这是马云从世界大势、面临未来挑战的背景下思考管理、思考教育，为这个时代发出的睿智、理性的声音，这次的演讲无疑将会在较长时期内影响着学校教育治理、校长治校的思路及成效，为校长们提供一剂改变治校思维、提升治校能力的良药。这也触动了我对学校领导力的些许思考。多年校长的经历使我明白，通过管理学校来保证学校各项工作正常运行是可以做到的，但是要催生出学校内部的活力、不断丰富学校内涵，仅靠管理已难担负起这样的使命与责任，是不足以应对新时代学校教育发展需要的。所以，培养、提升校长的领导力，是新时代赋予校长的崭新命题，已成为校长必备的功课。我以为，作为有领导力的校长至少要有三把"刷子"。

第一把"刷子"：校长要懂得造势，明确学校发展的目标、方向。

所谓造势，是指不仅要揭示学校发展往哪个方向走，更要营造出学校上下为之奋斗的文化氛围、引领干部教师形成愿意为之奋斗的强大合力。在这方面，毛泽东主席无疑是善于造势的领袖。1927 年，大革命失败后，革命陷入低潮，在井冈山根据地，怀疑红军前途的悲观情绪一度弥漫，红四军将士中有人提出了"红旗到底能打多久"的疑问，毛泽东审时度势，写下了名篇《星星之火，可以燎原》。毛泽东在信中运用唯物辩证法，科学地分析了当时国内政治形势和敌我力量对比的问题，充分估计了建立和发展红色政权在中国革命中的意义和作用，明确提出了农村包围城市、武装夺取政权的战略思想。这封信在红军将士中引发强烈反响，对于不少陷入悲观情绪的红军将士无疑注入一剂强心剂，极大地增强了信心、鼓励了士气、激发了斗志。可以说，从实际情况出发，准确判断形势、明确发展目标、指明前进方向，这是作为领导者必须弄清楚且绕不过去的必答题。否则，目标不明、方向不清，无法凝聚力量、形成合力，更无法激发出内心认同、愿意为之奋斗的主动性、内驱力。

我一直觉得，作为学校教育的领导者——校长，必须要首先回答好两个问题，一是办一所什么样的学校，二是培养一批什么样的学生。其实，这也就是校长要想清楚、弄明白且要准确表达的学校愿景、目标。那么，怎样清楚地表达北辛中学的发展愿景和目标呢？

我把目光聚焦在了校名上——北辛中学，这是一所以北辛文化命名的学校，是从文化中走来的学校，所以，我们必须坚持文化的战略定位，树立文化育人的理念，把中华优秀传统文化传承、弘扬在北中的校园里，书写在滕州的大地上。这也是对习近平总书记提出的"坚持扎根中国大地办教育"所做的最好的践行及注脚。这样我们就有了"办有文化底色、因材发展的学校""育尚善、有礼、格物、维新的学生"的学校愿景与目标。经过几年实践，现在看，这一愿景与目标，师生不仅会脱口而出、耳熟能详，而且已入脑入心，成为指导工作、学习、成长的座右铭。

学校的愿景与目标植根于厚重的地域文化，且已与文化水乳交融。有的学校也有自己的办学目标，但多是移植、嫁接而来，不是从自己学校的文化里生长出来的，所以，离开文化背景，离开学校校情谈愿景与目标，终将是无本之木，是扎不下根的，更无法长成参天大树。可以说，学校背后的文化才是愿景与目标践行的沃土。这些年来，无论是在姜屯中学做善文化教育，还是在北辛中学传承优秀文化，都是从文化的高度看教育、做教育，都拓展出了学校发展的新天地。这真是应了那句广为流传的"三流校长抓纪律，二流校长抓成绩，一流校长抓文化"的俗语，也真正让我再次感受了文化的魅力和力量！我认为，从本质上说，校长的领导力体现的是校长运用文化驱动学校发展的力量，彰显的就是校长的文化力！

今年的暑假开学，我给老师们做了一个《北辛中学走进 20 年代》的报告，我从解读北辛中学、走进 20 年代的标志、展望新十年等多个维度，从文化视角描绘了引领北辛中学发展的新思路、新目标、新蓝图。老师们深受鼓舞、倍感振奋，再次燃起激情、唤醒热情、焕发出向上的精神力量。就这样，在一次次和干部老师宣讲解读、面对面交流的过程中，愿景与目标渐渐走进师生心里，化作实实在在的奋斗行动，进而化为师生精神及价值追求，成为影响师生为人做事的优良品质。

运用文化造势、坚持目标驱动，营造的不仅是人心思进的文化氛围，更是凝聚人心的文化场，身浸其中，老师们会被感染、被激励，会充满无穷无尽的力量。

第二把"刷子"：校长要善于用人，带出活力高效的干部教师团队。

《史记·高祖本纪》载，上（刘邦）问曰："如我能将几何？"信（韩信）曰："陛下不过能将十万。"上曰："于君如何？"信曰："臣多多而益善耳。"上笑曰："多多益善，何为我禽？"信曰："陛下不能将兵，而善将将，此乃信之所以为陛下禽也。"从这段对话中，我们可以看出，刘邦在用人方面确实有他独到的地方，连韩信这样带兵多多益善之人也为之所"禽"。刘邦能够"将将"，就在于他能够最大限度地使用人才，知道把手下的人才放在最合适的位置，这就是刘邦的用人之道。当然，刘邦作为封建社会的帝王，不可避免地存在历史的局限性，但是，他的用人之道即使在今天，对我们用人治校依然有其可资借鉴之处。我认为，做有领导力的校长，在察人、识人、用人上需要做到以下五点。

第一，要有识才之睛。

诗仙李白说："天生我材必有用。"人们也常说："人皆有才，人尽其才。"话说起来容易，但是真要在工作生活中践行它，却难之又难。在这方面，我们要向《西游记》学习，《西游记》中有去西天取经的最佳团队——唐僧师徒。唐僧是领导，虽无为、迂腐，但他知道"获取真经"才是最终的目标，孙悟空脾气暴躁却有通天的本领，猪八戒好吃懒做但情趣多多，沙和尚本领不高但是任劳任怨挑着担子，这样的团队有着很强的互补性，更能够精诚合作、同舟共济、实现目标。可见，工作生活中，原本就没有十全十美、完美无缺的完人，每个人既有优点，也有缺点，既有长处，也有短处，既有优势，也有短板，当领导的绝不能求全责备、一味苛求，而是要善于探其所好、用人所长，才能人才迭出、人尽其才。

近年来，北辛中学提出了因材发展的教育观，就是根据每个人的强项、优势，为其搭建施展才华的平台，使师生都能找到适合自己成长的舞台，从而激发每个人的潜质、张扬每个人的个性、彰显每个人的价值。例如，为中国书法家协会会员袁家峰老师组建了书法工作室，袁老师担负起了推广书法教学和培养小书法家的双重任务，并乐此不疲、无怨无悔。我市小有名气的文化学者刘士伟老师担任了性善书院院长，为传承国学经典，也是不辞辛劳、情怀满满。

没有人生来是无用的，只是暂时没有找对地方。这是多年的校长经历告诉我的，对此，我一直深信不疑。

第二，要有容人之量。

孔子的学生子贡曾问孔子："老师，有没有一个字，可以作为终身奉行的原则呢？"孔子说："那大概就是'恕'吧"。"恕"，用今天的话来讲，就是宽容。可以说，在这方面，孔子为我们树立了"恕"的榜样，恰恰是孔子的容人之量，其门下才会聚集各色弟子三千，成就七十二贤之盛举！

宽容人、包容人，才能团结人。但是，工作中往往越是有才的人，越有鲜明的个性，甚至有桀骜不驯的性格，这实实在在地考验着校长的心胸、肚量。其实，对待有才、又有鲜明个性的老师，尤需宽容、善待和包容。校长对待这些老师的态度更有引领、示范的意义，更能以点带面、影响全局、鼓舞全体。

因此，容人才能得人得心，容人者也方能为他人所容。容人之量，体现的是一个领导者的胸怀、素养，展示的是一个领导者的为人情怀。谁不愿意跟着这样一个领导者奔跑、远行呢？

第三，要能激人之志。

俗话说，人皆有志，有志者事竟成。俗语也云，人穷志不短。这都说明，只有树立志向，有追求，才能成就自己，取得事业成功。但是，我们也清醒地看到，多少有志少年，经过岁月的消磨，壮志未酬，已初心不再。不少执教多年的老教师既被岁月染满了白发，也被岁月消耗了激情，当年的雄心似乎已难觅踪影。怎么办？还能使老师们重新找回当年的初心、雄心吗？还能重燃曾经生龙活虎般的信心、十足的激情吗？

我在北辛中学积极倡导动车组思维观念，就是为了让老师们重拾教育初心，重焕教育青春，重燃教育激情，以更好、更美的姿态站稳讲台，为教育持续发光发热，以己学识，光亮照人。所谓动车组思维，就是每个人都是一节动车，都要自生动力，拼命奔跑，动车组可以轻松跑出 300 ~ 400 千米/小时的速度。而绿皮车厢呢，自己不跑，让火车头拉着跑，这样的火车最多能跑出 100 千米/小时的速度。我们的干部、老师都要争做主动奔跑、热于奉献、让人尊重敬重的动车，不做不拉不动，一拉才动，被人拉着跑的绿皮车厢。校长呢，不做绿皮火车头，拉着一列不会跑的车厢，多累啊！要做就做动车组的火车头，努力把握方向，带领一列动力十足的列车沿着轨道自由地奔向远方的目标。这样的思维方式，对老师们触动很大，谁愿意做让别人拉着跑的绿皮车厢呢，所以，不愿干、无所事事的老师越来越少，积极主动干、无怨无悔地干的老师越来越多！

今年的教师节，经过精心设计、周密准备，我们为退休的老教师举办了一场隆重、盛大的荣休仪式，以表彰他们为学校发展做出的贡献，体现了对将最好的年华奉献学校的退休教师的最大尊重！现场感谢、感恩的掌声一次次响起，每一个人都深为感动、深受感染！我们应该怎样做一个尽职尽责的好老师，以无愧将来的这样一场最高的礼遇，已然引发了每一位教师的深思、回味！

诸如这样的激发，怎能不激人之志、催人奋进呢！

第四，要会护人之尊。

我一直倡导，尊重和信任是最好的管理。尊重是马斯洛需要层次理论中描述的高层次心理需要，在物质利益得到满足后，人们有了对尊重的需要，今天，这一需要开始为教师所看重、所追求。深明其理，将其运用于管理中、落实在行动上，才能营造出友善、信任、和谐的氛围，带给教师精神的愉悦感、满足感，从而激发出饱满的工作热情。

但是，在实际工作中，干群关系疏离、紧张的事情时有发生，甚至出现了尖锐、难以调和的矛盾，究其原因，不少与没有尊重老师、没有顾及老师的感受有关。俗语有云，"人要脸树要皮"。意思是说，人的脸就像树皮一样，是扒不得、撕不得的，否则，撕破了脸，像撕掉了树皮，树必死一样，人也会破罐子破摔的。教育人、管理人的工作要是真的到了这种程度，干群离心离德、同事隔阂，又怎么会有管理效能，又怎么能不影响工作开展呢？所以，作为校长，务必学会尊重人、信任人，遇事留有余地，待人顾及情面，切不可态度冷漠、情绪急躁、言语不周，使自己陷入左右为难、骑虎难下的境地。

第五，要能成人之美。

孔子说，君子以成人之美。意思是说，当别人遇到困难，需要帮助、鼓励的时候，作为一个德行高尚的人，应该尽可能地帮他脱离困境或者完成心愿。可见，成人之美，表现了君子乐于帮助人、成就人的善良、美好的品质，因而，也应该成为领导者的为人处世之道、育人治校良方。

作为校长，不仅要有成人之美的美德，更要有成人之美的行动，才能帮助师生更好地成长、进步。北辛中学别开生面地开设了"三乐"教育论坛，"三乐"取自孟子"得天下英才教育之，此为三乐"之语，这个"乐"是只有教师才能享有的快乐！老师们在论坛上讲教书之法、谈育人之道，交流从教之得、分享为师之乐，岂不乐哉！像丁菊老师等一批获得过国家、省、市级巾帼标兵或育人楷模或教学名师称号的老师在这里成长、从这里走出，装扮了名师荟萃的北中校园。韦尔奇说："当你成为一名领导之前，你的成功与你个人成长有关；当你成为一名领导之后，你的成功却与你的下属的成长有关。"诚如斯言，伴随着师生的成长，我何尝不在成长，不在品尝校长之乐呢！

识人之明、容人之量、激人之志、护人之尊、成人之美，是我总结出的校长用人之道，以此打造出一支志同道合、甘于奉献、坚强有力、务实专业的干部、教师团队，我们共同向着有文化、有内涵、有品质的齐鲁名校的目标奋力前行。

第三把"刷子"：校长要建章立制，确保稳定的工作秩序。

建章立制、确立规则，才能坚守管理工作的底线，确保正常、稳定的工作秩序，从而推动工作向既定目标前进。但是，建章立制的过程不会是一帆风顺的。春秋后期，孙武训练女兵时，吴王的两个爱妃不听指令，被孙武杀一儆百，这支娘子军明显感受到军纪之威严，开始听从指挥、统一步调、阵型井然。其实，所有组织都一样，都要经历制定规则、执行规则、确立规则、保障规则等的完整过程，其间经过斗争、博弈，规则才能稳定下来，成为组织有序运行、正常运转的有效保障。

规则，也是在做结构、建机制的过程中建立起来的。我的前任赵联普老校长是擅长学校结构变革的行家里手。当时，学校规模越来越大，迫切需要内部管理结构发生相应变化，赵校长经过缜密论证，果断建立东、西教学部管理体制，两个教学部均有三个年级，形成了相互竞争的格局，很快打开了教育教学质量的新局面。后来，又调整为一个年级两个教学部，即一级二部制，及时解决了竞争有余、合作不足的问题。管理结构的变化必然带来规则的调整、机制的重建，新的规则又反过来促进、维护了新结构的稳定、有序、有效运行。

现在的北辛中学已经是一校三区的集团化学校了，建立新架构、催生新机制、形成新规则，已迫在眉睫。经过充分酝酿、反复论证，我们实行了校区执行校长负责制，确立了"级部＋中心"的管理模式，实施了行政管理与专业领导的"双轮驱动"策略，从而为北辛中学拓展了更大、更优的发展空间，实现了一校三区各具特色、各美其美、校校优质的预期目标。

做结构、建机制、定规则，考验着校长的眼界、思考力及治校智慧，反映的是校长的领导力。做优结构、建好机制、定准规则，让结构托底，让机制发力，让规则管人，才能把校长从大量具体、琐碎的工作中解放出来，从而将精力投入到思想引领、规划学校、发展师生、谋划未来的事业之中。若此，学校发展的内涵会愈加深刻，学校的品质会愈加提升，学校的未来也会更加可期！

校长到底该姓什么

——兼论校长的角色定位

摘　要：校长的角色定位直接影响着学校发展的走向。从历史的形成的角度来说，扮演不同角色的校长在客观上推动了学校的发展，但从根本上来说，校长的角色应定位于育人与文化传承，这应该成为新时期校长角色的应然要求。

关键词：校长；学校；育人

校长在学校组织的运行、发展和变革中发挥着不可替代的重要作用，学校发展的走向在很大程度上取决于校长的角色及其定位。正因为如此，萨乔万尼（T. J. Sergivanni）就曾鲜明地指出："就维护和改进优质学校而言，学校的任何其他职位都不具有比校长更大的潜力。"校长的工作可谓千头万绪，几乎涵盖着学校生活的方方面面。然而，校长的工作也不是无章可循、杂乱无绪，校长在学校发展的不同时期、不同阶段都会有不同的工作侧重。笔者认为，作为一名校长，必须准确把握学校发展过程中的主要矛盾和次要矛盾，并正确处理主次矛盾之间的关系，即要考虑清楚学校的重要工作是什么，主要工作是什么，紧急工作是什么，长期工作是什么，自己首要的任务是什么。最为忌讳的是，让一时的工作重点成为校长的主业，进而成为其炫耀的资本，而偏离了学校发展的本职、本分，迷失了对"校长是干什么的"的职业定位，这样做带来的消极影响不容小觑。

一、校长角色的偏失：成因及其表现

在校长角色的历史的形成过程中，由于客观条件的羁绊和主观意愿的诉求，形成了"钱校长""楼校长""分校长"这一特殊群体，这在当前的学校特别是中学发展过程中并不少见。

曾经有人认为校长姓"钱"，那是在学校办学经费严重不足且得不到保障的时代，校长们为了学校生存不得不到处求赞助，或为了盖一幢教学楼，或为了维修年久失修的学生宿舍，或为了铺上一段雨天泥泞的校园道路，或为了老师们过节时那点儿微不足道的福利。现在想想，那时的校长真不容易，有时为了凑到现款，费心费力，跑关系、走门子、乐此不疲，把搞基建等事情当成主业，从而荒废了内部管理、懈怠了教育事业。

还有人说校长姓"楼"，校长在任期间，一幢幢楼房盖起来，各种硬件设施完备起来，学生上课有了窗明几净的教室，老师们办公条件改善，办公室冬夏怡人，孩子们欢喜、老师们高兴、家长们满意，同行来参观，领导来视察，一幢幢新楼俨然成了学校的荣耀、校长的功劳簿。学校硬件是越来越硬气了，但是学校的软实力，如师资、文化等却是越来越软。我们要知道，大楼是不能育人的，育人的是老师、是文化。清华大学老校长梅贻琦的"大学者，非大楼之谓，大师之谓也"的警句犹在耳，对于校长来说，建大楼固然不容易，但建设一流师资才是更为令人敬佩的行为。

直到今天，仍有不少人认为校长姓"分"，因为在当前的教育评价机制下，分不仅是学生的命根，也是老师的命根、校长的命根。分数似乎成了衡量教师教学水平优劣、学校办学水平高低、校长领导能力高低的最为重要的甚至是唯一的指标。与其说学校教育是一切为了学生，倒不如说是一切为了学生的分数。在对分数的绝对崇拜之下，学生是否具有创新意识、实践能力，能否写得一手好字，懂不懂礼貌以及身心是否健康，等等，都不足以抵御分数的诱惑。分数成了这些校长的金招牌、遮丑布。诚然，追求分数、追求成绩，本没有什么错，但唯分数是重的取向就显得可笑甚至可悲了，尤其是某些学校为了拼分数，采取抢生源、熬时间的短视行为，这不仅会扰乱招生秩序、损害师生身心健康、束缚学生的发展潜力，而且会导致学校始终在重成绩轻素养、重教书轻育人、重今天轻明天的低层次发展区徘徊，难以铸就一所高质量、高品质、高品位的优质学校。

毋庸置疑，这些校长的行为在客观上会推动学校的进一步发展，但就其背后的深层次动机而言，在他们"卖力地搞发展"的背后，可能是由于拜官情结、唯上取向的动机所驱使的。这在很大程度上导致了校长角色的缺位和错位，正如伯恩斯（J. M. Burns）所指的"交易型领导"一样："常常凭借其掌握的外部奖惩资源，以权宜酬赏（contingent reward）和例外管理（management by exception）来诱使或迫使教职员努力工作。"

二、校长角色的应然诉求：育人与传承

那么，校长究竟该姓什么？这是值得每一位校长深入思考的问题。笔者认为，校长应该姓"育"，教育的育，育人的育。党的十八大提出，我国教育的根本任务是立德树人。这为我们的教育指明了方向。我国的古代教育高度重视做人的教育，这是中华传统文化中的教育精髓之所在。孔子讲"行有余力则以学文"，意思是行为习惯养成和知晓如何做人之后，才能再去学习文化。所以，先学做人，再学做事，这是我们的教育非常鲜明的一个特征。令人遗憾的是，今天的学校教育，尤其是德育教育，悄然甚或已然偏离了我们的教育传统，借用马云的一句话就是"教做得相当好，育做得相当不够"，可谓一针见血。北京大学钱颖一也曾鞭辟入里地指出："我们培养了一批精致的利己主义者。"所以，我们今天的教育必须要回望一下我们的教育传统，探寻传统文化的教育精髓，找回失去的教育精神，即回到立德树人、教书育人的任务和使命上来，努力把学生培养为中国特色社会主义事业的合格建设者和可靠接班人。

放眼今天的教育，值得庆幸的是，"钱"校长越来越少，"楼"校长日渐式微，"分"校长虽然仍有势力但也感到后劲乏力、不可持续，而"育"校长的队伍却在不断发展壮大，我们有理由相信，随着校长专业化、职业化进程的推进，我们的教育内涵发展的步伐会进一步加快，教育质量会进一步提升，从而使我国教育立德树人的根本任务得以有效落实，培养出一批又一批有道德、有信仰、有知识、有文化、有抱负、有担当的中华学子。

许一所梦想的学校给明天[①]

"如果你想当官，你就选错了地方"、"好校长就像陶行知先生那样心怀天下，心系苍生，好校长应该把办教育作为自己一生最有意思、最有价值的事去做"，这质朴而又有力的话语就是孔凡海校长一直念念不忘的教育信念。

"关山已度尘亦洗，星斗所向摇大旗"的办学理念

"坚持扎根中国大地办教育。"2018 年，习近平总书记在全国教育大会上的重要讲话为新时代教育事业发展指明了方向、提供了根本遵循。

国家对教育的时代要求，给孔凡海校长一个极大的震动，他认为，北辛中学校名源于北辛文化，这是写进中国历史教科书的滕州历史文化。立根班墨故里办教育，这是北辛中学再出发、再腾飞的一个契机。

他意识到，北辛文化作为中华文化的重要组成部分，是个优质的"富矿"，是北辛中学无可替代的"财源"，是全体师生最好的教育沃土，扎根

---

① 本文系《教育家》杂志寻找中国好校长推荐材料

其中，传承、弘扬北辛文化及其一脉相承的地域文化，是北辛中学的必修课，更是北辛中学办因材发展学校的必然选择。

孔校长立足于学校属地北辛文化源远流长、博大精深的实际，力主学校发展"从文化中来，到教育中去"，在教育改革的实践中提出了"办有文化底色、因材发展的学校"的教育愿景和"育尚善、有礼、格物、维新的学生"的育人目标。孔校长常说："北辛中学培养出来的孩子也没有什么特别之处，脱掉校服也会迅速地淹没在人海里，但你细细打量，他们的眼神中充满了善意，他们的姿态中充满了谦和；他们的脚步笃定，因为他们知道肩头的责任，知道向何处去。"

以北辛文化为底色，为孩子们的精神奠基，筑牢师生的中国根、民族魂，把从属地文明中淘漉的文化黄金搭起教育的精神圣殿。他倡导的"因材发展"的教育观已成为鲁南教育的一面烈烈飘扬的大旗，先进的办学思想和独特的办学理念引领着师生的全面进步和学校的全面发展。在教育转型的新时代浪潮里，他启动了"坚持扎根中国大地办教育"的经典布局。

"天工作意与一饱，端是今年春草长"的管理能力

2009 年，时任北辛中学副校长的孔凡海，调至滕州市姜屯中学任校长；2018 年，孔凡海又调回北辛中学担任校长。作为一位北辛老兵，再回北辛依然继承发扬北辛优良传统；作为一位北辛新战士，工作中长期扎根基层调研。他发现，北辛中学多年传承的"校长—职能部门（各级部）—教研组—教师"四级管理体制虽然科学有效，但各处室、部门之间联系薄弱，层次繁多，信息传递有时候比较滞缓，教育与教学容易脱节，已不能

完全适应新时代北辛中学的发展步伐、发展模式。

针对这一现状，孔凡海校长在广泛征求意见的基础上，启动学校管理模式的改革，化"层级式"管理为"级部＋中心"的扁平化管理。充分授权于级部和中心，打破部门和职能职责的界线，扩大管理幅度，减少管理层次，变"分散管理"为"集成管理"，较好地解决了原来存在的层次重叠、效率低下等弊端，加快了信息流的速率，有效提高了执行的效率。

他认为，学校管理在加强"管"的同时，更要把着力点放在"理"上，努力寻找破解"教"和"育"一体化、"教"和"研"立体化的路径。于是北辛中学通盛路校区架构起"三个级部＋四个中心"（课程中心、学生发展中心、资源中心、电教信息中心）。"归其位，谋其职，行大道"，让干部、教师八仙过海，各显神通，让自己的才华实现最大化发挥。

如今，级部作为学校教育管理的基石、级部教学的中枢神经，牵一发而动全身。级部主任作为教育教学一线的指挥官，管理全年级的人、事、物，做到责、权、利联动。前所未有地调动了级部教学管理层的积极性、主动性和创造性。尽管改革动静很大，由于深得人心，进展起来却风平浪静，一帆风顺。

"挽住云河洗天青，物华又与岁华新"的职业坚守

孔凡海校长时刻铭记自己的教育初心，他处处以教育家的情怀肩负教育使命，全身心投入学校办学和管理工作。

他特别重视在教育中融入情感。校长作为学校和教师的第一管理者，他以敏锐的视觉关注教师的俗世生活和精神世界，从一个同行者的角度给予教师更多鼓励和欣赏，他荡涤倦怠的感情投入，让老师有了一份幸福的

满足和认同，让教师能在繁重的工作中有一种超越庸常的高峰体验，真正享受到付出的快乐。

他特别重视在教育中倾听心灵。既有宏观的考量、理性的张力，又能聆听来自学生生命的心跳。再小的问题，他都会回溯到教育的源头。七年级学生马润泽在国旗下演讲时提到自己把《论语》研究了几遍，"研究""几遍"这两个一闪而过的词，触发了孔校长深深的思考——这是一个少年向世界发出的掘进的宣言。不久，马润泽的《"之乎者也"里的乾坤——我和〈论语〉的再次相遇》便在学生书吧热火朝天的展开，一个卓越校长的职业坚守也可见一斑。

他特别重视在教育中提升站位。增强思想的自觉，率先垂范，用一个校长的坚持引领带动一群人的成长，春秋代序，年华更新，孔校长以他的职业坚守塑造出具有学校独特气质和标识的新一代阳光学子。他追求学校管理既要有看得见的优异成绩，更要有看得见的学生的优良习惯；他认为教育工作者必须给学生心灵埋下真善美的种子，打牢思想的根基，让每一位学生都长成参天大树。这种教育理念就像岁月里的一道清流，洗净喧嚣，穿尘而来，熠熠生辉。

"谁道崤函千古险？回看只见一丸泥！"的品格担当

疫情期间，孔校长运筹帷幄，主动担当，迎难而上，在危机中育新机，于变局中开新局，积极推动线上教学。

他倡导班主任由班级管理者成为班级社区的组织者，把教师从主讲变主播、由讲授者成为学习活动的设计者、指导者。让学生利用在线平台学习，选择适合自己的学习模式，接受老师个性化辅导，做到了因材施教，打通了教与学的壁垒、拉近了家校共育的距离。

他倡导空中课堂应由在线教学走向在线教育。力求克服单一的教学内容，拓展教育的范围，扩大学生视野，把疫情这场灾难化为一堂人生大课，既抓成绩，又让孩子们学会在防疫常态化中健康成长，加强防疫知识和生命教育，增强防护意识和能力，从灾难中汲取教训，学会人与自然该怎样和谐相处！

他鼓励老师尝试多样化的教育手段。深入挖掘学科教学中的育人内涵，设计、运用好系列活动——赛学习成果、赛读书、赛创新、赛美篇等以赛促教、促学、促管的灵活多样、学生喜爱的方式。借着学生听得懂、听得进的话语，吸引其注意、激发其兴趣，动员其广泛参与到有意义的活动中来，从而彰显活动育人的教育力量。

他建议老师做好复学后的线下、线上教学衔接和融合。在疫情还未结束的时候就要求师生回到校园，切不可将在线教学优势束之高阁、刀枪入库、马放南山，又回到传统的线下教学的老路，要继续抓住在线教学之所长，认真结合好在线教学的优势，有效融合线上、线下教学，使线上、线下教学优势互补，实现教学效益的最大化。复学后，线上、线下优势互补、有机融合，使面向学生集体的教学与面向学生个性化、异步发展的指导相辅相成，共同为促进学生因材发展、优势发展、全面发展助力。回首疫情，真是"回首向来萧瑟处，乌蒙磅礴走泥丸"。

"满眼生机转化钧，天工人巧日争新"的高质口碑

孔凡海校长说："每个学生都是一座金矿，关键是如何去发现、去挖掘。而教师的责任，就是为不同禀赋、不同潜质的学生提供适合他们天资

发展的平台。"

他推行素质教育背景下的学生多元评价机制。在学生中开展以"品德创优、学业创 A、校园创星"为主的"三创"活动，鼓励老师"因材而教"，激励学生"因材发展"，并详细制定《北辛中学学生多元评价实施方案》。为让每一个学生都获得精神世界的升华，在"品德创优"上，学校秉承"育人先育德，成才先成人"的理念，坚持"全员育人、全程育人"，积极拓宽育人渠道，深化育人内涵。制定了学生"品德创优"评价制度和具体的操作程序，设计了《北辛中学学生品德创优评定表》。为让每一个学生都分享学习成功的喜悦，在"学业创 A"上，每个学期初，他们要求每个学生，要根据自己原有的基础设计"创 A"目标卡，然后各班把学生的"创 A"目标卡统一制成板报，并张贴上墙，接受全体老师和同学的监督。而学校和各个班级，则要定期对学生个人发展情况进行综合评定，作为"创 A"活动的过程性评价。

积极引导学生校园"创星"。设置学习之星、奋进之星、纪律之星、礼仪之星、管理之星、卫生之星、读书之星、探究之星、合作之星、才艺之星、感恩之星 11 个奖项。每个学期开学初，这里的学生会根据自己的兴趣爱好、基础特长申报创星计划。学校按照个人申报、班级推荐、学校评定的程序，评选各类校园之星，并模仿中央电视台《星光大道》举行隆重的授星仪式，使学生体验成功，点燃青春热情。

这种"多把尺子"评价学生的做法，遵循学生成长规律，多元化、多渠道、多方式全面评价学生，在当地学生、家长群体中拥有良好口碑，被省教育厅作为素质教育典型在全省推广。

孔凡海校长一直致力于学校文化和教育管理研究，大胆改革、勇于创新。主持研究山东省教育规划课题两项、主持研究山东省基础教育教学改革项目"属地文化融入中华优秀传统文化教育的路径研究"（3704012），多篇研究论文在核心期刊发表，主编著作《为善兴学》一部。部分研究成果荣获枣庄市社会科学优秀成果奖、山东省教学成果二等奖。先后被评为枣庄市特级教师、枣庄市名校长、枣庄市有突出贡献的中青年专家、齐鲁名校长、山东省中小学优秀德育工作者。

在孔凡海校长的领导下，学校先后荣获全国青少年文明礼仪教育示范基地、全国科普教育先进单位、全国地理科普教育示范学校、全国青少年校园足球示范学校、山东省教学示范学校、山东省科普示范学校、山东省少年科学院科普基地学校、山东省体育传统项目学校、山东省地震科普示范学校、山东省传统文化体验教育实验学校、全国优秀传统文化教育基地学校等荣誉称号。

日居月诸，"许一所梦想的学校给明天""把成绩留给历史，向未来索要辉煌"，孔凡海校长正意气风发地行进在征途上，他信心百倍。他的世界里，教育的初心像饱蘸鲜果汁液的彩虹。他许在这里的每一个老师、每一个孩子都有自己的发展空间，师生常教常新，常学常新，教学互促，共同成长。他在教育的田园用智慧和流淌的情怀播下蕴含人文历史、天地灵气的种子，放眼望去，已然破土而出，茁壮成长，已然满树繁花，清香四溢，芬芳着齐鲁大地，芬芳着中国教育的春天。

治校究竟从哪里开始突破

——从思路到策略

做任何事，都有一个思路问题。思路对，才有出路，正所谓思路决定出路；思路不对，容易钻进死胡同，难以找到出路，而且劳神费力无功，若是管理者思路不清，就正应了那句战争用语，即"主将无能、累死三军"。观念决定前途，所以，明确思路，弄清出路，找到正路，是人们做好事情的基本前提，更是管理者做事首先要想清楚、弄明白的关键问题，这也是校长治校要着力突破的首要问题。

那么，怎么样才能形成清晰、明确的办学思路呢？我认为，明思路，不外乎以下几个途径。

第一，认清学校历史与现状。每所学校的历史都是不一样的、独特的，都是它们割不断的血脉。联合国教科文组织在《学会生存》一书中特别指出："人类要发展，一方面要面向未来，另一方面要回到人类的源头，向我们的先辈吸取智慧。"因此管理者要用历史的思维审视看待问题，客观理性地接纳由其当时的环境、条件所决定的历史与现状。当然，学校历史留给今天的，既有好的一面，也有不好的地方，尤需辩证分析、批判地继承，去伪存真，去粗取精。切忌一味地抱怨历史、对遗留的现实难题怨天尤人、束手无策、无从应对，以致无心开辟新路，无力开拓新局。正确的做法是要处理好继承与发展的关系，既不能割裂历史，也不能背上历史包袱；既要坚定不移地继承好优良传统，又要轻装上阵、与时俱进、革故鼎新、主动发展。

第二，统筹全面布局与重点突破。治校在很大程度上考验的是管理者的系统思维和全局观，俗话说，"不谋万世者不足谋一时，不谋全局者不足谋一域"，管理者若不能系统思考、整体布局，很可能陷入只见树木、不见森林，头痛医头、脚痛治脚的境地。胸中无全局，想起来什么做什么，四处点火、四面出击、全面开花，必使工作任务互相牵制、彼此掣肘，甚至陷入内耗的困境。管理者务必要在坚持谋定全局的基础上，选择突破重点，做好重点推进，这样，以点带面，才会达到牵一发而动全身之效，以更好促进工作系统开展。如果抓不住重点和关键，找不准治校的突破口，"就会如坠烟海、摸不着边际，最终无所适从"。所以，全面布局与重点突破要两相权衡、力求平衡、统筹协同、行稳致远。

第三，兼顾教育理想与学校现实。既要有未来眼光，也要有扎实实践，切不可因追求理想而不顾现实，甚至奢谈理想、空话连篇，也不可因囿于现实而无视理想、没有目标、浑浑噩噩、无所作为。胡绳先生说：一事不做，凭空设想，那是"空想"。不动脑筋，埋头苦干，那是"死做"。无论什么事情，工作也好，学习也好，"空想"和"死做"都不会得到进步。想和做是分不开的，一定要联结起来。作为学校管理者，更要学会在理想与现实之间游走，既仰望星空，又脚踩大地；既以理想为目标，又以现实为依托，寻找理想与现实的结合点，从而拓展学校发展的新空间，开创学校发展的新天地。

第四，正确认识自己与团队。要弄清楚自己擅长什么，优势在哪里，学会扬长避短，最大限度地将个人优势发挥出来，以更好地展现出核心引领的作用。同时，也要认清团队的实力，用其所长，充分展示团队成员才干，使大家取长补短、优势互补，实现个人与团队集体的强强联合。就像有人曾经打过的比方，"个人就像五指，有长有短，有粗有细，但它们只要紧密合作，挥出为掌，则能裹挟一股劲风；握紧为拳，则蕴蓄虎虎生气。团队同样可以是拳头或手掌，它的威风来自于每根手指的紧密合作"。当然特别注意的是，处理这一对关系时，既不能自以为是、处处凌驾他人，也不能没有主见、莫衷一是、为团队所绑架。要尽可能从他人的观点来看事情，但不可因此而失去自己的观点。

通过以上分析，北辛中学提出了"办有文化底色、因材发展的学校""育尚善、有礼、格物、维新的学生"的愿景与目标，这一办学思路，让同事们精神为之振奋，因为困扰北辛中学继续高位发展的方向问题终于有了答案，学校开始拥有了办学目标、工作之魂，各项工作的开展都有了思路引领、目标指向，任务落实凝神聚魂、不再松散、不再有形无神，而是形神兼备。从而极大地丰富了工作及活动内涵，拓宽了育人渠道，推动育人工作向高质量发展，使全面育人的教育方针得以贯彻，收到了良好的育人效果。

只要明确了办学思路，就为以后学校各项工作展开布局打开了通道。但是，这还只是校长治校迈出的第一步，思路能否真正变成实实在在的行动，还要形成具体可行的策略。策略是什么？新华字典解释说，策略，指计策；谋略。一般是指：1. 可以实现目标的方案集合；2. 根据形势发展而制定的行动方针和斗争方法；3. 有斗争艺术，能注意方式方法。在我看来，策略是保证思路落地的实施方案及操作程序。所以，有思路，不能无策略，存在于头脑之中的思路，要靠具体办学策略才能使之付诸实践、成为行动指南。换言之，思路只有通过策略才得以有效落地生根，策略呢，也因正确的思路而有了方向、有了灵魂，思路与策略紧密结合、相互契合、高度融合、完美统一，无疑会有力促进学校获得快速发展。

北辛中学多年来形成的"三创"活动、"七色"工程、"四四"方案等亮点工作，就是典型的办学思路指导下的具体策略。如果没有这些行之有效的策略，不仅思路践行会缺少与之匹配的具体路径，干部、教师有效开展各方面工作也会缺乏有力抓手，若此，不仅思路走不出大脑、难以落地，只会沦为夸夸其谈、自说自唱、自娱自乐的空头支票，更谈不上贴近工作、推动工作、促进工作的有效开展了。

总之，有了思路和策略，再通过坚持不懈的实践，学校才会坐上"直通罗马"的高速列车，开出发展的加速度，奔跑在通向创建区域名校的大道上，校长也会因此得到发展，得以成就。

第 四 辑

教学相长，见证成长成就

　　教育是一辈子的事情，教育者即学习者，教育之路即学习之路，学习之路有多宽、有多长，教育之路就能攀多高、走多远。一路行走，面向未来的学习，不断地拓展着认知和思维的半径，持续更新着生命的半径，慢慢地，你的阅历丰富了，眼光深远了，视野开阔了，才干增长了，精神充盈了。我们相信，之所以教育之路越走越宽，那一定是因为我们始终走在学习的路上。

孔凡海校长接受凤凰新闻采访

让教育因学习而改变①

金秋十月，丹桂飘香。今天举行的是学科主任论坛。学科主任应该努力成长为学科团队建设的先行者、引路人。学科主任不仅要业务精、为同行认可，更要有前沿性的思考、有鲜明且不失深度的教学主张，并能够引领学科同仁向专业而有品位的教师的目标前行。在这个过程中，学科主任要使自己率先达到这一目标，成为会思考、会作报告的学科专家。我知道，我们还有很长的路要走，但是这不重要，重要的是我们必须开启第一步。让我高兴和欣慰的是，今天的这一步迈得很好，迈得稳健、有力，这要感谢几位学科主任。

教育是一场教与学的相遇。谈到学科教学，大家认为就是认真研究学科教学，使自己的工作努力地靠近规律、贴近学生。但这还不够，我们还要认真研究学习，因为一切的教学效果都要体现在学生的学习认知和行为转化上，学生学得好才能体现"教得好"！坦率地讲，学习对于师者，还远没有得到高度重视，我们还没有把它真正当成一门科学来研究，在开展教研活动的时候，学习也一般不会成为我们研讨的主题，备课的时候我们也是备"教"多、备"学"少，这是有问题的！

今天，我们真的该重新审视学习、重视学习了。孔子说："学而时习之，不亦乐乎？"即学生通过经历学习过程达到乐的境界！试问我们的学

---

① 本文系在北辛中学 2020 年度"三乐"教育论坛之学科主任论坛发言

生有多少能达到乐、愉悦的层次呢？从那些厌学、甚至逃避学习的学生身上，我们可知不少学生达不到、也体会不到学习的快乐，这说明这些学生的学习是存在问题的，教师对学生学习的指导也是存在问题的。也就是说，我们还没有足够深入地理解学习，以及如何通过有效指导学生学习，促其成长、进步。对于这些问题，作为教育者，我们不能无视，需要坦诚面对。所以，我今天想以《让教育因学习而改变》为题，和大家谈谈学习这个话题，谈一下我的粗浅理解及学习体会。

一、学习是学生的事，也是老师的事

有的老师喜欢说，学习是学生的天职，学好学不好是学生自己的事。其实，我们的老师只说对了一半。学习是学生自己的事，这句话没有问题，是对的。学生不把学习当成自己的事，当成别人的事，是很难学好的。为父母学习吗？为了满足父母望子成龙、望女成凤的一厢情愿，等待学生的多半是悲剧。一个考上北大的孩子说完"我替你们考上北大"后跳楼而亡，让人唏嘘不已。为谁学都不如为己学，古人云：书中自有颜如玉、书中自有黄金屋，古人已把这个道理讲得很清楚了。为自己读书学习，学生改变的不仅仅是自己的命运，还会因学有所成从而可以更好地服务社会、贡献国家。所以，学习是不需要讲太多的大道理的，学生如果树立了为己而学、学而为人的观念，就会激发出学习的内驱力、主动性，并发奋苦读，成就学业！

其实，这个道理老师们都懂，这不是我今天想表达的，我想说的是，学习不仅是学生的事，还是老师的事！学生学得怎么样，也与我们有关！有时候，老师真的有化腐朽为神奇的力量，真的能成就点化顽石、成就育人成才的佳话！举个我熟悉的例子，有位高中同学挺聪明的，但喜欢玩耍，尤其喜欢踢足球，他把不少学习时间消耗在了足球场上。闫老师看在眼里，替他着急，找他谈话谈心，从而一语惊醒梦中人！该同学从此像变了个人一样，学习开始变得主动，好学上进了。该同学后来考上了司法学校，现在是一个区的检察长了。可能闫老师已经忘了这件事，但是他教过

的这位学生自己忘不了！还有我自己的经历，让我内心很纠结，就是我对我的一位老师爱也不是恨也不是的，当然我无意冒犯该老师，提及往事，我只是想说明老师的言行举止很重要，尤其是老师的引导很关键！引导得对，一言三冬暖，催人奋进，若引导出了偏差，会让人灰心泄气。例如，当年，我本来是个很有希望考上本科的学生，那时预选后状态非常好，老师和同学们对我充满信心。但一件事改变了这一轨迹，当时市级学生干部高考是会加分的，最有希望加分的我却败给了一个原本不是学生干部的同学。于是，老师为我鸣不平，不惜与学校闹僵，数次向上反映，而且多次劝我去争取，我也年轻气盛，愤愤不平，但又无力改变，内心非常苦恼愤懑，这导致我在最后的冲刺阶段无心向学，结果不尽人意。事后想想，如果我的老师换一种思路，鼓励我更要有志气，不贪恋加分，凭真本事考学，说不定我就换了一种结局。所以，老师怎么指导、怎么引导，真的很重要！遇到好老师，是人生的幸运。所以，后来我当了老师，在心里暗下决心，一定要努力做个会引导、会激励学生的好老师！千万不要因为言行不慎，误导了学生！所以，老师们不要忽视、低估了自己的作用，你的言谈举止、处事方式恰恰是影响学生学习、成长的关键因素呢！

以上讲的是学习大方向上的问题，其实具体到学习的指导上，老师的作用就更加凸显了，我们要承认，老师是有差别的，优秀的老师指导学生学习，自有一套，言简意赅、直击要害，使学生豁然开朗。学生跟着这样的老师学习，既是幸运，也是享受。好在北辛中学，有一批这样的优秀教师，潜心教坛，化育英才，我心甚慰啊！明白了这些道理，我们就知道该怎样当老师，该怎样做一名优秀的好老师！

二、学习是一个结果，更是一个过程

今天这个时代，大家都在谈论互联网技术、信息工具对学习的影响，研究结论表明，使用诸如平板、学习机等信息工具学习与运用传统方式、手段学习相比，学习效果相差不大，或者说几乎没有影响。显然，这是从结果来说的，实际上，人们的确常常用学习结果来衡量、评价学习的过程、质量，这没有错，没有好的结果怎么证明你学得好呢！但是，学习只是一个结果吗？或者说只是为了追求一个可量化的分数吗？分数固然重要，但是，学习不只是为了分数，你说，学习的过程重不重要？运用什么样的学习方式重不重要？在学习的过程，学生怎么样思维、怎么样思考，是不是更重要呢？其实，真正决定学生将来走得远的不是分数，而是分数背后的思维方式，是解决问题的方式。换言之，分数固然重要，而分数是怎么来的，可能更重要！

所以，各位老师、各位同事，我希望大家，作为一名优秀的名师、一名智慧的老师、一名教学高手不能只盯着分数，要有一双透视般的慧眼敏锐地观察到学生学习的过程，观察到其思维品质，观察到一般老师看不到的地方，并做好适时、适合的指导、点拨、引领。老师们如果达到这个层次、境界，那么你们是实至名归、当之无愧的名师！而且，我还想告诉大家，运用互联网、信息工具帮助学生学习，虽然过去、现在还没有取得优于传统学习方式带来的成绩和效果，但是至少不差！尤其重要的是，经过互联网思维品质的训练、培养的学生在不久的将来必将因为增加一种新的学习视角、学习工具和学习方式，从而使自己的思维方式更多元，这终将会深远地、持久地、广泛地影响到学生以后，甚至一生的学习。

三、学习是看不见的，也是看得见的

矛盾无处不在，它是客观存在、永恒的，而矛盾正是推动社会进步、促进我们成长的动力之源，我们都是在矛盾中成长、进步的。所以，我们要树立矛盾观，学会用矛盾的观点看世界、看人生、看一切事物，包括我们的教育、教学以及学习。学习本身也是个矛盾的统一体，有看得见的部分，也有看不见的地方，像我们学习、思考靠大脑，大脑如何思维，我们看不见。据说，有人观察过爱因斯坦解剖后的大脑，大脑的沟回很深，尤其是顶叶区域很大，与常人迥异，他的聪明与此有关，但是爱因斯坦作研究时，大脑究竟怎么思维，我们是看不见的，也不可能看见。今天，我们也会看到，有聪明的孩子解难题，一下子就能抓住关键要素，理清逻辑关

系，迅速解决问题。他是怎么思考、解决问题的呢？我们看不见！

那怎么还说，学习能看得见？新西兰教育家约翰·哈蒂写了一本书，书名叫《可见的学习》，他利用统计技术综合了 20 世纪 80 年代以来教育领域中的 800 多项关于学业成就的元分析，并将影响学业成就的不同因素进行排序和归类，进而构建了一个基于证据的普通教育学体系。他主张，教学要建立在坚实的证据基础上，要根据学生的实际情况采取不同的教学策略，并基于证据持续不断地改善教学。由此，学习的过程是留痕的，有证据的，证据可见，学习即可见。这一结论对我们做老师的很重要，基于准确、可靠证据，才能更好地提高教学及指导学生学习的有效性；但同时这也带给我们不小的挑战，因为寻找到足够的能够反映学生真实学习情况的证据，实属不易！我们常用的证据主要来自课堂表现、作业质量、练习情况、考试成绩等，通过这些，初步了解了学生的学习状况及水平，但是，大家有没有发现，我们的这些工作还是不够精细、精准的，还是粗线条的、大概的，例如，你怎么评价一次考试中 2 个都考了 80 分的学生的学业成绩？他们真实的学业水平一样吗？有没有不一样，如果有，怎么不同？证据呢？恐怕，这样专业的追问，我们大多没有想到。你看，中医大夫怎么看病的，主要通过望、闻、问、切，现在也利用查血、透视等检查技术多角度、全方面充分了解病因病情，拿出因人而异的个性化诊疗方案。所以说，医生的专业化水平高，更受社会尊重，这是有道理的。而我们拿出来的一些证据，往往模糊、笼统、片面，不如医生的诊疗方案细致、可靠、管用。

在工业化时代，教育必然受制于工业化进程，工业化的过程很漫长，教育的改变缓慢而艰难，百年前的影子至今仍依稀可见，但是，以互联网、人工智能、大数据为标志的信息时代已经来临，社会即将迎来巨变，教育的大变革指日可待。我们看到，互联网、人工智能、大数据分析这些新的技术已经开始融入教育领域，即表现出其强大的优势，为我们科学诊断学情提供了非常重要的、让我们能看得见证据的新工具，也使我们开展精准教学、实施个性化辅导成为可能。有这些技术的支持，加之人类对脑科学、认知心理学等研究愈加深入，使学习过程中积累的种种数据，得以有效保存，以便我们搜集和分析，使学生真实的学习表现得以呈现，从而让学习可见。例如，科大讯飞的阅卷系统、智学网平台已经成为我校教学、监测的重要的诊断工具，有效辅助了老师们的教学工作。将来，这些新技术还会更多、更深地融入课堂及教育教学的全过程。当然我们也不能过度夸大技术的作用，技术再先进终究是技术，机器终究是机器，代替不了类似中医的望、闻、问、切，也代替不了师生之间的面对面互动交流，以及情感沟通交融，有些问题智能机器是解决不了的，取代不了人的作用的，所以，还好，教师作为职业不会消失，还有其存在的理由、价值及意义，对我们而言，也是一种幸事。对新的信息时代的教育而言，最理想的做法是，让机器去做机器该做的工作，人不要去做机器擅长的工作，而是去做人擅长的工作，但我们可以借助机器、技术及其强大的记忆、搜索、分析等功能使学习变得可见，从而使教学更加有效，这样人与机器优势互补、和谐共处，甚为美妙！

四、学习是天生的，更是后天可以改变的

"三岁看大、七岁看老"，这样的谚语在中国比比皆是，无时不在提醒我们，一个人的天赋很重要。天资聪慧，是上天所赐、父母所赋，非人力所为，这样的人生下来就异于常人，学什么都快，我们徒有羡慕之情。但同时，历史上也有《伤仲永》的故事，它让我们知道，后天的努力、学习教育也是必不可少的，对此，作者王安石感慨地说，仲永的通晓、领悟能力是天赋的，远胜过其他有才能的人，但最终成为一个平凡的人，是因为他后天所受的教育还没有达到要求。可见，天资聪颖，并不等于必然成才，还与其所受教育、个体努力、学习环境等有关；相反，后天的教育、学习倒是可以弥补天资短板，激励人刻苦求学、发奋苦读、学有所成，因此而改变命运的人和事举不胜举。

"非学无以广才，非志无以成学。"我们面对的学生，有人说智商高、最聪明的孩子不超过同龄人的 5‰，天资聪慧的毕竟是少数，所以，我们

所教的学生绝大多数是智商一般的，还有智商差一些的。聪明的孩子是否一定会成才，前面已经说过了，离开了后天的教育，一样"泯然众人矣"。而对于大多数的孩子而言，教育的作用就至关重要了，特别是受到怎样的教育，对孩子们的学习质量、学业水平的影响是很深刻的。这让我们坚信，学习是可以改变的，是可以因教育而改变的，这也正是我们做教师的价值所在、意义所在，是一名好教师必须做好的功课，是我们一生从教、教书育人的最重要、最有可为的事业。

所以，我们不能忽视每一个活泼、可爱的生命，要为每一个天资迥异、禀赋不同的个体发展助力，努力促进每一个学生都能够获得适合自己的发展，推动学生兴趣发展、个性发展、优势发展，并由此走上全面发展之路。这就是我们提出的"因材发展"的内涵和要义。

我们要认真研究每一个学生的学习特点，正视学生的学业基础，帮助他们分析学情，寻求适合他们的学习方式、方法，尤其要公平地对待每一个学生，发挥师友互助的作用，促进学生学业不断取得进步。

很多学生的学习不好，多与习惯有关。我们要在学生习惯上做足文章，重视学生学习习惯、思维习惯的培养。作为教师，不仅要学习教育、学习教学，更要学习学习。学习是一门科学，是我们必修的功课，学习中的不少规律，我们尚未理解、还未破解，有待我们从经典中学习学习，从教学中理解学习，从指导学生学习中反思学习、感悟学习，努力成为学生学习活动的设计者、学习过程的指导者、学习成果的评价者，成为学习的专家。

各位同仁，学习说起来不陌生，但真正认识它、理解它，我们还在路上。为人师者，理应从重新审视、认识学习开始，用笔耕耘、用语言播种、用汗水浇灌、用心血滋润，穷尽一生的努力，引导孩子们茁壮成长。若此，学习大有可为，教育大有可为，教育终将因学习而改变！

读 书 三 问

程红兵校长在《学校文化建设的路径》这部书里，提到了几句名人名言，我颇受启发，引发我对于教育的几点思考，随即写出来，聊做心得。

一、教和育是可以分开的吗？

赫尔巴特说："教育的唯一工作与全部工作可以总结在这一概念之中——道德。道德普遍被认为是人类的最高目的，因此也是教育的最高目的。"杜威说："道德是教育最高、最后的目的。""道德目的应当普遍存在于一切教学之中，并在一切教学中居于主导地位——不论是什么问题的教学。如果不能做到这一点，一切教育的最终目的都无法实现。"可见，道德历来被视为教育的目的，而不是只有教才是目的，教、育从来都不是分开的，也是不能分开的。

特别是在我们中国，自古以来，都把德看得很重，把德视为立国之本，把德当成个人之基，所以有"行有余力则以学文"的说法，意思是，行为好了、修养好了，才可以学知识、学文化。而且，在古代，要当一名老师不只是要学问好，德行也要很高，有学无德的人是做不了老师的，老师不仅教书、教知识，更要教做人。不像今天的学校，把教学与德育分开，如教务处、德育处，一个负责管教学，一个负责管德育，如此分工，割裂了教书与育人的联系，把本来完整的一件事分为两件事，各管一块，管教学的不管德育，管德育的又不管教学，把教和育对立起来，不利于培养德才兼备的学生。

这一点，马云看得真切，他说，今天的教育，教做得相当好，但是育做得比较差，这是不行的。是的，教强育弱、教育分离的现状必须改变。德育要成为每位教师的必修专业，每位教师都应是德育工作者。在日常的教育工作中，教师要认真落实以德为先、德育为首的要求，加强自身师德修养，做到身正为范，每位教师都要努力成为学生身边的最好的教科书。在课堂上，每位教师更应自觉地把教书与育人统一起来，把教和育结合起来，把育的理念渗透在教学的全过程，这样，才能培养出一个个健康、完整的人。为此，学校结构必须改革，从为了人、发展人出发，整合组织结构，变革管理模式，改变既往的条块分割，推行分布式、扁平化的管理方式，从而使学校组织结构更好地适应育人需要。

二、先转变观念，还是先有行动？

在惯常的认识上，我们认为观念决定行动，先有观念，然后才有行动，因此，做工作、搞改革，抑或是促进教师专业发展，必须先从转变人的观念开始，没有教师观念的转变，想转变教师的教学行为是不可能的，一定要先"洗脑"，然后才有教学效果的改善。真的是这样吗？

程校长在书中记录了学者托马斯·古斯基的一句话——教师获得真正的专业发展，特别是在观念上发生改变的前提一定是因为实施了某项改革，使得课堂教学有了明显的改善。多年的教学经验告诉我，这是非常真实的实践表达。老师们很现实，也很聪明，改革的风险是他们付不起的代价，不看到积极的变化，他们不会轻信校长的说教，不会轻易选择改革，而是冷静观察、静观其变，待真的有效了，有成熟的经验了，他们才会参与进来。老师们这样的选择无所谓对错，与他们想不想改革是两码事，他们真正怕的是担风险、走弯路，正所谓"不见兔子不撒鹰"。

我以为，老师们的担心是可以理解的，而且我本人也不主张搞群体性的改革，要做的是以点带面的改革，小范围试验先行的改革，也就是一部分人的改革。这样做，改革可控、风险小、易改进，待取得真正的经验，有了真实的变化，老师们看到这些，心里自然是耐不住的，就会自觉不自觉地把它投入教学改革之中。所以，真正观念的转变一定是在行动中的，是在实实在在的变化中的，这也是心急吃不了热豆腐的道理。这样的改革是稳妥的、务实的、可行的，毕竟，教育是育人的事业，是不允许有大失误的，必须把风险控制到最低。

三、学校文化能离得开人吗？

当前，学校文化建设是一个热门话题，因为，学校文化代表了学校的办学层次、办学品位，所以，大家对此趋之若鹜、乐此不疲，甚至不惜花重金请人精心设计、打造，其中，不少校园搞得很漂亮，像花园一样，然而，我总觉得少了点儿什么，少了点儿什么呢？

多年前，山东省教育电视台的记者慕名来我校采访，他说的一段话让我至今难忘："你们是农村学校，不像城市学校有气派的大楼、精美的宣传牌。漂亮的校园未必有文化，因为他们更多的是在做装饰，但在你们这里，我感觉到有文化，因为有魂。"这段话真得让我激动了好久。今天想起来仍记忆犹新。是的，我们的文化为什么有魂呢？其实，文化的魂不在墙壁上，不在雕塑上，不在假山、池塘里，而是在人的身上，在人的心里。

庞朴先生认为，文化追求的最终目的，都在于一个"人"字，任何文化都是人把自己一步一步地变得更像人的一种行为和过程。是啊，文化是为人服务的，是滋养人、提升人、发展人的，舍此，一切都是隔靴搔痒、有形无神、有表无里，或者说是摆设，是装饰，是徒有其表。文化就要由表及里、由外而内、由形到魂地滋养人、成就人，这才是学校文化建设的魂之所系、意之所在。

从李升勇校长的课程观中读出育人智慧

　　乐陵实验小学的李升勇校长对课程有着独到的理解和认识，并进行了卓有成效的实践，他的大课程观已经成为我国课程百花园里一枝新葩。

　　他对美国学者罗纳德的课程观赞赏有加，罗纳德认为课程是学习者在学校帮助支持下获得知识方法、优化思维、发展技能、转化态度、形成审美观和价值观的所有正式、非正式的教育内容与过程。在李校长看来，课程的本质是教育而非教学，课程的核心是内容和过程。所以，乐陵实小的课程根据这一理念，从教育出发，从学生需要出发，课程开设得既有声有色、亮点纷呈，又有效丰富了学生的成长经历，带给孩子们丰富多彩的人生体验。不得不说，李校长对课程育人的思考与实践为我们这些一线的校长带来了新鲜的体验和别样的味道。

　　他开发的研学旅行系列课程，如学生游"三孔"、参观省科技馆、走遍本市的 24 个乡镇等，突显了行千里路犹读万卷书的实践育人的思考。而且，他们的学生不只是游，更突出了研和学，仅以参观曲阜为例，孩子们是通过背诵《论语》免费游览"三孔"的，这样的研学游怎能不最大限度地体现出课程育人的价值呢！

　　再如生命课程中的交通安全课，学生们会到交警大队做事故调查，然后整理出报告，并逐个班级作宣讲，有的学生更有创意，利用微信进行车祸展览。在这样的课程中，孩子们不仅学习了交通安全知识，还学会了预防交通事故的方法，更重要的是这启发了他们对生命的思考、懂得了珍惜和尊重生命。我们常说的知识与技能、过程与方法、情感态度与价值观的三维目标通过这样一个特别的课程都实现了。

他们通过时政课来拓宽学生关心国家大事和世界大事的视野和胸怀，每周日下午全校 2400 名学生同做一件事，即收集一周国内外重大事件，并选出你认为最重要的新闻，然后小组讨论再选出小组的一条新闻。学生们从中学到了知识，学会了辨别，懂得了选择。

以上开发的课程都是李校长从课标中读出来的，这是非常了不起的，时下也有不少学校开发课程，要么凭感觉，要么靠老师特长，多是借着三分钟热度而不是从学生需要出发，更不会从国家课标中寻找开发课程的依据，这样的课程开发是流于形式的，是失败的。其实，国家课程标准代表了国家意志，学校教育培养的是中国特色社会主义事业的建设者和接班人，可以说，课程标准是学校课程开设、开发最重要的依据，甚至是唯一的依据。李校长是讲政治、有智慧的学校领导者，做教育讲规矩，做事情有格局，所以乐陵实小的课程接地气，有生命力，乐陵实小的课程能走向全国，遍地开花，成为典范。

一点儿小小的感触亦可管中窥豹，可见一斑。但是此一个侧面的创意，已足以带给人深入思考与启迪，带给人别样悠长的回味。任何一所学校的成名都不是偶然的，其过程里面有师生的参与、努力与配合，有太多故事可以借鉴，但是必定有一个高瞻远瞩、充满智慧和能力强的校长才可实现，乐陵实小给了我们答案。

做“整个”的校长

——南京晓庄学院学习培训启示

2016 年夏，滕州市教育局组织全体初中校长，远赴中国师范教育的发祥地——南京晓庄学院，开展了历时一周的研修学习。

晓庄学院始建于 1927 年 3 月，是由伟大的人民教育家陶行知先生创办并任校长的乡村师范学校。2000 年 3 月，经教育部批准，由原南京师范专科学校、南京教育学院、南京市晓庄师范学校合并组建成为全日制公办本科院校。80 多年来，学校坚持“教学做合一”的办学理念，为社会培养输送了 8 万余名基础教育师资和各类专业人才，被誉为南京中小学教师的摇篮。

置身于陶行知先生创办的学校里学习，陡然增加了我们的敬仰之情。陶先生是中国近代最伟大的教师之一，他的教育思想深深影响了中国近代教育。“捧着一颗心来、不带半根草去”“千教万教教人求真、千学万学学做真人”“为一大事来、做一大事业”……他的至理名言激励了一代代教育工作者，成为众多教师的座右铭。近距离地体验陶行知先生“生活”教育思想，感悟真教育的本质，接受真教育的洗礼，是我们此行的目标。

一周的时间都是在教室里度过的。我们倾听专家的课堂授课，感受专家渊博的学识、扎实的理论功底、丰富的管理经验、前瞻性的教育哲思，还有浓郁的教育情怀。我们这些学员十分投入、求知问学、如饥似渴，面对高温酷暑不觉得热，紧张的课时安排不觉得累，没有人缺席一节课，有人戏称，我们年过半百又找到了当学生的感觉！是这样的，我们尽情享受了一顿丰盛的营养大餐，值得回味。

暑期的这次培训，于我个人而言收获不小，感谢教育局领导高瞻远瞩，给我们提供合适的机会。本次培训触动我的地方很多，有知识方面的，有管理层面的，有关乎学校的，更有关乎校长的，在此，我想结合自己的工作经历，从一个校长的视角谈一谈自己的教育观点，这也是我一直思考的一些东西。

一、做有领导力的校长

王本余教授在致辞中讲到了管理和领导的关系，他说，管理指向事物的确定性，重在行动；领导则指向未来，具有不确定性，重在选择。王教授一下子就把管理和领导的区别讲清楚了，管理是执行层面的，指的是把事做正确，即正确地做事；领导是决策层面的，要在纷繁复杂的挑战和选择中确定发展方向，即做正确的事。那么，对于校长而言，主要职责应该是什么？是管理还是领导？其主要精力是放在管理上还是放在领导上？根据以上王教授的分析，其实答案已经不言自明。2013 年，教育部颁布的《义务教育学校校长专业标准》中，首次明确提出了校长的六项专业职责：规划学校发展、营造育人文化、领导课程教学、引领教师成长、优化内部管理、调适外部环境。我认为，这六项专业职责更多地还是指向了校长的专业领导力。

当然，这不是说管理能力不重要，而是很重要，因为它是校长的最基础的能力。但是新时期，国家对校长提出了更高的要求。校长不能仅仅满足做一名优秀的行政管理者，更要努力成长为一名合格直至优秀的专业领导者，只有这样才能更好担负校长职务、履行校长职责、完成校长使命。如果校长只会做管理者，不去思考如何领导学校，那只是做了校长部分的工作，不能算是"整个"的校长。陶行知先生在 1926 年曾写下教育名篇

《整个的校长》，他说："国家把整个的学校交给你，要你用整个的心去做个整个的校长。"这篇文章主要针对当时"总长兼校长和校长兼校长"的弊病有感而发，但是今天读起来仍觉发人深省：怎样才算是做"整个"的校长？

今天，我们是在做"整个"的校长吗？对学生，只看分数不看素质，对老师，只看成绩不看师德，对学校，只顾教学不顾教育、重管理轻领导……显然，我们离"整个"的校长还有不小的差距。我认为，作为校长，应该回到校长专业标准上来，瞄准校长的六大专业职责，全面领导和发展好"整个的学校"；回到教育的本质上来，坚持育人为本，现在至少要做到"分数和素质相得益彰、今天和明天不偏不废"，努力培养身心健康、全面发展的"整个的学生"；回到教师的本分上来，坚持师德为先，"潜下心来教书、静下心来育人"，以"四有"好教师为榜样，当好"整个"的教师。这样，我们做的才是"整个的教育"，是面向人的教育，是促进人的发展的教育，也是面向国家的未来的教育。

二、做有思想的校长

严华银教授站在时代的高度，尖锐指出今天教育的种种弊端，他认为，"中国社会需要来一次教育启蒙"，对什么是教育、什么是学校、什么是学生等基本问题要正本清源、重新审视。"教育不是带给人认同，而是带给人选择和发现"。"教育就是孵化"，像老母鸡孵化小鸡，老母鸡给鸡蛋提供的是温度和保护，有了适宜的温度和外部环境，小鸡破壳而出，是自然而然的事情，教师的角色就像母鸡，启发、指引，为学生提供思考的空间、学习的氛围，而不是替他啄破蛋壳。所以，教育要尊重孩子的天性，教师要站在儿童的视角，蹲下身子，学会儿童的语言和交流方式，才能实现适度超越儿童认知层次的引领，面对中学生要充分了解叛逆期的心理，适当交流沟通，才能亦师亦友，共同发展和成长。

今天，不少学校成了单纯学习知识的场所，没有教给学生如何生活，学生满脑子都是学习，以致家庭变成了第二学校、宿舍变成了第二课堂。孩子们哪里还有校园生活的幸福感？学习的兴趣也过早地泯灭了。

这些观点振聋发聩、掷地有声！是到该思考什么是教育、什么是学校、什么是学生等基本问题的时候了。著名教育家雅思贝尔斯曾对教育的本质有过一段非常诗意且富有哲理的描述："教育是人的灵魂的教育，而非理性知识的堆积。教育的本质意味着，一棵树摇动另一棵树，一朵云推动另一朵云，一个灵魂唤醒另一个灵魂。"他告诉我们，教育的根本任务是关注人的精神世界，教育的根本法则应该是靠人的精神力量去影响他人的心灵，促进他精神力量的健康成长。其实，教育是能够直抵人心、触及灵魂的，可是，多数时候，我们的学校教育停留在知识、分数等有形世界，而较少关注学生的精神领域，习惯用一把尺子衡量不同的学生，存在着学生共性有余、个性不足的简单化教育倾向，如法炮制，我们培养出了所谓的"成功者"，也造就出了不少的"失败者"，高分的学生不见得拥有高贵的精神。事实上，每个学生都是独特的、有差异的、可爱的存在，都有其丰富的情感世界，这就要求我们每一个教育者要学会尊重学生不同的成长基础、不同的发展潜能和他们独特的精神世界，因材施教、因势利导，使他们成长为精神健全、各有所长、各有所用的人，成长为大写的人，这才是我们教育者追求的教育理想。

三、做有智慧的校长

本次授课专家有三位为现任校长，因此他们的授课重点聚焦在学校管理上，结合案例谈管理思路、策略、方法以及感悟很接地气，易引发共鸣，启迪思考，非常有利于学校实践。更重要的是，他们在信手拈来的案例中融入了深度思考、融入了管理智慧，使人有拨云见日之感。例如，南京十三中屠桂芳校长说，校长要有信仰和坚守，要多一些前瞻性的思考和行动，而且要把学校目标落实到每一个人的头上，否则，有目标无落实，无异于建设"豆腐渣"工程。王军校长是一位年近七旬、精神矍铄的老校长，他对改革的思考有高度、深度，而且抓得实又不拒细小。难以置信，他在担任第一所学校校长时，他的改革是从规范课间操开始的，他认为抓教学首先要抓教育、抓习惯养成，学习问题从来不是智力问题、往往是情感问题，素质就是言谈举止。王校长的理念的确让我心生敬佩！江苏科技大学附中笪儒忠校长提出，办学是第一位的，管理是第二位的；不能为了管理而管理，以致破坏学校办学目标。他直言当下学校管理不缺思想缺思路、不缺信息缺视角、不缺方法缺新意、不缺资金缺机制。他在学校干部管理、教师管理、学生管理、课堂管理、文化管理等诸方面都有独特的理解和做法。

几位校长的观点再次拓展了我的思路，现实迫切要求我们作为校长除了具备过硬的管理能力外还要有应对教育的哲学思考。当今社会，人的利益、价值观呈现日趋多元化趋向，学校利益相关方各有不同诉求，一系列复杂的社会问题不可避免地渗透到学校，这些都是新时期校长面临的挑战，同时也在考验校长的管理智慧。什么是智慧？新华字典的解释是"对事物能迅速、灵活、正确地理解和解决的能力"。形成、具备这种能力，显然不是轻而易举、一蹴而就的事，它需要长时间的经历、扎实的工作实践，而且需要在实践磨炼中不断思考、总结和感悟，才会终有所得。对此，校长要正确理解和把握三个关键词，即"势""是""事"。"势"就是在特定背景环境下事物发展的一种客观趋势，什么是教育的"势"呢？《国家中长期教育改革和发展规划纲要（2010—2020年）》指出，"坚持以人为本、全面实施素质教育是教育改革发展的战略主题，是贯彻党的教育方针的时代要求，其核心是解决好培养什么人、怎样培养人的重大问题，重点是面向全体学生、促进学生全面发展，着力提高学生服务国家服务人民的社会责任感、勇于探索的创新精神和善于解决问题的实践能力"。我认为，这就是当前教育改革的方向、教育面临的大势。我们的教育实践、教育突破，应该从这里展开，这里蕴藏着学校发展的新机遇、实现超越的新路径，如果我们对这个"势"没有清醒的认识，脱离这一方向，教育势必走弯路，甚至走回头路。"是"，指事物发展的内在联系，即规律性。教育是科学，有其自身规律，我们要按照这一规律办教育，而不能做违背教育规律的事。其中尤其要尊重学生生理、心理发展成长的规律，切不可揠苗助长、急于求成，要包容学生犯错误、允许学生慢成长。"事"，即事情。理从事来、"势"在事中，一切设想还是要靠一件一件的事情去落实。教育就怕唱高调、不务实，面对实事如课程改革、机制调整、习惯养成等不作为、不敢为、不善为，就会错失做事良机、何谈发展？

因此，念好"三字经"，学会度大势、晓规律、做实事是校长义不容辞的担当所在。度大势是前提，晓规律是基础，做实事是实质，只有将三者紧密联系、有机统一，才能系统思考、有效管理，全面落实，从而彰显教育智慧。

过一种专业的教育生活

——读余文森教授《从有效教学走向卓越教学》有感

书中提到，华莱士是西方有卓越影响力的作家，被誉为"近20年来最有创造力的作家"，他曾经讲了一个小故事，两条年轻的鱼遇到一条老鱼。老鱼打招呼道："早上好，孩子们。这水怎么样？"两条年轻的鱼继续游了一会儿，终于，其中一条忍不住问另外一条：什么是"水"？

初看到这则小故事，真让我为之一惊，为什么？我想到了教育，不少老师整日里埋头于备课、上课、辅导等工作，不辞辛劳，日复一日、年复一年重复着自己的教育生活，不知有多少老师工作之余，会有此清醒一问：什么是教育？我相信，恐怕有很多老师就像开头的故事里的"年轻的鱼"一样，生活在教育的"水"中太长时间，已经不知道教育的"水"是什么。就像是远行的行者，只顾走路，而忘记了为什么行走、为什么出发。是该停顿下来，安静地叩问一下教育的初心，否则，我们真的像鱼一样，对教育麻木、无感，从而失去教育的灵魂，也失去了对教育的敬畏之心。

一、教师首先是教育者，真正的教学是教人而不是教书（知识）

余教授说："我们知道，中小学教学是分学科进行的，学科教学的重心在学科还是在人？关注学科还是关注人？这反映了两种不同的教育价值观。过分关注学科，过分强调学科的独立性和重要性，是学科本位论的反映。学科本位论把学科凌驾于教育之上，凌驾于人之上，学科成为中心，成为目的，学校教育、课程教学成为促进学科发展、培养学科后备人才的手段，学生成为学科发展的工具，学生的生活和学习必须围绕学科以及学科考试成绩来运转，这种只见学科不见人的教育观从根本上背离了基础教育特别是义务教育的基本性质和使命。"

真是一针见血，直指问题所在！正是在这种错误的教育观指导下，很多老师都自觉不自觉地把自己定位在教书上，似乎把书教完了、教好了，也就万事大吉了，就是一个好的教师了。其实呢，"真正的教学都是教人而不是教书，语文教师不是教语文而是用语文教人，数学教师不是教数学而是用数学教人"。各门学科的性质、任务虽有所不同，但在育人、培养人的使命和任务上是一样的，人才是教学的共同对象。正如叶圣陶先生所言："我如果当中学教师，绝不将我的行业叫作'教书'。我与从前书房里的老先生，其实是大有分别的。他们只须教学生把书读通，能够去应试、取功名，此外没有事儿了；而我呢，却要使学生能做人、能做事，成为健全的公民。"因此，教师在教学中，有责任引导和启发学生做好自己的人生选择，让学生不管现在还是将来都过得有尊严、有意义、有幸福感。傅树京教授曾指出，教育的真谛在于：首先，教育应该让学生有价值感，使他们变成有意义、有价值的人；其次，教育最核心的价值是要让学生对未来充满希望；再次，教育应该让学生变成快乐的人。

那么，作为一名教师应该怎样让教育的价值体现在教学过程之中呢？余教授认为，"价值引领、思维启迪、品格塑造是学校和教师的三大核心任务"。首先，价值引领的目的是培养学生正确的价值观，教师必须做到以下三点：要对价值观有较全面的认识；要着力提高自身的价值判断能力；要结合学科教学有机地进行价值引领。其次，培养学生科学的思维方式是提高学生能力的基础、关乎学生长远发展。教师尤其要做到：注重科学精神和客观性思维能力的培养；要积极倡导有高阶思维的深度教学。

"深度教学不仅仅关注学生符号知识的掌握，还关注学生思维水平的发展，更重要的是，教学注重引导学生深入知识的背后，获取丰富的文化意义和思维价值，从而实现知识教学价值的丰富性，使学生的知识学习充满意义关怀，是学生寻意义、实现意义的过程。"最后，良好的品格是一个人事业成功的基本条件。第斯多惠说："教师本人是学校最重要的师表，是最直观的最有教益的模范，是学生活生生的榜样。"教师一定要记住应加强自我修炼，既要具有积极的生命情态，还要具有强烈的育人情怀，才能担负起教书育人的天职。

二、做有思想、有智慧的专业型教师

思想对一名教师来说很重要，有人说，没有教育思想，教师就成了一台教育机器。余教授认为，没有自己的思想，从专业上讲，他依然是一个无"家"可归的流浪汉、门外汉。名师区别于优秀教师的，便是自己的教学思想，其核心标志就是教学主张。应该说，教师的教学实践及经验是非常生动、丰富、鲜活的，这是教学思想形成的重要源泉，但是实践、经验并不是思想，思想源于对实践、经验的反思，即经验＋反思＝成长（波斯纳），也就是说，教师自身经验和反思是教师教学专业知识和能力最重要的来源，也是形成教学思想的最重要的途经。而教学思想形成的标志是鲜明的教学主张。余教授认为，教学主张是名师教学的内核和品牌，缺乏教学主张，或者教学主张不鲜明、不坚定，就称不上是真正意义上的名师，教学主张就是名师的教学思想、教学信念。可贵的是，余教授为教师成长提供了提炼教学主张的视角，如学科的视角，"文化语文""智慧数学"等；又如教育的视角，教育性是教师提炼自己教学主张的主要途径，像"真善美意韵的语文教学""人格语文""人文素养导向的历史教学""和谐教学：我的数学教学追求""培养科学素养的物理教学"等；还有儿童的视角，"童韵语文""童趣数学"等。

余教授反复提到卓越教学，而且他认为，卓越教师的核心素养和标志是智慧，因为唯有有智慧的教师才能启迪学生的智慧。那么，什么是智慧型教师呢？智慧型教师就是凭智慧（才气）进行教学的教师，他的特点是术业有专攻，即教师对学术、专业有专门的研究，这种研究使教师成为真正的学者，名师必学者。名师不仅有学问，而且具有教育智慧，因而才能真正做到启迪学生的智慧。教师直接传授给学生的永远只能是知识，但有智慧的教师在传授知识的过程中会经常地、时不时地冒出智慧的火花，学生会从中受到熏陶、感染、启迪，并有所感悟，从而慢慢提高悟性、增加智慧，变得越来越聪明。成长为有智慧的教师着实不容易，它来源于持续地思索、来源于勤学、来源于深入交流，特别是名师指点，尤为重要。

其实，思想和智慧从来不会凭空产生，既需要丰富的实践，需要持久的思索，更需要对教学的深刻理解及在此基础上的自觉践行即教学观念与教学行为的专业性，也即对教育的专业思考和专业行动。

追寻智者脚步、探求教学之道

崔允漷教授主编的《有效教学》这本书我买了有些日子了，一直把它束之高阁。近些日子，课堂教学中的一些问题常绕心头，新课程改革已有八年之久，为什么有些老师的课堂依然低效？为什么部分老师对集体备课研讨活动缺乏主动性、积极性？为什么老师们对教学研究兴趣不高？还有很多个为什么，让我一时不得其解，忽地再次看到桌头上的这本书，打开目录，"怎样教得有效""怎样教得更好"，单是这两个单元的题目着实让我眼前一亮，随即产生了阅读的冲动。我用几天时间读下来，此刻掩卷沉思，觉得收获很大，不仅因为它的文章生动、贴近教师、逻辑严谨、行文流畅、可读性强，还因为它不像有些著作那样理论性太强、枯燥、难懂，而且萦绕我多日的困惑、问题似乎在这里找到了答案。我也有了一些新的思考，便迫不及待地写出来，聊作读此书的体会心得。

一、为我们提供了认识、理解教学及其活动的新视角

从《有效教学》的书名看，我即感觉到此书不是一本纯教育理论书籍，一定有很多对老师教学指导性、操作性都很强的内容，一定会非常贴近老师们的教学实际。书中提到，本书重点讨论三个最简单的问题：什么是教学？怎样教得有效？怎样教得更好、更有意思？大道至简，这些年来，我们把教学搞得复杂了，一会儿这理论，一会儿那思想，仁者见仁、

智者见智、人云亦云，让不少一线教师不知所措，崔教授此语可谓拨乱反正，教学就应该回到原点，回到最基本、最简单的问题上来，以此抓住教学的本质，从而认识、理解教学规律，选择适合学生、促进学习的科学流程，实现教得有效、教得有趣的朴素的教学目标。

作者回答了"什么是教学"的问题，这有助于我们更加专业地理解教学的概念和内涵。作者不是从枯燥乏味的概念，而是从一些与教学有关的案例谈起，揭示"教学之所以为教学"的条件；然后从学术专业的角度呈现"教学"一词的历史、含义，提供一种关于教学的规定性定义，为进一步探索教学理论打下概念化的基础。

作者领着我们在古今中外的"教学"世界里遨游一番，我发现过去对教学所做的定义，要么教学不分、以学代教，要么强调教授只管教不管学，要么将教与学两个活动相统一，还有西方学者的观点，例如杜威将教学视为卖与买，当人没有学会时，也就无所谓教，等等。今天我国教育比较流行且为多数人接受的观点，就是将教与学看作是统一的活动，如"所谓教学，乃是教师教、学生学的统一活动；在这个活动中，学生掌握一定知识和技能，同时，身心获得一定的发展，形成一定的思想品德"。"教学就是指教的人指导学的人进行学习的活动。进一步说，指的是教和学相结合或相统一的活动"。"教学是以课程内容为中介的师生双方教和学的共同活动"。我很好奇，作者会为教学下一个怎样的定义呢？在厘清了理论和实践中关于教与学可分的前提之后，把"教学"规定为"教师引起、维持或促进学生学习的所有行为"。这一规定性的定义还真是让我眼前为之一亮，一方面是因为从教师教的角度下定义，反映了我国教育的现状，接续了我们的教学传统；另一方面，也突显了教师的主导作用和教的专业价值。我们总以为在教师的专业性中，学科的专业和教的专业是比较强的，但是学的专业是比较弱的，其实，这只是相对比较而言，从教学实践看，教师教的专业也是问题多多，未必真的像我们想象的那样强，不少老师还仍然停留在经验层面，缺乏像专家一样思考的能力和思维的方式，所以教的专业性依然是欠缺的。例如，如何引起、维持和促进后进学生有效学习，这个问题足以让我们大多数老师头疼。因此，从教师教的角度规定"教学"的定义，可以加强教师对教的专业理解、提升教师的专业实践能力，增强教的有效性，促进教得更好的能力的形成，从而最终落实到学生有效的学上。

从这样的理解出发，我们可以更好地读懂教学逻辑的四个要素，即引起意向、明释内容、调适形式和关注结果。什么是引起意向？即"把学生置于教学活动的中心，将立场拉回到作为教学活动出发点和落脚点的学生身上"，从这一点出发，教学活动才有意义，否则教学无从谈起。明释内容就是"教师必须以某种形式向学生描述、说明、解释、演示、示范学习内容"。而调适形式是指教师要采用易于学生理解和适合教学内容的呈现方式，这是教师教的专业性的非常重要的体现。关注结果呢，就是关注学生的全面发展，所以教学目标的设定、教学内容的选择、教学设计的安排等活动必须指向学生的学习效果，看学生得到了什么，思维能力是否得到锻炼、各方面素质是否得到有效发展。

二、为我们提供了目标导向、评价引领的逆向教学设计方案的新思路

教学是一种有目的、有计划的活动，因此在教学活动之前，我们要进行必要的准备，"一般来说，教学准备有这样两种思路：一种是顺向思考，另一种是逆向设计。顺向思考往往始于教学内容，并据此安排学习活动，有时也会考虑评价问题。在'教学大纲时代'，教师大都是这样做的，而逆向设计则是有了'课程标准'之后提出的新思路，教师首先将'课程标准'转换成'学习目标'，并据此设计与目标相匹配的评价，再来设计学习活动"。

这一观点可以说颠覆了我以往对教学活动设计的认知。因为我们日常的教学活动组织大都遵循目标、内容、实施与评价的设计流程，从苏联凯洛夫的五步教学法，即组织教学、检查复习、讲授新课、巩固新知识、布置作业五个环节，到目标教学的情境设置、操作示范、独立探索、确定目

标、协作学习、学习评价等环节，虽然有所变化，但仍离不开这一框框。通过本书介绍，我知道了过去这样的流程设计是顺向思考的结果，这本无所谓对错，可是细细思考，又感觉这样的流程设计似乎比较契合学生学习的思维习惯，是一种有助于学生学习的逻辑安排，那么，老师是不是也一定要像这样顺向思考设计备课呢？按照这样的流程顺序能够保证课前备课的有效性吗？学生学习需要这样的顺向思考的流程，老师的备课设计是不是该有所不同呢？经过一步步的追问，我明白了，老师的课前准备包括备课设计本就应该有别于课堂呈现的通过顺向思考来安排的课堂教学流程和环节，后者是适合于学生、有助于学生学习的逻辑安排，而逆向设计才是老师应该坚持的思维方式，也就是说教师的备课次序、流程与课堂呈现给学生的学习流程是不同的，一个是逆向设计，一个是顺向思考，一个是目标导向、评价前置引领的备课方案设计，一个是目标、内容、实施与评价的一致性的学习流程。

那么，究竟该怎样进行目标导向、评价引领的逆向教学方案设计呢？对此，书中提出"学习目标确定后，我们再来思考如何评价或检测这些目标是否已经实现。因此，在教学准备中，教师需要设计与学习目标相匹配的评价。也就是说，教师根据目标需要编制适合的评价方案，判断学习目标中所描述的各种要求，以此来评判学生的学习状况，从而进行预测、反馈与指导，促进教与学都能按照有效的目标导引方向进行"。又该如何确保评价与学习目标的一致性呢？书中给出了建议，即下列几个问题是比较关键的。（1）评价目标与学习目标有相应的内容主题。也就是说，评价目标的主题与学习目标对应的主题是一样的，这些主题都来自于课程标准。（2）评价目标与学习目标有同样的认知要求。换句话说，完成评价任务所需的认知要求与学习目标的要求是一样的，即它们在期望学生"应当知道什么"和"应当做什么"目标上是匹配的。（3）评价方法与学习目标是相匹配的。不同的评价方法有各自的优势与局限，如纸笔测试往往较难用来评价技能型学习目标，因此教师必须为不同的学习目标选择、制定确切的评价方法，否则，评价的效度就得不到保证。（4）学习目标融合于评价与学习活动整合之中。

如此，在目标导向、评价引领下，开始设计学习活动，编写课程教学方案，这样的教学设计，充分考虑了课程标准、教学、评价的一致性，保证了课程标准、教学、学习与评价的一体化，为课堂教学的有效性打下了坚实的基础。

三、为我们提供了教得更好、更有意思的教师专业发展的新路径

因为教师的工作永远充满着未知的因素，所以永远需要研究的态度，永远充满着研究和创造的性质。教师"作为研究者才能顺利立足教师职业""才能走向职业发展高峰"，换言之，"只有在教学过程中自觉、不懈地进行研究探索，方能教得更好，更有意思"。

那么，作为教师，该怎么开展教学研究，如何制定教学研究的行动路线呢？作者提出，"自我反思、同伴互导和专家引领就是教师开展教学研究的基本路径。自我反思是教师研究的内在动力，同伴互导和专家引领则是教师研究的外部支持，三者共同构成了教师从事教学研究的完整系统"。

其中，自我反思尤其重要，它是内在动力，是教师做研究的首要路径，也是最重要的路径，没有主动的内在的自我反思就不会有教师的研究。杜威（J. Dewey）早在20世纪30年代，就提出了反思的概念。他认为，在人的各种思维形式中，最好的是反省思维。反省思维就是"对于任何信念或假设，按照其所依据的基础和进一步导出的结论，去进行主动的、持续的和周密的思考"。自20世纪90年代以来，特别是美国学者波斯纳提出了著名的教师成长公式：经验＋反思＝成长，自我反思开始广为教育研究者和教师所接受。它是教师立足于自己的实践经验，通过深刻的内省来调控自己的情绪和行为，整合自己的知识和信念的活动。它是"思考"的一种形式，但又不同于一般的思考。首先，自我反思强调对问题的深度思考；其次，自我反思是循环推进、逐步深入的。我们面对复杂多样

的教学实践，又经历了丰富而富有挑战性的教学生活，我们的教学问题肯定不少，我们每个人都希望寻找到这些问题的答案，显然，自我反思就是帮助我们破解难题、消除困惑的最好的路径，我们的教学生活会因此充实而有意义。

当然，在现实生活中，"教师仅仅依靠自我反思来开展教学研究是远远不够的"，还要借助同伴的力量，通过同伴互导合作开展研究，这也是教师该有的一种专业生活方式。此外，"专家引领在教师教学研究、专业发展等方面具有自我反思、同伴互导所不可替代的作用，具体地说，对教师而言，专家引领在教学实践与研究方面的意义，主要表现在：首先，有助于教师解决眼前所面对的实践问题。其次，有助于教师开展规范的、有效的教学研究。最后，有助于教师对自己的经验进行概念化加工"。

可见，想成长为教学优秀的教师，不是看性别、学历、出身等因素，这都不是决定一个教师是否教学优秀的关键因素。那到底是什么因素在起关键作用呢？本书明确告诉我们：研究！因为"教学过程就是研究过程，之所以能够教得更好，那是因为教学研究做得更好"。换言之，我们要树立一种研究的态度，形成研究的思维习惯，并且灵活运用好自我反思、同伴互导以及专家引领这些行之有效的研究方式，在课堂教学实践探索的广阔空间里，方能教得更好，教得更有意思。

参考文献：

［1］王策三．教学论稿［M］．北京：人民教育出版社，1985：88-89.

［2］李秉德．教学论［M］．北京：人民教育出版社，1991：2.

［3］顾明远．教育大辞典［M］．上海：上海教育出版社，1990：178.

丽娃河畔读教育

华东师大，丽娃河畔，山东省名师名校长高级研修班如期开班，200名学员投入到紧张、繁忙、充实的学习生活中，沉浸在各位学有专长、学养深厚的教授的生动、深刻的报告讲述里，火花在我的脑海中不停地闪来闪去，我试着捕捉那些让我感动、给我启发、引我思考的火花，如实记录下来，它是我此次培训的一顿大餐，更是我从同仁们身上汲取到的知识精华，感同身受，获益匪浅。

简短的开班仪式

2017 年 3 月 25 日上午 8 时 30 分，开幕式准时开始。华东师范大学基础教育改革和发展研究所所长杨小微教授作了简短的致辞，简要介绍了基础教育改革和发展研究所的基本情况。他说，研究所拥有一流的专家，它的定位就是要研究国家教育的重大问题，以服务社会、变革学校、成就学生为己任。既要引进、吸收外来经验，也要往外推介我们的好经验、好做法，如被外国命名为上海模式的"校本教研"推广到美国和欧洲，引发极大反响。会上，李长军副院长对我们学员提出了要求。王建军副教授则重点介绍了本次培训模式——工作坊的情况，成立工作坊的目的是着眼于问题，碰出火花，燃成火焰，以形成清晰的思路和方法设计。

开班仪式简短、务实，但已让我充满期待，那些让我仰慕已久的专家正缓步走来，即将开启一场场精彩的报告，我已踏上仔细聆听、细心揣摩、引发心动的教育心灵之旅。

小微教授的大视野

9时15分，杨小微教授的报告正式开始，他的题目是《我国基础教育改革的热点透视与观念重建》。杨教授视野宽广、学识渊博、高屋建瓴，他的一些大观点于我而言，既新鲜又具启迪性，我简单梳理几点如下。

第一，我国课程改革的再出发。由北而南，课程整合经验频出，学生的兴趣、需求及生活经历被整合进学校课程，加深、拓宽了他们对世界的理解。在这一过程中，课程改革的宗旨、基础性、综合性、选择性得以体现。以基础性为例，学校不仅重视基础知识、基本技能，以往易被忽视的基本能力、特别是基本态度，也开始进入学校的视野，成为重要的课程目标要素。如小孩的兴趣是非常广泛的，只有让他们充分体验、尝试，经历选择，兴趣才会发展为志趣，进而形成志向，拥有明确的努力方向。同时，课程的选择也在不断突破，如北京十一学校，4000多名学生每人拥有一张独一无二的课程表。这些新思路、新见解的确能让人豁然开朗、茅塞顿开。

第二，学校内部公平开始受到关注。现在，基础教育改革开始由效率优先的重点发展向公平导向的均衡发展转变，教育公平的重心也由资源配置为特征的起点公平向以平等对待为特征的过程公平转变。实际上，我们说教育内部的公平就是一种过程的公平，遗憾的是，今天我们的学校里不公平的现象还很严重。如排座位的刻意照顾，发言机会、参与机会的不均等，学习内容和方法不能照顾差异，还有评价的不公平，等等。如何破解这一难题呢？杨教授认为，有三句话，即对所有儿童一视同仁（有教无类）、对不同儿童差异对待（因材施教）、对特殊儿童特别对待（各得其所）。从现实来看，距离这一目标的实现还很遥远啊！

第三，学校应该成为社会精神文明的旗帜和坚强的堡垒。是的，学校历来是思想的高地、文明的场所，即使一个乡间放牧的老农，只要听到学校的钟声就会觉得心里安宁，甚至会憧憬着小孩子的美好未来。学校的向心力、感召力、辐射力、影响力，由此可见一斑。我以为，学校是最该远离消极、无良、威胁、低俗、庸俗、媚俗的地方，是产生积极、上进、高雅、真善美和正能量的地方，学校是学生的精神家园和心灵栖居之所，是社会的文明圣地和先进文化的传播圣地，即使社会的负面东西再多、再大、再复杂，也无法将其撼动。

其实，文化的魅力、精神的魅力、文明的魅力就是在学校里彰显、拥有和传承的，也是通过学校传播和弘扬开去的。守住学校这方净土、这片圣地，对于我们广大教育同仁来说责无旁贷。

吴教授眼中的 86.8%

26 日下午作报告的是吴亚萍教授，题目是《课堂教学转型变革的策略研究》，从她的开场白可知，这是一位治学严谨的学者，她用略带上海音调的普通话说，不要录像啦，我对我说的话要负责任的啦。等到她的报告正式开始，我立刻被她严谨的论证、准确恰当的言辞所折服，我紧跟她的思维逻辑，沉浸于她的报告中。

吴教授说，新课改进行 10 多年了，今天跟过去究竟有什么不一样的地方？我们要追问两个问题：第一，教给了学生什么？如果今天还停留在教知识，那我们就没有从过去走出来。第二，怎么教？是先学后教，少教多学，或是以学定教？这都在追求形式、花样，是一种对立、割裂的思维方式，对教与学的逻辑关系没有搞清楚。吴教授的报告围绕上述问题来论述课堂教学转型的策略、思路。下面，记载了吴教授带给我思考、触动甚至震撼的观点。

第一，教学要关注、转变86.8%的学生，而不是所谓的学霸。我们习惯了围绕学霸们教学，中下等学生的学习、发展难以获得老师的悉心照料，吴教授对此一针见血地指出：那13.2%的学生不是老师教会的，转变那86.8%的学生才是老师的任务，这是老师的饭碗所在。老师尤其要关注课堂上那86.8%的学生是否参与、思考了。老师需要针对的是这些学生的发展，这才是教学的起点，老师不能让那些明星学生替代了这些学生的思维发展，不能只是让他们被动听、被动接受，对他们讲百遍不如让他们自己经历一遍。同时，老师也不能替代明星学生的发展，他们更需要思维发展。所以，现在要看课堂上学生有无独立思考的经历，走出教室有无长进，师生间有无交互作用发挥，只有每一个学生有了这样的表现，他们才能成长。这些在启示我们，教学的重心必须下移至学习困难的学生身上，促进人人参与学习过程，这既是良知，也是职责，更是担当。立足他们的现实基础，解决他们的学习困难，破解他们的发展难题，既成就了这些学生，为这些孩子的学习生活找到了出路、找回了自信，也成就了教师自己，为教师职业找回了专业尊严、找到了价值所在。

第二，教师水平高下的分水岭在思维方式、逻辑联系、整体感悟上。首先，老师要相信学生是来学习的，学不会是正常的。教会这些学不会的学生，才能体现出老师的智慧。老师的高明之处在于能清晰地认识到学生有什么？缺什么？要提升什么？这才是一种正确、理性的思维方式，才能真正破解学生学不会的难题。其次，老师要明白"教学方式不是教的方式，也不是学的方式，而是教与学关联的方式"，没有教学关联，没有教学互动，教与学之间建立不了真实的逻辑联系，教与学割裂开来，学生的学习就不会发生，进入教室和走出教室没什么两样。再次，教师要养成整体上认识局部、局部中认识整体的思考习惯，遵循整体—部分—再整体的思路，这样进行关系把握、系统策划、整体感悟。

如此，自然成就高明的老师。可见，成就为高明的教师并非高不可攀、遥不可及，是有其路径可循的，只要我们坚定目标、遵循规律、科学从教、重视积累，假以时日，定会有所收获。

李教授的"五字"真经

李政涛教授是华东师大教育学部副部长，常年跟随叶澜教授在中小学做新基础教育研究，是一位熟知基础教育现状的学者，所以他的报告既有理论高度，又有实践支持，很务实、接地气。李教授报告的题目是《新基础教育研究的追求与特性》，整个报告紧紧围绕真、实、深、化、长五个字展开，历时两个半小时，把我们日常教育工作讲得透彻明了，他不惧细节，小中见大的风格极具功力。我摘要梳理如下。

第一，日常课堂教学重在改变底色。新课改进行了这么多年，我们的日常课堂教学的底色没有变，上一节体现新课改精神的课容易，而日常课又变回来了，涛声依旧。所以，课堂教学改革必须实实在在地改，在日常课中改，否则，改革就不是真改，是假改，是作秀，是形式，是瞎折腾。此外，课堂教学还要守住以人为本的底线和中国传统文化的底蕴。

第二，与过程相关的知识最有价值。谁是最懂教育的人？一定是懂教育教学过程的人！善于推进改革的人一定善于做过程的设计！李教授以教研组建设为例，为避免以往被动、看客式、旁观式教研，确立了教研活动过程九步法即专题实践课、专题报告、专题说课、组内同事评课、提问质疑、团队回应、专题评课、二度反思、教学重建九个环节，每一步都目标明确、严谨深刻、环环相扣。经历这一番过程，教师主动进入、深度介入教研，再也不是原来的样子，过程让教师变得与众不同。

第三，细节成就学生，进行真实而有意义的学习。关注细节是上海文化的重要特征。李教授依次罗列了小组合作学习应该注意的 14 个细节，个个细节都紧扣促进小组有效合作的目标，一切从有利于每一个个体的成长作安排、设计，促成了学生们真实而有意义的学习。

第四，课堂教学的改变源于教师思维方式的改变。阻碍一个人前行的其实是他的思维方式和思维品质。教师的思维方式不改变，思维品质不提升，让课堂教学发生实质性变化是不可能的。我们常纠结于教师中心还是学生中心，以教定学还是以学定教，先学后教还是先教后学，其实，这也是我们的思维方式出了问题，这是典型的点状思维、割裂思维、二元对立思维，说到底是极端思维，为什么老师和学生不能共生共长呢？教育即生长，仅仅是指学生的成长吗？不是，教育是师生共同在成长，课堂是师生共生共长的生命场，是师生共生共长的家园！文化也是这样，不是独立的，不是割裂的，是弥漫、弥散、渗透在学校各项工作和发展中的，这也是文化的生命力之所在。

第五，真正的高手是善于转化的高手。要求我们要善于把抽象的观念、理念转化为具体行为和习惯，把听到的、看到的、想到的做出来，成为现实的成果。

第六，人是在比较中进步和成长的。比什么呢？比聪明，比勤奋，比激情，比积累，比思维，比视野和格局，比胸怀。今天，谁还能具备这些品质，谁就会继续走在前头，达到发展的新高度，实现终身的生命成长。

从听报告到作记录，我始终对李教授心怀钦佩、肃然起敬，一个知名教授，不仅钟情于基础教育，还身体力行实践活动；不一味地建构大理论，还热衷于研究日常教学小细节；不只在书房著述写书，还在天南海北的中小学校里作改善一线教育的大文章。我们这些一线的工作者，有何理由不在学校里拼命追击、奋勇向前呢！

杜教授讲"教学半"

听杜成宪教授的报告，他讲到教师自己不仅是一个教的主体，还是学的主体，在学习中教，在教中学习。这是说教与学是统一体，不能分开，因而教师理应成为教的高手以及学的榜样。可是，我们什么时候开始偏离我国古代重视"学"的传统，走上了重"教"之路的呢？今天，我们真的有必要在学习外来经验的同时，回过头来向典籍致敬，向历史学习，向先人找寻，并从中提炼精华加以理性传承和践行，实践出真知，在实践中摸索规律，总结经验，周而复始，实现教与学的和谐统一。这样，既利于学生的学习，又利于教师的发展，在成就学生成长的同时丰富了教师自己，两全其美促教学，实属我等校长之重任。

小细节蕴含大道理

李政涛教授说，关注细节是上海文化的重要特征。教学过程中的每一处细节安排都要经过精心论证和设计，其细节之细、细节之实、细节之精致，堪称完美，令人叹服！对于我们这些粗犷的北方人来说，自愧不如。细节之中彰显真功夫，细节决定品质，细节决定成败，而细节恰恰是多数人忽略的。我想教学这件事情，做对了不是本事，做细了才是能力，的确如此。正是这一处处细节的精雕细琢，形成了教师严谨、精益求精的教风，养成了抓大不放小、着眼于细处的好习惯，促成了学生高效率而有意义的学习。对于细节的思考是本次上海培训最触动我的地方，是南方专家的亮点之一。

我们北方的教学比较追求整体框架、讲求环节完整、注重落实到位、鼓励勤学苦练等，这也是我们的优势，但是，这种教学总的来说还是粗线条的，讲究的是布局谋篇，有点儿像绘画里的大写意。我们这样做，当然无所谓对错，因为它与我们教学背后的文化是统一的。上海，地处南方沿海，是一座中西文化交汇融合的城市，经过各种文化的深度融合，形成了独具一格的海派文化。教育在这样一种文化环境里生长，自然会带有浓厚的上海痕迹：开放、包容、重细节、尚精致、爱较真……种种特有的文化浓缩、卷入、渗透在教学过程中，造就了深入、精细、民主的教学特色。其实，做到精致教学，是很不容易的，其背后体现的是老师与学生的立场和步步深入、环环相扣的逻辑追问，是十年磨一剑的真功力。

我们知道，上海的 PISA 测试两次荣获第一，这绝不是偶然的，恰恰是课堂教学的高质量造就的。西方教育精英认定，上海高质量的教学源于高水平的教师，高水平的教师离不开富有实效的教研制度。是的，他们的分析是客观准确的，上海的教研活动确实是一流的，这从李教授的报告中可以看出来，李教授把教研活动分为九步，故称为"九步法"，这每一个步骤和细节都是经过精心论证、设计的，都是不可或缺的，每一步都要留下一个脚印，稳扎稳打、步步深化，教师在这样一次次的教研活动中磨砺，在此过程中得到了最有效的培训和提升，获得了最有价值的知识，取得了最好的成长。

虽然，南北文化各有不同，教学各具特色，但是，我们这些来自山东的老师、校长仍然醉心于他们教学中的小细节里蕴含的大道理，中西合璧、南北交融、粗细渗透。我想，本次培训每个人都领悟到了自身欠缺的一些东西，带着这些闪光点去实践、验证，才能真正提高自己的专业水平。我相信，无论东西南北，五湖四海，我们这些名师、名校长定有着共同的目标，那就是夯实教学管理基本功，在各自不同的工作岗位上，成就自己，成就学校，成就未来。

程教授的师德观

程亮教授将教师职业道德这个老生常谈的话题置于今天的社会语境下，对其进行伦理反思，使我对教师职业道德有了理性的看待：什么样的教学及管理行为是正当的、道德的，什么样的师生关系是专业的、道德的，我们对教师又有怎样的道德期盼……这些启示我们做教师的、做校长的，在日常的教育教学工作中要守住职业的道德底线，实施有道德的行动，进而成为崇高的教师。尤其是，我们要审慎地对待涉及学生、家长的各种问题，学会进行道德的审视、判断和选择，因为"道德有助于他人，也有利于自身"。换言之，教师采取符合道德的教学和管理行为，不只是为了学生，也是为了教师自身。

在程教授的报告中还提出，教师职业道德是分层次的，即义务的道德和非义务的道德，前者指向教师行为的道德要求，后者指向教师品格的道德倡议，一个讲的是道德底线，一个讲的是道德追求。也就是说，教师未必人人要成为道德家、成为一个具有崇高道德的人，但是，我们必须在专业实践中按既定的道德规范去行动。

中国古代传统文化是重德尚义的，强调道德对人的约束、规范，从而维持了庞大的社会有序运转，在这样的社会氛围中，我们对教师有了很高的道德定位，像"天地君亲师""一日为师，终身为父"，等等，这样的说法把中国的教师推上了神坛，从而被道德绑架。今天的中国社会发生了翻天覆地的变化，改革、开放、城镇化、市场等，给我们带来了巨大的挑战、冲击，甚至颠覆了我们千百年来的传统观念，当然，也不可避免地影响到广大教师的思想、观念以及固有认知，包括道德的认知与选择，难免造成部分教师道德观念的模糊、混乱，以致在日常教育行为中出现行为失当，甚至导致不良、恶性事件的发生，给当事人、家长包括教师本人带来伤害，在社会上也产生了负面影响。我认为，出现这些问题的一个很重要的原因就是教师对变化了的社会认识不足，对新时期的教师角色缺乏正确理解，对教师的道德边界没有清晰的认知。

在这方面，程教授给我们广大教师提出了非常及时的指导，提供了一个很好的破解良策。据此，我们才会冷静、客观、理性地看待教师角色和其承担的道德义务，既不放弃对崇高师德的追求，更要坚守好道德规范的底线，放下身段、走下神坛、走进现代社会，专业地、有道德地履行好教书育人的神圣使命。

谈拜高人

高人很重要，拜高人为师，与高人为伍，请高人指点迷津，常有云开雾散、豁然开朗之感。而且，名师出高徒，强将手下无弱兵，自己会在高人的点拨下，成长为强兵高徒。鬼谷子是一位高人，他常年隐居云梦山并在此教徒授艺。传说中他的徒弟有：孙膑、庞涓、苏秦、张仪等，这些都是响彻寰宇、光照千秋的名字，毫不夸张地说，他们的故事几乎可以说就是一部那个时代波澜壮阔的活的史书，鬼谷子和他的学生们共同书写、完成了相互成就的一段佳话。

孔子也是这样的高人，他是中国历史上最伟大的老师，拥有弟子三千，其中贤者七十二，孔子和弟子们演绎的故事同样彪炳千古、熠熠生辉。马云的志向远大，很了不起，他非常善于与高人为伍，并且对此有着深刻的体会，他说："重要的是和谁在一起。"所以，访高人、拜高人是提升自我、成就自我、实现自我价值的不二法门。那么，作为老师要和哪样的高人交往呢？

我认为，第一，向"经师"学习。所谓经师，是指具有深厚的知识功底和多方面的教学技能，能够严肃、严谨、严格地对待教育教学工作的学有专长的教师。对经师而言，教师职业是他们谋生的手段。向他们学习，主要是学教学基本功、教学经验和教学艺术，即学习如何教好书。第二，向"人师"学习。"人师"是陶冶学生性格的导师，不但要有高深的学问，而且要有高尚的人格和良好的修养。对人师来说，教师职业就是他们追求的事业。向人师学习，主要是学习他们的道德情操和人格魅力，即学习如何做好人。只不过，经师易得，人师难求，如果能够遇到既是经师，又是人师的高人，自然是人生一大幸事。第三，向实践学习。"纸上得来终觉浅，绝知此事要躬行。"实践出真知，实践是最好的老师。读懂实践这本大书很不容易，不仅要向实践学习经验，还要向它学习教训，正所谓"吃一堑长一智"，人通过实践的磨砺，会变得聪明起来。

高人是高人培养出来的，如此，我们定会一步一步接近这一目标，成为大家眼中的高人。

文化重在"化"人

王建军教授在讲教师专业发展的时候，谈及学校文化建设的改进，有几点说到了我心里。王教授为我们学校正在做的文化建设及时地指点迷津，对我们颇有帮助。他的观点如下：

第一，学校文化包括物质文化、组织制度文化、课程文化、精神文化等，其中，精神文化的建设和改进最难，因为它要改变人的思想观念，这是要经历长时间的持续熏陶和化育才能完成的。

第二，文化有一个重要功能即督促作用。在一定的文化环境下，每个人都会自觉地服从、接受这样的文化约束，对不适当的言行会自觉校正，以期符合大家约定俗成的文化。

第三，改变文化重在"化"上，即让文化化为人的观念和行为，表现在人的行为中，这是不容易的。王教授提出了文化化人的一个做法，那就是重复，文化是重复出来的，不断重复才能变成文化，显然，文化养成没有时间是不行的。

听过王教授的讲座，我想到了自己的学校，七年多的善文化教育实践告诉我，提出一种教育思路，建设几个文化景点，构建一个文化体系或框架都不是最难的，最难的是改变师生旧有的思维方式、观念、习惯。使善文化的精髓——善的思想观念渗透进师生头脑，进而影响、改变师生的行为，这才是我们做文化的意义所在。改变一个人的观念行为谈何容易！确实需要时间。七年之后的今天，我们不难看出，老师们的言行虽然比过去有积极变化，但是其头脑里那些根深蒂固的东西还是存在的。不少时候，我都在安慰自己，慢慢来，老师们的生活环境、成长经历各有不同，面临的社会现实也不总是让人满意，而且，绝大多数老师已进中年，中年已经不是一个能够轻易改变自己的年龄了，在这种情况下，他们能够在善文化的影响下发生了一些积极的改变，已实属不易，夫复何求！但理解的同时必须明白，我们是育人的老师，我们自身做不到的事情怎么去影响学生呢？我们想要把学生培养成有善心、善念、善行的人，老师应该首先成为那样的人，所谓为人师表，立德树人，正人先正己。这不仅仅是我们学校文化建设使然，更是这个时代、当下社会对学校提出的育人目标和要求。在这样的背景下，为了培养出德、智、体、美、劳全面发展的社会主义建设者和接班人，为了培养出有善心、善念、善行的一代新人，我们对老师的要求不能降低标准，我们这些教育工作者势必要担负起这样的育人使命。

所以，作为校长，我又怀有一种急切的心情，怎样才能让我们的老师尽快改变旧思想、旧观念，树立起符合善文化要求的新观念、新思想呢？我知道，这个任务很富有挑战性、很艰巨，它不断地考验着我的耐心，同时我更加知道，这是一件大事情，很有意义，值得我去做。正是有了这一点雄心激励着我，我才做到了初心不改、坚持不懈。即使这样，在推进善文化教育的过程中，我也遇到自己的困惑：领导干部自身的问题，老师身上的不当言行，等等，已经成为影响学生善行为养成的制约因素，潜移默化地对学生产生了负面影响，甚至个别老师三观不端，已触碰到道德的底线！面对种种困难、不解、挑战，怎么办？急躁冒进是解决不了问题的，只会适得其反，不闻不问更是让这种恶事蔓延，唯一能做的就是冷静下来，思考、再思考，寻找一种科学可行的推进方法，实践、验证、改进、再实践，直至收到良好效果。在摸索中前行，找到路子，制定办法，总结经验，如此循序渐进，一步步走来，才能真正克服制约我校善文化教育的瓶颈。

王教授的观点启发了我，文化教育需要时间、需要重复、需要"化"人。因此，在日常教育实践中，我们不怕重复，要有耐心，要思考和采取有效的路径方法，要练就点化人、转化人的"化"人功夫，持之以恒、执着前行，假以时日，必定会把我们的老师"化"为为善之师，老师转化学生，师生转化学校，周而复始，良性发展，从而影响、造就一批又一批心怀善念、胸怀祖国、奉献社会的善国①学子，实现我们"为善兴学"的教育梦。

他用行动诠释了尊重

3月2日下午，上海市闵行区实验小学何学锋校长为我们带来了一场精彩的报告，他的报告以《领导管理变革与学校转型发展》为题，结合生动、鲜活的实例，从四个方面介绍了学校变革的历程、经验及思考，看得出，这是一位富有管理思想和领导智慧的好校长。我认为，在治校过程中处处体现出的以人为本的思想和尊重人的情怀是何校长取得成功的关键所在。

---

① 滕州历史上称滕国，古滕国史称善国

何校长有着鲜明的管理理念，具体表现为：管理思维的起点和归宿要回到人的身上；尊重与关注每一个教师；尽可能给教师留出自主发展的空间；关注教师的全面发展，包括品德与人格、修养与境界、情绪与心态、兴趣与爱好。是的，人人都需要尊重，作为知识分子的教师尤其如此。尊重，不仅仅是教师情感之需，更涉及教师的人格尊严和工作积极性，任何一个团队，没有尊重的合作一定是失败的。所以，何校长把尊重作为自己的管理理念，抓住了领导和管理的核心问题，拉近了和教师们的情感距离，建立了校长和教师有效沟通的心理基础，为各项工作的顺利开展铺平了道路。

尤其可贵的是，他把尊重的理念渗透在机构的设置、管理机制的运行以及校本研修的方式及过程中，这是实实在在的，是看得见、摸得着的，不是挂在墙上说在嘴上的，当尊重体现在教学工作中的每一个环节上时，这无疑为每个人、每件事注入了动力和激情，教师们被这种情怀鼓舞着，工作的效率和效果可想而知。尊重转化成了实际行动，行动转化成了可圈可点的业绩，教师有了自主发展的自觉，师生获得了共同成长，尊重和管理在这里融为一体。这种以人为本的管理理念使该校得到了蓬勃发展，并成就了上海滩一流名校的美名，何校长也因此获被评为"上海市特级校长"。

2009年初，我在姜屯中学提出了"尊重和信任是最好的管理"这一信条，并把这一信条作为我的管理理念付诸实践，取得了一定成效。因此，今天听何校长谈尊重，既觉得亲切，又深有同感。他将尊重赋予了新意，更重要的是，何校长依靠尊重的力量在自己的工作中做出了突出的成绩。我知道，尊重，一定是源于真心、源于真诚、源于真情的，所以，尊重才赋予教师内驱力、正能量，赋予教育事业无穷的魅力。

在当下社会，理解做到尊重不容易，践行尊重更难！感谢何校长的报告带给我们的启迪，感谢何校长用行动为我们生动诠释了尊重的含义。

难舍的结业典礼

上午 10 时 40 分，历时七天的名师名校长培训结业典礼准时开始，主持人王建军教授依然用他惯有的幽默谈了真实感受，典礼的气氛非常轻松，整个过程历时 40 多分钟，虽不隆重，但很务实。

许爱红老师在代表山东省教育科学院总结时说，她敬佩名师名校长，正如张志勇厅长期望的那样，我们向着教育家的梦想奔跑起来了，她说，期待通过本次培训，各位名师名校长能够做到自主地高水平地发展，实现深层次的学习。对此，许老师介绍了两年的培训思路和安排，主要是以课题带动促发展，课题不要一味求新，要重梳理、提精华，找经验，围绕课题研究自主学习，多读书，以提升自己的理论修养，建构出自己的研究框架与思路。此次培训安排出简报，目的是总结亮点、启发思考、展示心得，追求的是高质量的观点，这才是深层次的学习。会上，安排部署了课题研究的进程，时间紧，任务重，顿感肩负重任。最后许老师和我们集体道别，一周后北京见！

我知道，一周后，我们又将迎来紧张而充实的学习生活。仅以此结束我本次的学习之旅，为上海之行画上圆满句号。

京师学堂读教育

北京师范大学，京师学堂，200 名山东省名师名校长培养人选又一次相聚于此，接受顾明远先生等教育大家、知名教授带给我们的为期 8 天的集中培训。本次培训聚焦学生核心素养、未来教育、创客教育、教师专业发展、学校改进等议题，教授们治学严谨、研究深入、观点鲜明，让我再次受到了教育观念的洗礼。时间匆匆而过，紧张而充实的学习生活令人难忘，仅以六段随笔文章记录下我的所听、所感、所思，以此聊作此次培训所得。

小致辞　大观点

3 月 13 日上午九时，北师大与山东省教科院共同主办的面向未来教育的名师名校长成长研究项目培训班开班典礼准时开始。

教育学部主任朱旭东教授作了简短而专业的致辞。他说，名师名校长首先要理解职业的专业性，专业包括学的专业、教的专业、学科的专业三部分。学的专业是对学习规律、学习理论及其应用有科学的把握；教的专业是指教的能力及促进教、学一致的能力；学科专业是对学科理论、思想乃至哲学的有效理解及构建。专业成长离不开三个机制，它们分别是经验

＋反思机制、证据＋数据机制、概念＋理论机制。名师名校长的评判不是在于培养了几个状元、考试分数等数据指标，而是在于能给予学生怎样的成长，提供给齐鲁大地怎样的思想、看法、观点。

朱教授的语言不多、言简意赅，但是醍醐灌顶，非常精彩。他所表达的观点深深地触动了我。的确是这样，无论是名师还是名校长，不仅仅要有其名，更重要的是，在这个"名"字的背后要有坚实的专业支持，要有自己的专业理解与表达，要有自己独到的思想见解，要有自己卓有成效的实践，换言之，要有属于自己的货真价实的东西，这才是名至实归，否则又怎么能承载得起这个"名"字！怎样成为这样的名师名校长？朱教授总结的三个机制实则为我们指出了名师名校长成长须依次经历的三个阶段，即反思经验、数据论证、形成理论，其中反思经验是基础，数据论证是支撑，形成理论则是名师名校长成熟的标志。朱教授用寥寥数语揭示了名师名校长成长的一般规律，为我们向着这一目标努力，指明了清晰的路径。听完朱教授的致辞，我想到了自己的学校和几个兄弟学校，我想我们不必为学校能否多考几个一中而纠结，也不必为学校一味地追求再进一步一点儿而沾沾自喜，我想应该将关注的焦点放在是不是能够促进学生精神健全发展，是不是能够促进学生实现适合自己的成长等问题上，这才是名师名校长真正该考虑的大问题！

未来的教育是什么样？

3月13日上午10时整，顾明远先生的报告准时开始，他报告的题目是《未来教育的变与不变》。仰慕已久的顾老先生是一位将近90岁的老教授，他的出席让我们徒增了几分敬佩。顾先生对待教育不止步于过去，更是对未来的教育进行深刻思考！他将话题聚焦在教育的变与不变上，这里面既包含了中国的传统智慧，又站在了哲学思辨的高度，是一场难得的精神盛宴！我认真地聆听着这个报告，顾先生精神矍铄、思路清晰、视野开阔、思想活跃。整个报告，顾先生站在世界的高处、用世界的眼光看教育、看未来的教育，用他深邃的思考纵论未来的教育是个什么样，为我们今天的教育拨开云雾、指明方向。

人类已经进入信息化时代，信息社会的高速发展，在改变世界的同时，也在改变教育。因此，未来的教育一定是互联网时代的教育。那么，互联网时代的教育会有哪些变革呢？顾先生为我们梳理了六项变革，它们分别是教育的概念变化了，学习的渠道拓宽了；对教育本质的新认知；教育培养的目标变了；课程的内容要变化；学习方式发生了根本变化；互联网改变了师生关系。可以说，每一项变革都深刻影响着教师的观念及其教学方式，给教师的知识结构、专业素养、育人能力等带来了挑战。教育一方面需要变革，但是从另一方面看，教育本身具有稳定性，存在一些不变的东西，这表现在：教育传承文化、创造知识、培养人才的本质不会变；立德树人的根本目的不会变；学校不会消失；教师不会消失。教育的变与不变，实际上折射出教育对新时代的回应与适应，也折射出教育对时代的引领与超越，教育在与时代的调适中不断地为时代培养出大量合格人才，从而推动时代的进步。

顾先生在报告中还提出了一些鲜明的观点，他说，知识是人类的共同财富，应该由人类共享；学习不局限于学校，时时可学，处处可学；教育的效果要反映到学生身上；教育的本质就是培养学生思维；适合每一个学生需要的教育就是均衡的教育，就是最好的教育；等等。这些观点虽然散落于报告的整体内容中，但是，其中体现出的对教育规律的认识，以及蕴含的教育价值非常深刻，不容忽视。

在互联网的挑战面前，为未来的社会培养人才的学校，该有怎样的作为？我觉得，这是我们做校长的要努力回答的一道必答题。

我认为，第一，要树立起学校教育的未来观。学校的生存与发展离不开其所处的时代环境，今天的时代是什么样，明天的社会又是什么样，校长不能对此一无所知，如果还是一成不变，生活在过去或者当下，还蜷缩在学校象牙塔之中，无异于和日新月异的世界隔离，从而失去了和时代对话的机会，失去了和世界的链接，那么，我们培养的人才还没有走出校门，就已经落伍了，教育也就失去了面向未来的能力。因此，校长必须要面向世界、面向时代、面向未来，敏锐把握时代脉搏，深刻理解时代所需，清晰自己为未来世界培养人才的使命，要与时俱进、高瞻远瞩、永葆教育活力。

第二，要树立起面向未来的人才观。以往培养学生，重知识不重能力，重结果不重过程。现在的培养目标不同了，要培养具有批判性思维、创新性思维能力、实践能力的创新人才，要尊重生命、发展生命，使每个人过上有尊严的生活，这就要求我们切实改变学生被学习、被教育的现时状态，激发出学生学习的兴趣，点燃起学生求知的热情，真正落实学生的学习主体地位，促进学生积极主动地学习，把培养目标落实到学生身上、把教育的效果反映到学生身上，这才是我们要做的事。毋庸讳言，教育培养目标的调整对教师的观念、能力构成了巨大的压力和挑战，所以，广大教师能否树立起面向未来的人才观是关乎创新型人才培养是否成功的关键。

第三，要树立面向未来的课程观。目前，教育部正在组织高中课程标准的修订，即将送审发布。其中一个重大变化就是立德树人、学科育人成为本次课程改革的指导思想，核心素养成为目标导向。什么是核心素养呢？简言之，是指适应社会和个人发展的关键能力和必备品格。各学科均围绕这些核心素养，来突出本学科的独特贡献。这样的目标定位已不再是简单的知识与技能，而是对三维目标的整合，学习者获得的不再是碎片化的知识，而是获得一生受用的能力和品质。可见，本次课程改革既具有鲜明的中国特质，又具有面向未来的世界视野。对此，我欣欣鼓舞、充满期待，同时也感到任务艰巨、压力倍增，我们的老师准备好了吗？老师们具备这些核心素养吗？如果我们老师不具备这些素养，又怎么能培养出具备这些素养的学生呢？所以，改变必须从教师做起，从改变教师的观念做起，当务之急，就是教师要树立起面向未来的课程观，并据此提升自己的核心素养，以此指导教学行为的改进，使学生核心素养的培养真正落地，实现立德树人、学科育人的根本要求。

第四，要树立面向未来的历史观。历史是不能隔断的，也是无法改写的，历史是我们今天继续前行的基础。强调面向未来，并不意味要否定历史、否定过去，而是要在继承中发展，摒弃不好的，传承优秀的。只有这样，才能把我国教育的好传统、好经验、好做法传承下去，才能留住中国文化的根和魂，才能体现中国教育特质，展现中国精神、中国自信、中国气派，才能培养出忠于祖国、面向世界、面向未来的中国人。

核心素养不是什么，是什么？

这两天，著名课改专家、高中课程标准修订负责人朱慕菊司长及各学科课标组长、北师大的各位专家连续为我们作了 10 场关于核心素养的系列报告，使我们对此次高中课标修订的必要性、思路、变化以及课堂落实等问题有了初步认识。这次课标修订的一个突出特点是高度重视基层意见，两年召开了 1374 次会议，收集了 8754 项意见、建议，所以，修订工作做得扎实、接地气。那么，核心素养究竟是什么呢？怎样理解它呢？我想从核心素养不是什么、是什么的角度，谈谈我的粗浅认识。

先来看不是什么。第一，核心素养不是简单的知识或技能；第二，核心素养不是先天的素质，有别于一个人潜在的能力；第三，核心素养不是为了减轻学习负担，负担源于厌学，爱学习即无所谓负担；第四，核心素养不只是为了考试；第五，核心素养中少数是不可测的；第六，核心素养不是为老师制定的。

核心素养是什么。第一，核心素养是整合了三维目标的综合性品质；

第二，核心素养是一个人为适应社会和个人发展所需的必备品格和关键能力；第三，核心素养是后天教育的结果；第四，核心素养是为了解决学生如何热爱学习的问题；第五，核心素养是学生一生受用的东西；第六，核心素养是为学生量身打造的；第七，核心素养中多数是可测的。

通过以上比较可知，核心素养聚焦于学生这个特定的人身上，培养的是学生的必备品格和关键能力，教给学生的是一生受用的东西。因此，核心素养没有简单地否定过去提的三维目标，而是对它进行整合、融合和提升，是继承，也是超越。显然，这样的定位反映了国家对教育提出的立德树人的根本任务，回应了社会对创新型人才的迫切需要，顺应了家庭对孩子生命质量的殷切期望，增强了学生应对未来生活挑战的信心和能力。朱慕菊司长说，高中课程标准修订稿很快就会审查、通过、颁布，随即教材修订将要启动。这样的话，核心素养将正式成为我国基础教育的课程目标，落实到课堂里，落实到学生身上，我们期待着。

学的专业才是老师最重要的专业

朱旭东教授是北师大教育学部部长，他对教师专业培训有很多独到见解。朱教授的报告观点鲜明、激情四射、引人入胜，他时不时和台下老师互动，点燃了全场老师的热情，大家沉浸于精彩的报告内容之中。

开讲伊始，朱教授说目前的教师职业充其量算半专业，何以见得？他说，教师的主要任务是教会学生学习，因此，身为教师必须回答三个问题，分别是学生学什么、怎么学以及如何教会学生学习。学什么是学科的专业，怎么学是学的专业，如何教会学生学习则是教的专业，这三个专业是老师的必修课。试问教师教会学生学习了吗？为什么还有不学习的学生呢？学生学习是老师设计的，不学习也是老师设计的，学生不学习是老师设计学习之后学生作出的选择，说明老师的学习设计不适合这些学生，老师没有做到因材施教。朱教授一席话，惊出我一身冷汗！过去我们认为学生不学习是他们自己的事，今天第一次听说学生不学习竟然是老师之过！朱教授接着说，学生不学习这一现象的存在，反映出教师的学习专业知识是欠缺、不过关的，而正是学生的学习决定了教师的全专业属性，所以说，教师的专业是不完整的，顶多算半专业。欠缺的部分即学的专业恰恰是教师当务之急最需提高的内容。

朱教授的这番话触发了我的思考：我们知道，教师教学的目的在于促进学生的学习，在于促进学生认知能力发展。实事求是地说，今天，老师教知识、学生背知识成为课堂教学的主流，存在着学生不学习或者假学习的现象，充斥着大量以记忆为主的低阶水平的学习，很少有分析、判断、推理、问题解决、创造力等这些高阶水平的学习，学生做了大量无效、低效劳动，学得苦、学得累。这些现象固然与高考制度有关，也与教师缺少必要的学习专业修养有关。教师对学科教学、如何教倾注的精力较多，但是对学习的专业涉猎较少，造成了教师专业的短板。这导致教师们在日常的教学过程中，重教轻学、重知识轻能力、重成绩轻态度等成为常态，学生不学、厌学、不会学，甚至逃学也就见怪不怪了。

那么，如何改变学生学习效率低、效果不良的现状呢？我认为，首要的就是要像朱教授讲的那样，提高教师学的专业能力，使教师懂得学习。教师对可视化学习、情境学习、学习共同体的对话学习以及学习技术，包括"互联网＋学习"等，都要有理解、有认知，才能满足学生的自主、主动、有趣学习。要加强对学习设计、学习实施、学习评价有效性的研究，确保学生能够真正地投入到学习中。更重要的是，教师在课堂教学中努力促进学生的高阶学习即认知能力，如问题解决的能力，避免大量的低效学习。当然，做到这些很不容易，教师必须加强对"学"的学习，把"学"的专业当成教师专业的一部分，当成教师的第一专业，补齐学习的专业短板，从而为每一个学生提供适合的学习，促进学生学有所得、学有所成。

到教师们树立这一观念的时候了，借用日本教育家佐藤学的一句话就是"如果说 19 世纪和 20 世纪的老师都是'教的专家',那么 21 世纪的老师则必须成为'学习行为的设计者'",否则,我们就有可能成为时代的落伍者。

做成就师生的校长

3 月 16 日一早,我们乘车前往北京二中考察。崭新、气派的楼房,民国时期风格的大门,第一感觉告诉我这是一所有历史、有底蕴、有创新、有视野的学校。进入其中,所闻所见印证了我的看法。学校可追溯到 1724 年清朝左翼宗学,是教育部"开展高中特色发展试验"项目学校、北京市高中示范校、北京市培养创新人才翱翔计划基地学校等。虽然早就知道北京尽享资源优势,但当我听到一间未来工程师实验室投资 460 万元、学校经费每年 1 亿元时,还是深受震动或者说是深受刺激,真希望我们这些基层学校不再为资金发愁的日子快点儿到来!

钮小华校长一见到我们,没有寒暄,开门见山、直奔主题,带领我们观看校园,认真地回答大家关心的问题。一个半小时的时间,在精彩纷呈的一问一答中不知不觉过去,而我们仍意犹未尽。我把钮校长几个精彩观点记录下来,谈一些自己的体会。

第一,"招生改革就是提供给孩子更多的选择性"。钮校长介绍,北京 2018 年要改革中考招生制度,共九门功课,录取方式是 4 + 3(5 选 3),4 是指语、数、外、体育,3 是指从理、生(化)、政、史、地 5 科中选 3 科。增加了学生的选择性,促进扬长而不是补短,这种做法会出现优势学科的叠加效应,与高考的录取方式实现接轨。显然,这是明智之举。作为教育人,谁都明白,不仅学生之间存在智力差异,即使学生自己的不同门类智力间也有差异,因而学生很难在学习中做到全学科平衡。与其让学生不停地补课、补短,还不如给学生充足的时间做自己感兴趣的事情。这样，既减轻了学生的学习负担，又还给了学生选择发展的权利，为创新型人才脱颖而出提供了时间和空间。突破招生瓶颈，改变录取方式，发挥好录取的导向作用，从而引领人才发展的方向，适应人才发展的需要。

第二，"充分利用改革机会，促进学校变革"。当下，教师的职业倦怠是较为常见的现象。如何破解这一难题？钮校长提供了一个新思路和做法，那就是让老师走班。好处有三：多个同学科教师同上一个班，让学生尽享不同教师的教学风格；让拔尖教师代多个班的课，让学生公平共享优质教学资源；学生通过对比来评价教师优劣，更客观，更实际，促进了教师的教学。一个小的改革，既有利于学生的学习，又有利于老师的成长。这样的小改革不断进行，最终会促成学校大变革，实现教师快成长。这让我想到了两点，一是校长要抓住改革机遇，善于琢磨利于教改的好点子，二是校长要直面现实，找准适合本校问题的切入点，解决难题。

第三，"教师博物馆和学生博物馆就是校史馆"。这么大的学校，居然没有校史馆，让我感到意外。更让我感到新鲜的是学校建有两个博物馆，一个是教师博物馆，一个是学生博物馆，这足以代表校史馆。我认为，师生馆反映了钮校长的师生观，他的眼里有老师、有学生。在钮校长看来，历史需要有实物，没有实物就是传说。所以，教师博物馆里收藏了很多教学的老物件，其中收藏的 50 年代以来教师的一本本教案令人印象深刻，令人感慨万分。教案纸已陈旧发黄，但是工整的笔迹、用心的设计，反映了老师们的坚守和一丝不苟的精神，这是传给年轻老师宝贵的精神财富。学生博物馆里，摆放着 20 年代以来的学生奖章、毕业证、获奖证书、笔记、课桌等，墙壁上悬挂着历届学生毕业照，钮校长说，这里是学生的家园，东西在，家园就在。这是活的历史，是北京二中特有的文化。由此可见，文化一定是学校内部产生的，是自身的东西，是历史的传承，也是今天的经历。这也启示我们，教育一定要从学校生活的点滴做起，每一个精心设计的小元素都会成为教育的点睛之笔。如每天播放不同世界名曲的上下课铃声、正式而隆重的毕业典礼、黑板上一句温暖的祝福等，都会对学生产生潜移默化的影响。文化就像二中的办学理念"空气养人"一样，它无时不在、无处不在。

第四，"评价就是记录学生三年走过的路"。钮校长反对过早对学生作评价，因为学生是成长中的。学校要做的是为学生作记录，忠实记录学生的三年表现，而且这个记录一定不是空洞的，像成绩良好之类的空洞评语是没有用的。钮校长独具慧眼、观点鲜明、经验丰富，看得出是一位有多年校长经历的资深校长。教育，不是不需要评价，学生需要的评价一定是发展性的，而不是终结性的，这一点，钮校长做得很好。"三岁看大、七岁看老"的标签不应该过早地贴在学生身上。我们要允许学生犯错误，正是在一次次的错误中孩子们才得以成熟起来。所以，学生今天的表现只是发展中的一个起点，而不是终点，教师的作用和价值体现在学生成长的过程中，教育真正需要记录的就是这个过程。

第五，"教师需要技术、更需要文化"。钮校长认为，教师专业培训，重在抓要害。他说，语文老师必须有读书的习惯，一个语文老师有1000册藏书，一定是个好老师，不读书而照本宣科的老师，不会是好老师。英文老师不仅会说英语，还要有母语积累和跨文化能力，这样才能教好英语。政治老师必须读书看报，了解国家、世界形势。是的，谈教师专业，我们往往停留在教师的专业技术上，忽视了教师的文化素养，其实后者才是更为根本的东西，好比"术"与"道"，专业背后的"道"对教师而言才是最重要的，因此，教师专业发展培训，不能只重"术"不重"道"，且务必追求"术"与"道"的和谐统一。

第六，"教育要培养学生的方向感"。今天的教育给学生方向感了吗？学生知道自己的发展方向吗？坦率地说，我们没有做到。钮校长认为，学校必须要对学生的学习规划、职业规划有所建树，以培养学生发展的方向感。北京二中具有对学生的自我认知、学业认知及职业认知的系列培训，也收到了良好效果。解决学生向何处发展的问题、帮助学生打通学习与职业的联系、帮助学生清晰自己的人生方向，这些都值得我们借鉴，在这方面，我辈任重道远。

最后，我想用钮校长30年的工作感悟作为结语，他说："当校长前，大家的认可，是自己勤奋努力的结果；当校长后，自己的业绩，不是成就自己，而是成就别人。"他的话发自肺腑，也说出了我的心声。伴随师生的成长，成就师生的成长，是校长的教育情怀，更是校长的本分！

微观点

当今社会，数据，已经渗透到每一个行业和业务职能领域，成为影响生产的重要因素。大数据同样给教育带来了新机遇。大数据将会全方位、全过程地如实记录、分析师生的教与学情况，使针对性的个性化学习成为可能，包括对学生的考试、就业等提供科学、精准、有效的指导。可以说，大数据时代的来临，带给教育全新的挑战，促进教育进入了为学生提供个性化供给的新时代。这样的时代对教师而言，无异于将要接受一次观念的洗礼，带来的也可能是观念的颠覆。我们今天的观念、做法，还有多少是能经受住考验的，这是我们要认真思考、对待的。

教育观念的改变容易，但落地不易。因为落地的变革必须基于现实、基于学校、基于学生，改革才会真实发生。所以，对待新思想、新观念，不能盲从，也不能盲目拒绝，需要理性审视，甚至需要批判性思考，寻找能落地的、能做到的、能实践的，切忌急于求成、不加甄别、照单全收，否则会引起水土不服，误人误己误教育。

"观念可以颠覆，教育不能颠覆。"李文军院长这句话说得好！教育真的不能颠覆，不可能推倒重建，教育需要继承自古以来的先人智慧，需要传承我们的优秀文化，它们经受了历史检验，直到今天仍熠熠生辉，是我们的精神财富，是不能轻易去颠覆的。教育应该像盖大楼那样，再高的大楼第一步都要打地基，没有基础，那是海市蜃楼，成就不了教育的大厦。

因此，对待经典、对待过去的教育智慧，我们应该多一份敬意，因为它们是一代代前人探索出的路子，也是我们继续前行的坚实路基。

教育最怕折腾，今天学这，明天学那，学来学去，学成了四不像。教育需要的是坚持和坚守。没有坚持，做不成事，没有坚守，做不好教育。坚持是做事的定力，是不服输的精神，坚守是教育人的情怀，是心甘情愿的一种担当！

到初中阶段，在学生眼中，老师地位不像小学时那样高高在上了，老师的作用降低了一些，同学间的作用反而增强了，他们更在意同学之间的评价、看法，这个年龄段的孩子或多或少有了叛逆心理，而且会表现在学习态度上，这也是我们教学中遇到的新问题，是要慎重对待的。同伴的互相影响、互相学习、互相模仿已经成为改变学生学习乃至生活的有效途径，学校要及时看清风向标，不能一味靠老师强加的各种管理方式、教育方式来完成对他们的教育，而是要因势利导、顺势而为，与学生同伴间的教育互为补充、相辅相成，形成师生合力，这样才能有效地、高效地完成我们既定的学习目标。

以我为帆　助梦起航[①]

今天，是一个特殊而又令人难忘的日子，山东省首批齐鲁名校长孔凡海领航工作室正式揭牌，我深感荣耀，而且又有这么多领导和同仁莅临，共同见证我工作室的揭牌仪式，尤使我倍受鼓舞。借此机会，我简要向大家汇报自己此时此刻的心情、成长的心路历程，以及点滴思考。

一、成长经历与感恩之心

1989 年 7 月我从枣庄师专政教系毕业，当时不情愿从教的我被分配到一所农村中学——级索镇中心中学，从此开始了我的教书生涯。从不情愿到情愿，再到钟情、执着于教育的心路历程中，我一步一步地成长为主任、校长，成为枣庄名校长、齐鲁名校长，成为山东省首批齐鲁名校长领航工作室主持人。其间经历过那么多难忘的人、难忘的事，遇到过那么多关心、支持我的同事和朋友，培养过我的领导，今天，我更懂得了这所有的经历与相遇都是自己成长过程中的一笔宝贵财富，我的成长与进步真的离不开他们！我也知道，尺有所短，寸有所长，一个人应该努力保持谦卑之心、感恩之情。我始终以为，我的成长不只与自己有关，还与那些给予我关心、支持的同事、同学、朋友们有关，与培养过的领导有关！没有相

---

① 本文系山东省首批齐鲁名校长领航工作室挂牌仪式上发言要点

遇相知的你们，就没有今天的我。所以，我要真诚地感谢大家！今天，有这么多领导亲临现场，为我的领航工作室揭牌，这种厚爱尤其让我心生暖意，为我增添了更多的力量！再次谢谢你们！

二、学校之治与教育之思

2009年8月，我担任姜屯中学校长，一干就是八年半，其间，提出并探索、实践了善文化教育的构想，并取得了一些成果：在《当代教育科学》发表两篇研究论文，主持省规划研究课题三项，其中两项研究先后荣获山东省教学成果奖。2018年2月，我又回到曾工作三年的原滕北中学，现北辛中学。此时的北辛中学已很强大，在学校管理、教学质量方面处于滕州领先的位置，怎样带领这样一所重量级学校继续领跑滕州初中教育，压力和挑战可想而知！从哪里开始重新认识我曾熟悉又有些陌生的北辛中学呢？为此，我作过深刻的思考。可能是命运的安排，又一次与文化结缘，一种新的学校文化又在等待我去解读，同时也触动了我对教育新的考量：我以为，作为校长，有两个问题是绕不过去的，可以说是校长的必答题，即办一所什么样的学校？培养什么样的学生？我想，既然北辛中学是以文化命名、从文化中走来的学校，那就要从了解历史、解读文化开始，于是就有了我们"办有文化底色、因材发展的学校""育尚善、有礼、格物、维新的学生"的学校愿景与目标，从此，文化底色、质量本色、课程染色、活动增色、教师亮色、管理正色、学生出色的七色工程，四标、四园、四院、四类课程的四四方案先后展开，以此为主要研究内容的课题"属地文化融入中华优秀传统文化教育的路径研究"入选2019年山东省基础教育教学改革项目，《山东教育》以《办有文化底色、因材发展的学校》为题予以长篇报道，一所有质量、有内涵、有品质、有文化的北辛中学已经迈开脚步，奔跑上路！

三、工作室的思路及初步工作

有两句话写在工作室墙上：

第一句，我们坚信：独行快，众行远，携手前行，不负你我教育初心。

第二句，我们追求：学有道，途万里，共创团队、学习、共享、开放新文化。

这是我们工作室共同倡导、遵守的信条。教育就要靠一群同道去共同携手、努力追寻教育与人生之真善美的真谛！虽途有万里，但依赖你我教育初心，执着前行，必能收获教育的累累硕果！

我们的工作室根据上级建设要求，已顺利开展了前期工作：工作室及各成员制定了三年规划；组织了一次读书沙龙；开展了一次线上教学论坛；举办了一次学校文化建设之主题交流活动。

此次工作室正式挂牌成立，我与工作室各位同事感受到了关心、关怀和信任的力量，激励我们今后将按计划、规划方案认真实行，努力扎实走好每一步，力争做出有一定分量的办学成果，成就工作室每个成员及其所在学校的心愿，不辜负各位领导的信任与重托！

最后用我很喜欢的一句话结束此次发言，这句话是韦尔奇说的，即成为领导之前，你的成功只跟你个人有关；成为领导后，你的成功都和别人有关。我愿以己为帆，为更多人的成长、成功助力！再次感谢你们！期待你们更多的关心与指导！

第 五 辑

以文化人，走向教育深处

人本是散落的珠子，随地乱滚，文化就是那根柔弱而又强韧的细丝，将珠子串起来成为社会。可把文化说清楚、道明白，实属不易。但我知道，文化之于学校，犹如精神之于人，健康之于身体，灵魂之于生命，只有文化才会塑造学校饱满的精神品格，激发学校旺盛的生命力。独特的学校文化弥漫在校园、浸润于师生，一批批学子身上才会留下深深的学校印记，成为助力学子远行、高飞的行囊。

孔凡海向工作室成员介绍北辛中学性善书院

北中，你从文化中走来

  离开八年半，我再次来到北辛中学工作又近一年了。八年来，北辛中学在老校长的带领下，励精图治、发奋图强，创造出辉煌业绩，谱写出动人篇章，北辛中学已经站在了滕州教育的制高点上。今天的北辛中学对我来说，既熟悉又陌生，熟悉的同事、熟悉的工作，也有陌生的面孔，新的做法，新鲜的故事，所以，我需要重新学习和适应。通过长时间的学习、观察、调研，我发现创建品牌学校、提升学校内涵已成为老师们的共识。的确是这样的，这些年学校蓬勃发展了，其中的经验是什么？内涵在哪里？今后的目标、愿景是什么？动力又在哪里？这些问题搞不清楚，又何谈提升内涵、创建省内一流的品牌学校呢？

  我认为，北辛中学取得了一个个好成绩，展现出了亮点，并不是缺乏经验，而是拥有相当丰富的经验。从一级二部制的高效管理机制到干部、教师的拼搏奉献精神，从优秀教师的成长到教师团队的形成，从优秀学生的脱颖而出到特长学生的培养，从班级活动到社团建设等方面，都有经验可循。然而，这些经验却是零散的，像一粒粒珍珠，还没有串起一串珍珠项链，蓦然之间我找到了灵感，找到了一名校长的工作所在、职责所在，那就是，寻找这根能够串成项链的丝线，可是，这根丝线是什么，它在哪里呢？

  学校里，有一处花园，名为北辛园，园中长廊里悬挂着介绍北辛文化的宣传牌，这着实让我眼前一亮，北辛中学不就是因 7500 年前的北辛文化而得名吗？北辛中学与北辛文化不可分离，可以说，没有北辛文化就不会有北辛中学！因此，挖掘、传承、弘扬北辛文化及与其一脉相承的滕州地域文化，无疑就是北辛中学的必修

北辛中学的北辛园

课，也是我们北辛中学师生的责任与担当！以文化立校的北辛中学理应高扬优秀传统文化的大旗，以北辛文化为底色，筑牢北辛师生的中国根、中国魂。北辛文化、滕州文化不就是那根我们要寻找的丝线吗？

讲文化、传承文化，不是笼统的、空泛的，应是具体的、可操作的，因此，我们必须提炼出北辛文化的一些关键词，这样传承、弘扬才有依据、才有抓手、才能有效实施。

滕州大地古有滕国，古滕国被孟子称作善国，善文化就是其属地文化，自古以来的尚善之风今日犹须发扬光大；汉朝大儒叔孙通（滕州人）帮助汉高祖刘邦策划登基典礼、制定典籍礼制的故事在滕州广为流传，可以说，滕州也是中华礼文化、礼乐文明的重要发源地之一；春秋战国时期，主张"兼爱""非攻"的思想家墨子在滕州诞生，同时他还是一位发明了"小孔成像"等世界级成果的大科学家，被尊称为"科圣"，科学的清流在滕州大地始终静静流淌、生生不息；《诗经·大雅·文王》云："周虽旧邦，其命维新。"维新有革新、创新之意，"造车鼻祖"奚仲、"工匠祖师"鲁班，均是滕州人，他们一生积累了无数发明创造，成为创新的巨匠，他们的名字已经成为古代劳动人民智慧的象征。在反复的思考、揣摩中，我从以北辛文化为代表的滕州历史文化中概括、提炼出"尚善、有礼、格物、维新"四个关键词，这四个词源于滕州厚重、悠久的历史文化，兼顾了人文精神与科学精神、做人素养与做事能力、历史传承与未来适应，兼顾了核心素养的一般科学描述与凸显个性特色的学校表达四对关

系的有机统一，全面概括了北辛中学的育人目标及其学子的精神气质、人格气象、学识气度，是北辛中学教育情怀的终极价值标准。因此，以此作为我校传承地域优秀传统文化的总抓手，使我校学校文化建设有了新方向，使我校办学目标更加清晰、明确，更具文化底蕴和时代气息。

我一直认为，当校长、办学做教育，必须要思考清楚两个重要问题，即办一所什么样的学校和培育什么样的学生。也就是说，校长必须要和老师们一道描绘学校的发展目标和愿景。基于前面的认知，我提出，北辛中学要办有文化底色、因材发展的学校，育尚善有礼、格物维新的学生。其中的文化底色源于滕州底蕴深厚、源远流长的北辛文化，其后延续发展出大汶口文化、龙山文化、岳石文化，脉络完整、清晰，文运昌达，实乃幸事！北辛中学以开启人类文明曙光的北辛文化命名，文化理当成为学校的底色，成为师生生命的底色，成为教育的精神底色。我强调因材发展，因为生活在校园里的每个人都是秉性迥异、与众不同的个体，无论是大材、中材还是小材，都要有发展、有进步，教育就是要突出师生发展的差异性、包容性、可持续性，就是要以人为本，尊重生命，从而"因材施教""因学而教""因材择学"，进而追求全面发展基础上的兴趣发展、特长发展、优势发展，为实现公平而有质量的教育拓展新的育人路径。

行文至此，已使我心潮澎湃、久不能平，我知道，新时代新的机遇与挑战已经来临，面对这样一所一校三区、拥有七千多学生的大校，做好文化的文章，上好文化的大课，谈何容易？但是，学校既以北辛为名、以文化立校，我和诸位同事又责无旁贷，就必须担当、积极作为、奋发进取，才能不辜负北辛中学这所从文化中走来的传统名校。

新时代学校内涵的省思

——基于滕州市北辛中学的管理实践

摘　要：学校内涵是学校内在的涵养品质，是助推学校前行的内在动力，也是引领学校发展的罗盘。学校内涵建设既要基于学校发展的历史去挖掘、论证、提炼内涵，也要立足新时代的节点去反思、完善、创设内涵。新时代学校内涵建设应从质量、课堂、课程、文化、教师和学生六个方面着手，构建满足时代发展需要的内涵学校，这一切又与校长及其领导力息息相关。

关键词：新时代；学校内涵；校长

2019 年 6 月，《中共中央国务院关于深化教育教学改革全面提高义务教育质量的意见》发布，标志着义务教育开始进入质量立校、内涵发展的新时代，这个文件的发布可谓恰逢其时，为义务教育明确了指导意见，指明了发展方向，也从客观上回应了从有学上到上好学的社会诉求。可以说，提高教育质量、提升学校内涵是时代赋予义务教育学校的任务、挑战，同时也是义务教育发展的内在要求，因而理应成为校长的自觉选择。那么，在新时代发展的背景下，我们为什么要发展学校内涵？要怎样发展学校内涵？校长在学习内涵建设中的作用是什么？这些都是亟待从理论和实践上加以明确的根本问题。

一、我们为什么要发展学校内涵

学校内涵是学校内在的涵养品质，是助推学校前行的内在动力，也是引领学校发展的罗盘。明确学校内涵建设的意义，充分认识和挖掘学校内涵、创设和创建拥有深厚内涵的学校，才能真正助推教育质量散发出强大的生命力和竞争力。学校内涵与教育质量是紧密联系、融为一体的。一方面，学校内涵集中反映体现在教育质量上，教育有质量，学校内涵才能有依托，才会有可靠保障，才能更好地彰显其价值。另一方面，教育质量也离不开学校内涵，学校如果没有内涵，教育质量也难得到保证，说到底，提升学校内涵的目的就是提高教育质量。

学校不仅是人类基于自身生存发展的需要而建构起来的，而且还是不同的共同体基于自身的需要而历史地建构起来的。由此所决定，每一个国家或民族对于学校内涵的建构以及对于自己建构的具有自身特色的学校内涵，都具有现实的合理性。学校内涵是在"历史的形成"过程中逐步发展和演进的，而在其形成过程中的两个关键要素就是过去和未来。因此，我们在探索学校内涵时一是要基于学校发展的历史去挖掘、论证、提炼内涵，二是要立足新时代的节点去反思、完善、创设内涵。据此，我们可以作一对照，自己的学校究竟处在哪一个阶段上，根据不同发展阶段，相应地要去思考、梳理、总结出不同的学校发展思路和策略，以更好地完成各自的目标、任务。

需要说明的是，以上区分，只是为了说明学校现状而已，这样才有利于校长立足校情管校治校，绝不是给学校分三六九等、贴标签。我们不能抱怨所在学校的基础不好、管理不好、层次不高，或者没有内涵，等等，因为作为管理者，学校发展的现状就是必须接受且要面对的。我们需要思考的是：要办成什么样的学校。这一思考的背后，反映的是我们该如何正确认识继承与发展的关系问题。学校之为学校，且发展延续多年，定有其经验、亮点所在。作为校长，特别是新入职校长，一个非常重要的工作就是，认真回顾、梳理校史，从中寻找那些值得称道的闪光之处，归纳、总结历任校长的治校特点及其贡献，并在此基础上确定自己的治校思路及其策略，从而走出自己的新路。只有记住走过的路，才能更好地看清、找准以后的路的方向。

我们在处理学校历史与现在、继承与发展的关系时，切不可将前后割裂，如果要这样，那就既找不着历史，也找不到未来，没有了继承，自然也就难以实现更好的发展。发展一定要建立在继承的基础上，这样才能根基扎实，步履稳健，推陈出新，行稳致远。当然，历史也不能成为今天的包袱，而是要以史为镜、知其得失，继承也不是全盘吸纳、照单全收，而是批判中继承，继承中发展。经过一番认真梳理、理性思考，才能找到学校经验、底蕴以及内涵之所在。

二、我们要怎样发展学校内涵

在明确学校内涵建设意义的基础上，我们需要进一步思考的是学校内涵建设的要素。笔者认为，在发展学校内涵上，应从以下方面着手。

第一，核心在质量。质量是学校的硬指标。这里的质量是指全面而丰富的质量，它不只表现为看得见的高分数，还表现为看得见的好行为、好习惯、好品行。这样的质量，才能被人认可，为人称道。

第二，关键看课堂。课堂是展现学校内涵最重要、最充分的地方，是解开内涵的密钥。学校有没有内涵，进课堂就知道，内涵在课堂里是藏不住的，把课堂藏起来，不敢对外开放，这不仅是不自信的问题，而且是学校内涵体现不足、不充分的问题。敢对外开放课堂的学校，才有可能成为学校内涵深刻而丰满的好学校。

第三，特色靠课程。一个学校最大的特色，应该是课程的特色。离开课程，所谓的特色，是徒有其表、难有其实，是没有含金量或含金量不足的。

第四，标签是文化。"教育现代化给学校文化建设带来了契机和挑战，一场以学校文化为核心的教育改革正蓬勃兴起"。文化是外在的，能够表现出来，是可以看得见的，更是内在的，根植于人们内心的，所以，也是最有力量的，是最富挑战性的。学校文化有其完整的基本要素，如愿景、校训、校徽等，如果能从哲学的高度、文化的视角予以深刻解读，学校会更有品质、更有味道。

第五，依赖于教师。学校内涵的建设是离不开教师的，它要通过教师实施、依靠教师实现，尤其要依赖于师者的素养和教育情怀。校长要明白，内涵建设不是校长的独角戏，应是校长和教师们共同表演的大合唱，所以，教师不能置身事外当旁观者，教师们不参与进来，谈学校内涵就是纸上谈兵。

第六，成就于学生。学校内涵最终体现在学生身上，学生是学校的产品，他们有什么品行、表现出什么素养，学校内涵就体现什么水平，也决定着学校在什么样的办学层次上。

三、校长在学习内涵建设中的作用

学校内涵的建设与校长办学思想息息相关。有研究者指出："教育思想是办学的灵魂，管理水平是办学的关键，教育质量是学校的生命。校长办学思想决定学校的发展目标、影响着学校的办学水平和办学质量"。既然如此，那么在建设、提升学校内涵的过程中，要求校长具备怎样的能力，校长又该有什么样的角色定位呢？

"校长在影响学校教师和学生以及学生父母所代表的利益相关者中发挥着重要的作用，这在实现学校目标和促进学校发展过程中的能力是校长领导力的重要体现"。在实际工作中，我们常常发现，有不少校长重视管理、擅长管理，强调工作落实及执行力，可谓管理学校的行家里手，可称之为管理型校长。还有一部分校长重视发挥领导作用，擅长以愿景和目标引领人、凝聚人、鼓舞人、激励人，善于做人的工作，能够充分调动人的积极性、主动性，已经基本具备领导思维，可视为领导型校长。两种不同类型的校长，确实分别代表了不同素养、不同的发展水平，对学校必然产生不同的影响。其实，管理也好，领导也罢，都是校长的基本功，都是校长必备的基本能力和素养。因此，校长应在做好管理者的同时，努力当好领导者，从而使管理能力和领导力互为匹配、相得益彰。

时下，大家都热衷于谈领导力，如果不谈领导力，就好像落伍了一样。在笔者看来，领导力固然重要，但校长不能当追星族，只谈领导力，而忽视了管理。殊不知，管理没做好，就奢谈领导，好像地基没打牢，就盖高楼，是盖不起来、立不住的。其实，管理工作才是校长每天必须面对、破解的最为基础性的工作，管理做得实、做得好，才能有效保障学校的各方面工作正常有序运行。当然，也不能因为管理重要而顾此失彼，不要领导，不具备领导思维，校长完全可以站在领导的高度，居高临下地看管理、做管理，拥有这样的视角和觉悟，管理的能力和水平才能更好地得以发挥。所以，只讲领导，不讲管理，或者只讲管理，不讲领导，这两种行为都是不可取的。

因此，作为学校管理者也好，领导者也罢，既要继续学习管理、抓实管理，不断提高教育管理水平，向管理要教育效益，又必须与时俱进，学习科学领导、树立领导思维、提高自身领导力，这样才更有利于办出有质量、有内涵、有文化的品质学校。

坦率地讲，今天，校长队伍的管理能力与领导力是不均衡的，存在着重管理、轻领导的思想倾向，存在着强于管理、弱于领导的能力短板，校长领导力的不足，已经影响到学校的内涵发展、品质提升之路，因此，校长领导者的角色尤须加强。笔者认为，校长的领导力至少要体现在以下三方面，即明方向、定规则、带团队，这也是校长必备的三把"刷子"。

明方向，即明确学校的愿景、目标。笔者一直认为，作为领导者的校长要思考清楚两个问题：办一所什么样的学校？培养什么样的学生？把这两个问题弄清楚、想明白了，才能明确学校的发展方向，并以此引领学校、激励教师、带动全体。定规则，是指通过制度、机制以及文化等建设，确立一整套主动建构或约定俗成的行之有效的规则体系，以坚守学校的管理底线，保证各方面工作的有序运转、稳步推进。带团队，就是要把干部、教师队伍打造成有目标、会合作、懂专业、肯奉献的坚强团队，有了一支这样的队伍，才能担负起办出有质量、有内涵的学校教育的神圣使命。

需要说明的是，提升学校内涵、提高教学质量是一件长期的任务，不会一蹴而就，也不会轻松实现，它不是校长在作业本上写出来的，而是要靠全体师生一步一步、扎扎实实地做出来，如此，有品质、有意义的学校内涵，才会展现于校园，公平、优质的教育质量才能得以顺利实现。

参考文献：

［1］林加良．学校文化建设再出发［J］．人民教育，2020，（Z1）：76.

［2］邱济隆．教育思想是办学的灵魂［J］．北京教育，1998，（9）：6－10.

［3］张爽．校长领导力：背景、内涵及实践［J］．中国教育学刊，2007，（9）：44.

书海问道养心斋

2018 年 7 月的一天，天气清爽，老师们三三两两有序地走向图书楼，共同见证我校教师书吧正式成立，我给书吧起了个好听的名字——养心斋。

养心斋，顾名思义，是用来读书养心的书房。对于阅历丰富的老师而言，读书贵在养心，调养心性、平和心态、平复心情，可以帮助我们找回教育初心，找到人生意义。总之，一句话，心养好了，其他的也就都养好了。

自古以来，人们把老师称为先生、唤作读书人。但当今社会的功利浮躁加上繁重的工作生活压力，使不少老师不再手不释卷，他们渐渐地远离了读书、远离了书香，也远离了读书人的角色。这一可怕的现实时时提醒我，当教师这最该读书的群体都不再读书，那些亲近我们的学生又怎么亲近图书，那些我们每天朝夕相处的家人和孩子又怎么可能把读书当作生活的一部分？当学校这方净土里不再书香弥漫，有朝一日，我们的社会会不会成为文化的沙漠？我真的不愿意再想下去，那就从我做起，从我的学校做起，从我的老师们做起，重新唤醒尘封已久的阅读记忆，再次广泛涉猎经典、徜徉书海，找回读书人的样子，以自身的读书示范引领我们的学生走上阅读之路，开启阅读生活，愉悦身心、启迪智慧、丰富精神世界，真正使校园成为书香校园，社会成为书香社会，国家成为书香国家。由此可见，教师读书既可以起到引领社会风尚的作用，又可以陶冶自己的性情。

面积 100 平方米的养心斋，吸引了老师们的注意，引来了他们的广泛参与。我校教师、中国书法家协会会员袁家峰老师亲自书写了斋名和楹联，字体柔中带刚，运笔悠然自如，给人宁静、雅致、随和之美。素有文学修养的刘士伟老师专门撰写门联，上联"悠悠道养千秋气"，下联"浩浩心穷万物源"，极好地为养心斋作了精妙注释。

当我和俞廷明书记为大家期盼中的养心斋揭幕时，在场的干部、老师及同学们自发地热烈鼓掌。而后，大家鱼贯而入，迎门看到"书海问道"四个金石味十足的篆字，是由安徽书法家藏文禄先生所题写，是袁家峰老师用自己的墨宝交换来的，这又一次让我感到袁老师对学校的一番真情！在养心斋的装修过程中，老师们争先恐后地出主意、提建议，帮助完善了设计方案、丰富了书吧内涵。可以说，小小的养心斋，凝聚了大家的集体智慧，展示了老师们的才能，是一次成功的集体创作的精品。我由衷地为他们点赞。

为庆祝养心斋正式启用，刘都涛校长设计了一次书法笔会，邀请了我校书法、绘画爱好者，大家齐聚一堂，老师们挥毫泼墨、一展身手，一幅幅作品跃然纸上，或遒劲有力，或大气磅礴，或清新传神，我从老师们专注、投入、有力的一撇一捺中，从他们洋溢着幸福、满足的神情里，看到了老师们心系学校、心系教育的积极向上的精神风采，看到了他们对学校未来发展充满了希望和信心。

老师们普遍反映，养心斋的设计暖心、温馨、有品位、有吸引力，这恰恰是我对设计师的要求，现在看来，这样的目标实现了。通过这一改造工程，吸引老师们重新在这里集聚，或静读闲叙，或切磋研讨，或分享心得，以期帮助他们重拾久违的读书情结，再续未了的读书情缘，回归本来的读书人角色。在读中思、读中悟，读出育人之道、做人之道、处世之道，实乃我辈读书人所应追求的教育真谛。

开启北中教育新时代①

老师们，同志们：

大家过年好！首先，我代表学校向各位老师拜个晚年！今天，北中人齐聚一堂，迎来了我校首届教育年会，并以此郑重地开启新学期的时间之门。此时此刻，此情此景，那些北中人用汗水和欢笑耕耘在校园的往事，宛如酝酿于滋润泥土中的根芽，萌动着蓄势待发的生机！

北辛中学，这个从文化中走来的校园，那深厚的底蕴，那文化的恢宏底色，那坚实的价值基座，凝固成北中学子明亮的"尚善、有礼、格物、维新"的精神四维，一个个勤奋耕耘的北中良师，在光阴中担负起传承、播撒、弘扬中华优秀传统文化的使命。

岁月不居，时节如流。一年年走来，北中教育之光辉耀乡邦，"打造学校品牌、擦亮学校特色、筑建学校精神"的北中行动如火如荼，你看，根系扎进大地深处，动脉在汩汩输送着善国大地古圣先贤生生不息的才情！世界上什么东西都可以老去，唯有北中人心底那份教育追求永远年轻，北中人风华正茂，昂扬奋发，在时光之海里北辛中学掀起革故鼎新创造的教育狂飙，必将让同行瞩目。

凡是过往，皆为序章。我们本着"激发兴趣，尊重差异，彰显个性，

---

① 本文系在北辛中学 2019 年度教育年会上的致辞

提升素养"的课程理念，紧扣学生"人文底蕴、科学精神、学会学习、健康生活、责任担当、实践创新"六大核心素养，搭建起国家、地方、校本三大课程体系的绚烂时空，我们把北中人的教育梦想热气腾腾地捧在手心中，努力守护教育的精神家园，在这块北中圣地，一帧帧我们用心勾描的彩色动画，将徐徐拉开那摇曳心旌的北中教育故事的大幕，像正认真打量我们的眼光，传递直击人心也震撼人心的能量，北辛人是用心的、创新的教育人。

今天我们北中人再度牵手共进，每一分钟我们都在跳跃的心，把一个个你我他用种种倾情的方式彼此联结，时光的渡船已经悄悄地划过一个个日子，穿越我们生命的河，抵达新的驿站，开始新的起航，我们一直在路上。

我们把"以人为本、尊重生命，尊重差异，包容多元，让参差多态的个性充分释放"的教育理念，作为北中的教育长帆，用善良和温情铸炼教育的巨桨。扛一支火把，持一束星光，为每一个生命着想，为每个学生提供适合的教育，为教师成长提供舞台。让每一个生命都能"因材发展"，波澜壮阔的时代他们泅泳，风云变幻的世界他们翱翔，每个生命都能在这里成为最好的自己，每一颗星辰，都能在苍穹熠熠闪动。教育精神的高灯照亮这所庭院的每一个角落，守住边界，不忘初衷，这也是我们北中人默契的约定，这也是我们教育良知的底线！

以什么样的状态迎接新的一年？以什么样的作为开启新路？以奋斗之姿，以梦想之名，依然是我们回应时代之问的最有力答案。难得者时，易失者机。道有夷险，履之者知。前行没有哪一段路程是一帆风顺的，北中人唯有同舟共济、万众一心方能开拓新局，教育的日子只有在拼搏着才会一寸一寸都有意思，就让我们一步一步栉风沐雨、披荆斩棘，丈量着"从文化中来，到文化中去"的北中脚步，演绎化腐朽为神奇的奇迹，为这一块乡土尽自己的努力。

草木蔓发，春山可望，当"七彩工程"全面铺开，当文化底色、质量本色、课程染色、活动增色、教师亮色、管理正色、学生出色的七彩工程落地开花，孜孜矻矻的北中教育，将浇铸出令同行瞩目的北中特色、北中气度。星光不负赶路人，时光不负有心人，积聚了许久的力量，必将注定她的横空出世，岁月的积淀沉蕴，必将孕育出明天的灿烂辉煌。

今天就让所有北中人的教育情怀执着地楔入每一个季节里，用心、用力、用情做一个时间的平凡而伟大的书写者，努力地耕耘春天，给生活一个更深更长的刻度！我们走着，走着，我们会发现"生命中岑寂许久的地方忽然不可遏制地崭新起来、清晰起来、歌唱起来，生命中某些促狭逼仄的角落忽然开阔起来、敞亮起来、通透起来"。柳暗花明处，御风而行的北中，将会终如所愿。

百年之变的时代大潮，风起云涌、涛飞浪卷，这个日新月异的世界正看着我们，正认真地打量着每一个教育人，善国大地给了北中一个机会一个舞台，我们北中人必须义不容辞、义无反顾地担当起自己的教育使命，撸起袖子加油干，发扬顽强拼搏的精神，用优秀的教育质量赢得社会的尊重。新的一年，就让我们共同努力，用自己的智慧铸炼出一个最蓬勃、最诗意、最文化的北中品牌，创造出一个文运昌盛、科教发达的北中教育新时代。

最后，祝愿全体老师身体健康、工作顺利、阖家幸福！祝愿我们的学校明天更加美好！

从文化中来　到教育中去[①]

　　"三国五邑之地，文化昌明之邦"的滕州是人类文明曙光最早照耀的地方，文化是这块土地的精神图腾。作为校长，继承和发扬优秀的传统文化，塑造和建构引领师生发展的校园文化，是我最重要也是最艰巨的历史使命。校园文化小而言之，关乎孩子的未来，大而言之，关乎国家的前途，因此可以说是使命光荣、责任重大。

　　下面就从我任校长的两所学校谈起。

　　滕州市姜屯中学是省级规范化学校，我在那里担任了八年校长。姜屯中学地处古滕国腹地。古滕国因滕文公"礼聘孟子，施行善政"被称作"善国"。《孟子·滕文公上》记载："今滕，绝长补短，将五十里也，犹可以为善国。"

　　姜屯中学所在地，作为昔日善国的核心区，是孟子性善论思想的最早实践地。"齐楚今何在，滕犹旧国名"，历史悠久的"古滕国"，文化灿烂，盛极一时，是中国"善文化"的发源地。而"善文化"，对于当今中国又具有十分重要的现实意义。"中国'善文化'源于滕州，滕州是中华文明的重要源头之一！"中央电视台大型系列纪录片《中国影像志》栏目组的记者也是如此地感叹。

　　[①]　本文系在北辛中学 2019 年度教育年会上的讲话

去年我来到北辛中学任校长，这个学校原来叫滕北中学，她的前身可以上溯到 700 多年前元代的性善书院。后来随着市区行政区划的调整，学校以传承和弘扬地方优秀文化为己任，因 7500 年前的北辛文化而更名为北辛中学。1964 年在考古发掘中，在滕州市官桥镇东南北辛村北首次发现了新石器时代文明遗迹，后来被命名为北辛遗址。"北辛文化"代表了中国农耕文明的早期形态，因此滕州堪称我们中华民族的福地，"最早的部族村落在这里，最早的农耕文明在这里，最早的文字在这里……"

这是滕州独有的资源，是我们世世代代博大厚重的智慧渊海，是我们先人的思想精华、文化精华和精神宝库。因此我们决定依托属地的文化基因，充分汲取滕州丰富的历史文化资源的甘泉，结合学校实际，顺应素质教育需求，"从文化中来，到教育中去"，助推学校内涵发展，优质发展，全面发展，可持续发展。

哈佛大学校长研究中心创始人罗兰·巴特曾说："对于一个学校来说，没有什么比文化更重要了。"那什么是文化？"文"的本义，是指各色交错的纹理，后来引申为语言文字；"化"的本义是改易、生成、造化。所以文化，就是"文而化之"。文化已经成为当今社会或者一个民族、一个国家、一个企业、一个学校的核心竞争力。打造学校品牌、擦亮学校特色、建构学校的精神品位，就必须了解滕州本土文化传统，研究优秀传统文化历史价值，挖掘文化内涵，摄取文化精髓，淬炼出适合学校发展的核心精神价值。

因此，首先向大家汇报的是在姜屯中学开展的"善文化教育"。

善是中华传统文化最重要的特质和核心价值，何谓"善文化教育"？东汉许慎的《说文解字》中对教育的解释是，"教者，上所施下所效也；育者，养子使作善也"。指出教育的本质就是上施下效，长善救失。因此对孩子进行"善文化教育"，恰恰是教育的本质。我们开展的"善文化教育"就是以立德树人为目标，以机制建设为保障，以课堂建设、课程建设、活动创新为载体，着力培养学生良好品行，关注学生的精神生活质量与个性化学习需求，努力实现学生的全面发展。

为此我们建立"环境、课程、行为、管理"四位一体的"善文化教育"架构。

我们设计的校徽，在浩瀚的海洋里，有一本打开的书籍，一颗小树苗茁壮成长。大海寓意着知识的海洋；小树苗是绿色的，代表生机和希望；海洋是淡蓝色的，代表无穷和深邃；最下面写着的 1957 是建校时间，历史承载着辉煌。整个造型合起来又像一个大大的"善"字，让你一眼就觉察到扑面而来的善意和善花必结善果的挚诚！

我们让墙壁说善话。悬挂善文化图片、《孟子·滕文公》、百体百善书法等，让墙壁育人。赋楼房以善名，如知善楼、行善楼等，望楼生义，楼房变成了老师。标识善文化的核心理念，如存善心、有善念……继承善的传统、推行善的教育等，建景观墙、立善石、制作文化长廊等，善廊上刻有楹联"善国善政善治存善风，善园善教善学育善人"。一点点彰显着承善统、播善念、践善行、成善德的美好心愿和坚定信念，所有这些都使校园真正变成善园。我利用校园危房改造的机会，腾挪出一大块空地，建造了师生们在其中踱步、休憩、读书、娱乐的善印广场，青铜铸就的善印，周身刻满了真草隶篆多种形体的"善"字，居于广场中心。大理石步道的设计，外圆内方的布局，以善文化为引领，每一个点又都以善为魂，无不契合了中国的文化传统，进一步彰显了我校善文化教育的中国传统文化印记。当然善印不仅是一个标志，一处景点，还是一种印记，一种象征。每个姜屯中学的学子，学满三年，初步达到涵盖品德养成、生活习惯等内容的校园一百条善行标准，学校就用这枚善印盖在每一位学生的"达善标"手册（即善证）上。这样，我校毕业生同时拥有了学业的毕业证和做人的合格证，从而打上了姜屯中学独有的印记。一本本善证，满含着母校期待，期待他们成长为心有善念、关爱他人、友爱社会、奉献祖国的一代新人。我相信，这一本本善证会成为姜屯中学学子们最好的陪伴！

建立班级主题文化。确立"善"字班名、组名、班训，使班级里善意浓浓。特别说一下，在姜屯中学校园中心区域的花园东北角，矗立着"善文化"教育的重要标志之一——"善石"。"善石"端庄、厚重，高约2米，上面卧有弧形缺口，石头正面镌刻着一个大大的"善"字，色泽鲜红，非常醒目。"善"字的刻写，取自乡贤王玉玺先生的书法集，字形规整、书写流畅、遒劲有力。"善石"其形如玉珏，玉在中国常喻为君子，石上有缺口，意为君子尚有不足，须不断完善自我、提升自我，以达君子之境界。从这里可以看到立"善石"不是简简单单地造一处校园景点、应景之作，它表明了我们把善文化教育做强、做大、做好的决心和信念。正因如此，"善文化教育"真正开始在姜屯中学的校园里扎根发芽。"善石"扎根在泥土里，"善心"已经植根于每一位师生的心中。春去秋来，年年岁岁，书写着姜屯中学精彩的教育故事。正像美国教育家杜威所说："想要改变一个人，必须先改变他的环境，环境改变了，他自然也就会改变。"

同时我们大力开展了"善教、善学"的双善课程文化活动。我们围绕"善教"和"善学"的理念来建构课堂，形成了"双善课堂教学模式"。这一模式，包括"以标导学""自主探究""展示互动""精讲诱思""达标检测"五个环节，简称"双善五环教学模式"。文化的因子渗透到课堂环节的每个部位，教育的终极追求弥漫其中，熏陶习性。

我们深知环境和课程知识是外在的影响，一切只有进入人的认知世界，根植于他的生活，铸炼成行为，才能称之为素养。姜屯中学的百善行为文化就是要让理念落地，形成品行。学校通过开展"达善标"活动等措施，使孩子们受到"善文化教育"的熏陶，接受了善的教育，他们的行为悄然发生变化，好习惯得以养成，善的美德开始在心中滋长。

姜屯中学八年级二班有一个十五岁的阳光男孩叫李自良。自从初一新学期开学以来，一直照顾着患先天性脑瘫，靠双拐才能慢慢走动的同学孔宁宁。从那时起，每天吃饭时的铃一响，就见他快速地拎起宁宁的饭盒，一路飞奔到餐厅。尽最大努力地避开同学们进餐厅的高峰段，让孔宁宁同学吃上热乎的饭菜。李自良同学一路跑回教室，打开饭盒，放到孔宁宁面前，自己再回餐厅就餐。李自良吃完饭后，回到教室再把孔宁宁的饭盒拿到餐厅洗干净带回教室。孔宁宁去厕所的途中总会看到李自良同学的身影，每天晚上回宿舍的路上总会有李自良同学相伴。如果说一个孩子因为好玩或好奇偶尔一顿饭帮助孔宁宁，这很平常，可是从开学到毕业，三年时间，不论刮风，还是下雨，李自良同学一直坚持着。在这个学业繁重的时期，李自良能牺牲自己的学习和休息时间去帮助同学，太难能可贵了，而他却说："帮助他人是美德，我有义务帮助我的同学。"人们评价说，有一种温暖，不需要语言，就能传递，叫感动；有一种力量，不求惊天动地，却足以令人震撼，叫感动！感动滕州，温暖人心！自良从"善文化教育"走出，被推选为"最美滕州人"！

在管理层面，学校贯彻"和善管理"思维，人性操作，在"和善"管理机制的指引下，追求"大善""和善"的管理境界。管理目标：和善境界，即和谐、友善；管理理念：尊重和信任是最好的管理；管理信条：小善即大恶、大善似无情；管理原则：无情制度、有情执行；管理方法：思考到位、安排到位、督促到位、总结到位。

经过实践砥砺，姜屯中学"为善兴学"的办学理念正式形成。以这一理念为统领，形成了"日行一善、善形一生"的校训、"以学定教、严谨善诱"的教风、"勤学善思、自主互动"的学风、"真而善、善而美"的校风。那充满浓浓善意的校徽，那激扬向上、催人向善的校歌，还有学生日日诵读的为善三字歌，等等，这些文化要素渐次完备丰满，可以说，理念与各要素之间形神兼备、紧密融合，构筑成有机的整体。

"为善兴学"的办学理念扎根于属地善文化的沃土，高度凝聚了学校文化，融合了我校各文化要素，集中体现了办学目标，凸显了学校特色，获得了师生的广泛认同。《中国教育报》以《为善兴学，彰显教育生命力》为题，大篇幅报道了我校推行"善文化教育"教育改革的成果。我们的活动也荣获了第三届山东省省级教学成果奖二等奖。"善文化教育"充分展示了学校文化育人在社会发展中的贡献，进一步提升了学校的形象和社会知名度、美誉度。

当年我从北辛中学走出到姜屯中学做校长，现在又回到北辛中学，人生的缘分非常神奇，际遇特别美丽。当年的滕北中学变成了北辛中学，为学校赋名的北辛文化使我感到深深的震撼。北辛遗址出土的条堆花纹三足黄陶盖鼎，可以说是震古烁今，它告诉我们，先民们不仅讲究生活的实用性，而且讲究审美的艺术性，中华文明的曙光就此揭开。我们作为北辛沃土的一分子，有责任把中华文明的优秀基因根植于孩子们心灵，让我们的教育像陶器上的花纹一样留下痕迹，滋养心灵，让北辛中学的学子成为有格局、有担当、有中国灵魂、有世界眼光的现代中国人，我们要做有痕的教育。

我们依托属地历史文化的资源，以北辛文化为底色，深植北辛文化沃土，总结历代乡贤的文化实践，深入挖掘其"尚善、有礼、格物、维新"的文化内涵，提炼形成学校核心的价值取向，形成了"办有文化底色、因材发展的学校，育尚善、有礼、格物、维新的学生"的教育愿景和教育理念。

一、我们要办有文化底色、因材发展的学校

滕州文化底蕴深厚，这源于滕州博大精深、源远流长的北辛文化，其后延续发展出大汶口文化、龙山文化、岳石文化……脉络清晰，文运昌达；北辛中学以开启中华文明曙光的北辛文化命名，文化理当成为学校的底色，成为教育的精神底色。庠序之教，育人之所，北辛中学最有资格也理应担当起传承、弘扬优秀传统文化的使命。

同时，我们认为，生活在校园里的每个人都是秉性迥异的个体，强调因材发展就是突出师生发展的差异性、包容性、可持续性，就是以人为本、尊重生命，从而"因材施教""因教而学""因材择学"，追求全面发展基础上的兴趣发展、特长发展、优势发展，为实现公平而有质量的教育提供新的育人思路和途径。

二、育"尚善、有礼、格物、维新"的学生

"尚善、有礼、格物、维新"源于滕州的历史文化。深厚的文化底蕴，凝固成明亮的精神四维。

1. 尚善

滕国被孟子誉为"善国"，"卓然于泗上十二诸侯之上"，崇仰美好、崇尚善道的尚善基因，自古就根植于这方水土，千年荣光，汩汩流淌，今日犹须光大发扬。

始建于清乾隆十二年的古滕铁牌坊，就是先人忠孝节义的尚善美德的传续。

2. 有礼

汉家叔孙通为汉王朝制定典籍礼制、宗庙仪法，宏大的道统，因滕州薪火再起，生生不息，礼乐文化让中华民族走向文明有序，让中华民族更有向心力、凝聚力，让中华民族牢牢地维系在一起，这也是拥有全球视野，理解世界的前提要义。

在滕州岗头发现的汉画像石，伏羲女娲持矩拿规，创世之神，标准之祖，昭示后人"不以规矩不成方圆"，人生在世必须要有礼、有法度。

3. 格物

格物即英文 science，科学之意。"科圣"墨子一边主张"兼爱""非攻"，一边"物穷其理"：数学、力学、光学、逻辑学……成就斐然。英国学者李约瑟说"墨家的科学水平超过整个古希腊"，科学的清流在滕州大地始终静静繁衍，悄悄生长，接轨世界。突破太空限制的量子科学实验卫星，就是用滕州先贤墨子命名的，被称为墨子号量子科学实验卫星，实为大国重器。

4. 维新

维新取自《诗经·大雅·文王》"周虽旧邦，其命维新"，有革新、创新之意。"造车鼻祖"奚仲、"木匠祖师"鲁班均是滕州人，他们的发

明创造数不胜数，是创新的巨匠，创造的宗师。他们的名字已经成为古代劳动人民智慧的象征，那不断革故鼎新、推陈出新的维新追求，奠定了民族昂扬向上的根基。

总之，"尚善、有礼、格物、维新"基于滕州厚重、悠久的地域文化，兼顾了人文精神与科学精神、做人素养与做事能力、历史传承与未来适应，兼顾了核心素养的一般科学描述与凸显个性特色的学校表达，四对关系有机统一，全面概括了北辛中学的育人目标及其学子的精神气质、人格气象、学识气度，是北辛中学教育情怀的终极价值标准。

三、达成愿景和目标的策略——"七色工程"

我们希望通过努力，全面铺开"七色工程"，在"尚善、有礼、格物、维新"北辛文化底色的基础上，不断为北辛文化注入新的时代精神，使其成为磨砺师生心志、成就幸福人生的基石。

1. 文化底色工程

全面推进学校文化底色工程建设。形成学校核心价值取向，达成共识，校园处处成为育人场所，形成浓郁的文化氛围，"尚善、有礼、格物、维新"理念落地留痕，散发着文化的生机和活力。"有文化底色"的办学理念深入人心，形成全校师生共同进步的精神力量，初步创建文化浓郁、特色鲜明、独具魅力的北辛中学校园文化。

本校袁家峰老师题写的"尚善亭"，把滕州古滕八景和俊采星驰的文化景观，置于高处，孩子们每次走过，总会感到文化精神的明灯正在照亮青春的心胸。

古色古香的养心斋，老师们静心读书，修心养气，自有一番深厚学识、恢宏气度，而北中校友、国学小名士高晗，在这里更是把昌明国粹、融化新知的文化渴望，深深地留给他的学弟学妹们。全校征集的学生书吧养慧斋的书法，更是调动了上千个家庭的文化热情，轰轰烈烈。

此外，青铜制作的徽标，把北辛文化的精神内核具象成立体的厚重。

2. 质量本色工程

以"立德树人"为根本任务，以"质量立校，质量兴校"为办学宗旨，以狠抓教学质量为主线，以提高教师素质为核心，以现代教育技术为手段，提升学校教育内涵，构建现代管理模式，打造研究型教师团队，塑造"尚善、有礼、格物、维新"的学生群体。

教师备课特别强调在设计教学活动的同时，一定要讲清楚为什么这样设计，课堂安排的理由是什么，要说明白设计的意图，知其然还要知其所以然，把教师的课前思考向深度推进。学科教师必须创新作业形式。学科教师规划设计作业一定要遵循一些原则：百学"趣"当先，题量少而"精"，题型灵"活"多样，切合学生"实"际。其中"趣"是灵魂，是建立在"活"的基础上的"趣"，而"精"与"实"则使"趣"更加具有科学性、规范性。这就要求学科教师思考、规划和设计作业时都必须遵循规律，依据原则，这样才能设计出学生喜欢的作业。

作业的设计思路，应当突破以往单纯拘泥于书面形式的局限，向课外延伸、与生活接轨，增强作业的趣味性、实践性、探究性，促使学生在作业过程中自主地获得新知。作为学科教师要更新观念，着眼于全体学生，改变作业的内容与形式，优化作业设计。作业的形式应该有：书面作业、口头作业、分层作业、合作作业、实践作业等。哪些学习内容、知识点适合哪种作业类型，是学科教师必须认真思考、研究解决的一个关键问题。同时，让学生参与作业设计，鼓励学生自己独立设计或合作设计作业。

北辛中学朱林老师的初高中实验的对点衔接、假期交流网上互动评点，提升了学生的能力，开阔了学生的视野，为孩子未来打下了最坚实的基础。

3. 课程染色工程

本着"激发兴趣，尊重差异，彰显个性，提升素养"的课程理念，紧扣学生"人文底蕴、科学精神、学会学习、健康生活、责任担当、实践创新"六大核心素养，探索学校课程建设方案，从人文、科学、艺术三个方面构建起国家、地方、校本三大课程体系。

学校教师自发编印了《古诗文经典诵读教材》《三字经》《〈论语〉"私想"》《滕州文化读本》《阶梯英语拓展阅读》等经典诵读教材；善课程、礼课程、格物课程、创新课程，正积极创建，如雨后春笋，风起云涌，像《名曲铃声音乐欣赏课程》《阶梯英语课程》《经典朗诵课程》……

在开发《初高中物理衔接实验课程》过程中，朱林老师写道："徐正同学在探究串联电路电流规律时，发现把一个白色二极管与灯泡串联，灯泡不发光，而二极管则很亮。这超出了初中物理学习范围，他在老师的帮助下查阅资料，知道了二极管的发光原理，也知道了赤崎勇、天野浩两名日本科学家和美籍日裔科学家中村修二因为发明蓝色二极管获得 2014 年度诺贝尔物理学奖，而这是在红色二极管发明 50 多年之后科学家才取得的成就。这让学生深深地对物理学家探索科学的艰辛历程所感动，从而增强了对物理的情感和历史责任感。"

这就是校本课程的意义。

4. 活动增色工程

以"立德树人"为根本任务，以全面提升学生综合素养为目标，以养成教育为重点，以德育课堂为主渠道，以德育实践活动为载体，以家庭、学校、社会三位一体的教育网络为保障，打造有效德育活动和特色德育活动，高效推进德育工作。

5. 教师亮色工程

以教师成长为本，以提升教师核心素养为核心，以专业化发展为出发点，以学习型、研究型教师梯队建设为突破口，重点关注学情把控能力、教学设计能力、课堂驾驭能力、总结反思能力四种能力的培养，努力建设一支适应教育发展和学校发展要求、师德高尚、业务精湛、结构合理、相对稳定、具有高度责任心和人文素养的学科骨干教师队伍，以专业引领提升教师的职业成就感和幸福感。

让北中的老师们享受专业而有品位的教育生活，使自己切实拥有学术专长，专业上无可替代。在这个日新月异的时代需要的是扛着红旗走在前面的人，教师主动地自我提升，才是教师成长的最佳路径，我们鼓励老师们自发组织起来，开展活动。学校的教师发展，形成团队组织，蔚然成风，性善书院团队，FLY 英语工作坊……教师们热情四溢，假期中也频频开展活动。同时邀请课程专家进校园，作精彩的点拨和指导，把工作引向纵深。我们的老师在专业成长同时，也收获了荣誉和幸福，他们走向前台，在学生瞩目中体验一个教师的快乐和幸福。

九年级的倪燕还成了网红，教研员把她下班后主动为别的学校打扫卫生的照片传到互联网上，赢得一片赞誉之声。

6. 管理正色工程

全面推进现代学校管理制度建设。践行依法办学、自主管理、民主监督、社会参与的管理理念，完善学校制度建设，探索学校管理高效运行机制，营造"尚善、有礼"的良好工作氛围，实现"格物、维新"和谐发展的学校管理总体目标。我们推行"级部＋中心"的管理模式，在级部的基础上建立了"学生发展中心、资源中心、课程中心、电教中心"，实行扁平化管理。

7. 学生出色工程

学生出色是我们所有教育工程的出发点和立足点，我们积极践行素质教育，让学生"因材发展"，培养有"尚善、有礼、格物、维新"文化气质、文化品格的富有北辛中学特色的当代中学生，让北辛中学的学子们成为有中国灵魂、世界眼光的现代中国人，学生出色了，教育才完成了它的使命，这也是我们办学的不懈追求和最高标准。

万卷藏书宜子弟，十年树木长风烟。教育是一项长期而艰巨的系统工程，面对各种激荡的社会发展浪潮，我们将紧扣时代主题，不忘初心，牢记使命，砥砺前行，办有文化底色、因材发展的学校，育"尚善、有礼、格物、维新"的学生，"从文化中来，到教育中去"，积极担当，不断创新，努力为社会发展提供强有力的智力支撑和文化支持，努力为中华民族的伟大复兴作出应有的贡献！那时再看北中，相信一定是"春栽桃李三千圃，秋来硕果满神州"的满满收获！

凝心聚力奋勇争先　打造优质教育新样板

滕州市北辛中学原名为滕北中学，始建于 1982 年，2010 年 10 月更名为北辛中学。学校现有 160 个教学班，在校学生 8600 多人，专任教师 512 人，下设学院路校区、通盛路校区、善国校区三个校区，是滕州市规模最大的公办初级中学。学校先后荣获全国青少年文明礼仪教育示范基地、全国青少年校园足球特色学校、全国青少年校园篮球特色学校、全国科普教育基地学校、全国国防教育特色学校、中华优秀传统文化教育基地学校、山东省教学示范化学校等 200 余项荣誉称号，连续 8 年名列滕州市初中教学质量榜首，连续 15 年在滕州市办学水平督导评估中夺得全市同类学校第一名，连年被滕州市委、市政府授予"教育教学工作有突出贡献的单位"荣誉称号。特别值得一提的是，刚刚出版发行的《山东教育》第 7、8 期合刊，以《办有文化底色、因材发展的学校》为题，对我校多年来的办学经验作了长达万字的报道，在省内外引起广泛、良好之反响。

近年来，在市委、市政府和市教体局的正确领导和大力支持下，我校以"办有文化底色、因材发展的学校，育尚善有礼、格物维新的学生"为目标，树牢"全面强化改革，严抓精细管理，深化内涵发展，提升办学质量"的办学理念，聚焦改革创新，狠抓质量提升，闯出了高质量发展的新天地。

一、奋发担当作为，努力争当高质量发展排头兵

一是在打造教育品牌上创特色。2020 年，对于我们而言，是充满挑战而又卓有成效的一年。令人振奋的是不懈努力取得了突出成效，尤为不易的是干在实处换来了继续走在前列。今年，北辛中学教育教学再创佳绩：89 名同学被滕州一中自主招生录取；766 名同学过滕州一中统招线，其中 5 名同学位列滕州前 10 名，21 名同学位列枣庄前 100 名（此项数据居全枣庄同类学校首位）；滕州市中考前 3000 名中，我校有 781 人；八年级在全市监测成绩创历史新高，稳居全市第一名，其中 6 名同学位列滕州市前十名，50 名同学进入全市前 100 名。

二是在创新教学模式上出实招。2020 年以来，面对突如其来的新冠肺炎疫情，我们北辛中学充分发挥党支部战斗堡垒作用和党员教师先锋模范作用，把初心写在行动上，把使命落在岗位上，在短时间内动员了多方力量进行合作，开展了涉及全学段的远程在线教育，推进线上与线下教学的融合，以教育战线的抗疫行动，抵御了疫情对教育系统的冲击，保障了正常的教学秩序，回应了广大学生与家长的切实需求，"用屏幕照亮前程，用技术跨越障碍"的有力行动，为抗疫期间回应民声、稳定人心、保障大局作出了贡献。

三是在丰富教育内涵上求实效。我校在充分开发属地文化的基础上，依托"尚善、有礼、格物、维新"四个育人目标，深入挖掘属地文化内涵，统筹设计"善园、礼园、墨园、班园"四大主题园建设，推动了"性善书院、礼乐学院、墨子科学院、鲁班劳动学院"四院工程建设。同时，依托"四标""四园""四院"，着力打造"善系列课程、礼乐类课程、科技创新类课程、劳动实践类课程""四类"课程体系。坚持"从文化中来，到文化中去，到教育中去"的办学思想，依靠北辛文化深厚的文化资源，用从中汲取的中华优秀传统文化的教育智慧，给师生创造了一个有文化底色、因材发展的"幸福场"。

二、聚焦任务目标，坚决扛起办好人民满意教育的历史重任

一是加强常规管理，抓实精准施教常态。抓实备课、上课、作业、考试等各个环节，坚持周检查、周反馈、月总结。凝聚全体教师智慧，构建教学案库、试题库、课件库、错题库，打造教育资源平台，实现优质资源共享。重抓校园文化环境提升，彰显环境育人功能，力求局部精致与整体大气相统一，通过开展校园文化建设，拓展了校园文化活动领域，丰富了校园文化内涵。积极开展各种形式的青春励志活动，特别是疫情期间，开展了短视频征集、有奖征文、书法绘画大赛、手抄报评比等系列活动；组织了同频共振中考百日誓师大会；进行了关爱抗疫一线医护人员子女，师生温暖在线传关爱活动；发布学生居家抗"疫"体育锻炼活动指南，同时开展寒假体育天天练、居家健身战疫情等活动。

二是搭建信息服务平台，优化教育发展环境。2020 年疫情期间，为落实"停课不停教、停课不停学、停课不停育、停课不停研、停课不停进"教育要求，北辛中学顺势而为、积极作为，完成学院路、通盛路两个校区校园无线网络全覆盖，极大地加快了北辛中学教育信息化的进程。借助科大讯飞智学网平台、钉钉 APP，各年级全面推进并实现网上阅卷、网上授课、网络教研，努力探索线上线下教育融合的新样态。同时基于科大讯飞全球领先的人工智能核心技术，深度挖掘学生学习测评数据，通过数据分析，完成对学生学习测评的精准纠错，帮助学生实现自主性学习、个性化学习，让不受时空限制的泛在学习成为现实。

三是全力化解大班额，促进教育优质均衡发展。为化解大班额，我们充分挖掘通盛路校区的潜力，制定了把学院路校区的九年级学生全部分流到通盛路校区的方案。要想顺利实施，非常困难，我们面临着巨大的社会压力。在这种局势下，我们知难而进，迎难而上，一刻也等不得、一刻也慢不得、一刻也耽误不得，我们在半年前开始精心作着分流预案，向社会传达我们的想法，逐渐得到了家长的认可。截至目前，学生无论是乘坐定

制公交到校上学，还是在餐厅就餐都非常顺利，已经完全适应了通盛路校区的学习生活，情绪稳定，学习状态良好。

三、抢抓发展机遇，奋力开创立德树人新局面

一是构建培养体系，立学生成长之魂。全国基于教学改革融合信息技术的新型教学模式改革试验区，山东省总共 6 个，其中我市是唯一的县级市，我校也有幸加入试验校区。为此，我们在通盛路校区成立了电教中心，开设了信息学编程和人工智能课程。作为与 STEAM 课程高度融合的教育信息化课程，有效利用信息技术推进"创客空间"建设，探索 STEAM 教育、创客教育等新教育模式，引导学生具有较强的科技信息意识与创新意识，同时也提升了学生的自学能力、想象能力、审美能力、逻辑能力和计算能力，改变了学校教与学的原生态，构建了教育教学的新生态。这有利于促进学生的个性化学习与发展，学生逐渐成为积极主动的自主学习者。

二是站稳育人立场，立教师发展之魂。"国将兴，必贵师而重傅。"我们确立"办有文化底色，因材发展的学校"的宏伟愿景，提出"做专业而有品位的教师"的教师发展目标，借用孟子"得天下英才而教育之，三乐也"的创意，设立了"三乐"教育发展论坛，教师围绕目标发展自己，提升自己。论坛包括"教学管理者论坛""班主任论坛""名师成长高峰论坛""青年教师成长论坛""教研领导者论坛"等分论坛。两年来，学校相继举行了 16 场"三乐"论坛，126 位教职员工走上论坛，展示分享各自的管理和教学经验。论坛引发了教师对自己职业规划的深层思索，激活了教师专业发展的新动力，使之成为政治素质过硬、业务能力精湛、育人水平高超的高素质教师。同时，我们提出"动车组"的理念，每个老师都是一节动车，自生动力，每个老师都应当努力尽己所能为学生服务、为学校服务。以包容营造宽松环境，坚持以人本精神对待教师，让教师在"礼遇"中感受人本之美、厚植教育情怀、迸发教育智慧。今年在学校教师节

庆祝大会上，专门为退休教师举行了荣休仪式，给他们以隆重的礼遇。这也是我市《关于建立干部荣誉退休制度的实施办法（试行）》下发后我校举办的首次干部荣誉退休仪式。

三是创新课程课堂，立核心素养之魂。在学校管理模式上，我们采用双实体管理模式，将学校分为学院路校区、通盛路校区、善国校区三个校区，每个校区都拥有完整的教学体系。改革学校管理模式，化"层级式"管理为"级部＋中心"的扁平化管理。重新设置了级部、课程中心、学生发展中心、电教中心、资源中心等部门。"级部＋中心"的扁平化管理模式，让每个级部都成了一个"小学校"，这种管理模式前所未有地调动了级部教学管理层的积极性、主动性和创造性。我校已经全面启动新课堂达标活动，升级"自主探究、互助竞学"型课堂教学模式2.0版，课堂上自主学习、师友交流、师友互助、师友竞学，在互助探究的基础上进行竞学展示个性。这样让每一个学生都能进行深度学习，推动深度思维；都能获得参与感、期待感和成就感；都能激发学习兴趣、热情与信心。

唯其艰难，才更显勇毅；唯其笃行，才弥足珍贵。我们北辛中学将以科学的教育思想为引领，以高品质的学校为追求，不断丰富发展内涵，提升办学品位，打造特色品牌，向着有内涵、有品质、有文化的齐鲁名校的目标笃定奋进！

于优秀传统文化中汲取育人智慧^①

  北辛中学所在的山东省滕州市素有"三国五邑之地、文化昌明之邦"的美誉，是"科圣"墨子和"工匠祖师"鲁班的故里，因春秋战国时期的"滕小国"礼聘孟子制定治国方略，"行仁政，施善教"，而被世人赞誉为"善国"。滕州市境内有 7500 年前的北辛文化遗址及滕国、薛国故城等古文化遗址，有招贤纳士的孟尝君、善施仁政的滕文公、勇于自荐的毛遂、造车鼻祖奚仲等历史名人，俊采星驰，留下千古佳话。北辛文化是中华文明的源头之一，北辛先民经过数千年的繁衍生息，在夏、商、周时期进入文化发展的高速增长阶段，其最主要的标志就是创新精神、开放精神、包容精神、兼爱精神的产生、积累与发展。

  近年来，随着国家对文化遗址的保护性发掘、对宝贵文物和传统文化的系统整理，滕州市先后建设了滕州博物馆、墨子纪念馆、鲁班纪念馆、汉画像石馆、墨砚馆等。

  北辛中学根植于厚重的历史，以文化遗址命名，受历史传统和地域文化的影响，在长期探索实践中提炼了"求真向善，博雅至美"的教育理念，形成了"传承经典，博雅育人"的工作方针，收到了较好的效果。

---

① 本文系《教育家》杂志于 2018 年 7 月对北辛中学办学经验的报道

积极探索，构建传统文化校本课程

2010 年，学校语文教研组自发编印了《古诗文经典诵读教材》《弟子规》《三字经》《<论语>"私想"》等经典诵读教材，尝试利用语文课、大课间组织学生诵读，课前三分钟师生讲习共享《论语》金句思想。北辛中学抱着一颗虔敬而纯粹之心，细心耐心地研习优秀传统文化，汲取、开发、弘扬我们古圣先贤的精神财富，从优秀传统文化的宝库中领悟人生智慧发展之道，从而让优秀传统文化教育在校园焕发出强大的生命力。

2012 年 5 月，山东省关工委来学校视察"三项教育"，3000 名学生在操场齐诵《弟子规》。时任关工委主任王克玉评价："北辛中学传统文化教育开展的活动扎实有效，对学生的品德和技能教育走在了全省前列。"他题词"鲁南红旗永远飘扬"。

2013 年，学校对传统文化课程体系整体改革，把语文教学与诵读经典相结合，把思想品德教育与民族精神教育相结合，在学科教学中渗透优秀传统文化教育。开设"滕州传统文化探究与比较""墨子与滕州""北辛文化的价值与影响"等研究性学习课程，把北辛文化的创新精神和以"兼爱、非攻"为核心的墨家文化作为学校传统文化的核心内容，引导学生走进优秀传统文化，走进滕州历史，开展调查研究，了解优秀传统文化的理念、气度、神韵，了解滕州本土文化传统，理解优秀传统文化的内涵，研究优秀传统文化历史价值，提升研究性学习的能力，增强对家乡历史文化的认同感和热爱祖国、热爱家乡的情感。

为发扬北辛文化的创新精神，提升学生创新实践能力，学校相继成立墨子社、鲁班社、读点文学社、七巧科技、航模、机器人、电脑制作等文化科技创新社团，探寻班墨创新的足迹，开展文化科技探索活动。2013年，卜一恒同学参加航天员进校园活动，与航天英雄杨利伟一起拆装鲁班锁，探索滕州古代科技成果的奥秘；学校航模队获山东省航模比赛第六名；七巧科技获全国七巧科技比赛一等奖，学校荣获优秀组织奖。学校先后被评为全国科普教育先进单位、全国地理科普教育示范学校、山东省少年科学院科普基地学校、山东省地震科普示范学校等。

知行合一，培育传承文化的时代少年

传承经典为传统文化教育提供了强大的课程平台，"校园之星"评选活动则是推进传统文化教育的重要举措。

2008 年，学校创新学生评价机制，在全体学生中开展"品德创优、学业创 A、校园创星"为内容的"校园三创"活动。随着活动的深入开展，"校园创星"设置了礼仪之星、诵读之星、探究之星、文史之星等评选项目，激励学生走进经典，走进传统文化。

评选以课堂实施为阵地。教师们不断创新经典诵读教学方式方法，总结了"解题—知意—入境—悟情—吟诵"的经典教学方法和"泛读—通读—精读—标注读—入境读"的经典诵读方法。通过故事引导、意境陶醉、成功感应、变式诵读等方法引导学生以读促悟，激发诵读经典的兴趣，增强对经典的感悟能力。

活动以经典诵读、读一本好书、历史文化为主线，每学期组织古诗文诵读比赛、读书演讲比赛、滕州历史文化调查报告评选、历史剧展演等活动。全体同学以班级为单位参与，既有量的评比，又有质的评比。"班级—年级—学校"三级评选诵读之星、探究之星、文史之星、国学小达人，并在全校表彰。

此外，学校鼓励每个年级创新自选活动，七年级举行了"亲子共读经典分享展示活动""善文化在我们生活中"大讨论；八年级语文课开设了"课前 5 分钟演讲"活动、"墨家思想与儒家思想在滕州的影响比较"社会调查等活动；九年级开展讲滕州历史故事比赛活动、滕州节日（春节、中秋、重阳等）传统文化调查、师生讲习共享《论语》等系列活动。形式多样的文化活动，引导学生走近圣哲，感悟经典，体验优秀传统文化的巨大魅力。

北辛中学传统文化教育，注重学生的体验，"学而时习之，不亦说乎？"促进"习"用，突出知行合一；家校生活，自觉践"行"，归于笃行。这可以说把人文素养、中国灵魂和全球视野的育人目标渗透到学生生命的体验中，贯通了和传统文化衔接的隧道。

多维支撑，增强传统文化的教育合力

专家指引，高屋建瓴。学校邀请滕州历史文化名人和国学专家来校讲课，帮助设置传统文化课程体系。聘请墨子研究中心专家张庆军、非物质文化遗产柳琴戏传承人王传玲、滕州诗词学会副会长朱泉升为传统文化课程顾问。在专家的引领下，学校设立课程建设开发领导小组，为课程建设及实施做好顶层设计，把脉定向。

挖掘资源，润物无声。学校建有墨子园、鲁班园等主题花园，设置北辛文化、滕州历史十大名人、古诗文等文化长廊20多个，校园内陈列墨子攻城车和鲁班锁等滕州市传统文化标志物。滕州市城区有滕州博物馆、墨子纪念馆、鲁班纪念馆、汉画像石馆、墨砚馆、王学仲艺术馆、龙泉塔等传统文化教育基地，北辛文化遗址、滕国故城、薛国故城距离学校一二十千米路程。学校把这些丰富的历史文化遗存作为爱国主义和传统文化教育基地，经常带领学生走进滕州的历史，领略两千年前"善国善政""兼爱非攻"的家国情怀，挖掘传统文化的宝贵资源。

家长支持，和衷共生。学校地处城区，具有地方文物及文化工作者众多的优势。学校充分发挥家长委员会作用，组织开展"家长资源进课堂"

活动，增强课程的专业指导力量。家长们开设的《善文化》《滕文公与善国》《墨子与新时期滕州精神》《介绍我的家乡》等专业课程，受到了广大学生的一致欢迎，进一步拓宽了传统文化教育的渠道。

全面展现，提升传统文化的育人实效

"掬水月在手，弄花香满衣。"学校传统文化教育犹如春风化雨，为学校带来勃勃生机，"兼爱包容、诚实守信、开放创新、敢为人先"成为师生共同的信念。通过传统文化的熏染浸润，学生的道德修养和人格素养有了极大提升。

现在，北辛中学正积极打造"书院、学部、社团"三位共进的优秀传统文化教育格局，即"少年书院"诵经、习礼；"诗文学部"审美、创习；"艺术学部"表演、陶冶，形成富有北中特色的三位一体"读、创、演优秀传统文化课程"体系。

每年在国际墨子文化节、祭墨大典、中国微山湖湿地红荷节等大型文化活动上，学校都积极组织学生参加节目表演。2014 年，学校 4 名学生在枣庄市汉字听写大赛中获前五名，并代表枣庄市参加山东省比赛；2016 年，学校参加枣庄市"国学达人"挑战赛获一等奖；2017 年，山东卫视上演两位"00 后"女孩最强飞花令，三分钟说了 49 句带"月"的诗词，赢得满堂喝彩。其中，我校学生高晗才思敏捷，赢得胜利。

万卷藏书宜子弟，十年种木长风烟。北辛中学传统文化教育实践取得了一定的成绩，但是我们深知，传统文化教育是一项长期而艰巨的系统工程。面对各种激荡的社会发展浪潮，我们将紧扣时代主题，不忘初心，牢记使命，砥砺前行，积极推动优秀传统文化的发掘传承，充分利用滕州丰厚的历史文化资源，坚持把优秀传统文化教育与践行社会主义核心价值观相结合，不断创新优秀传统文化教育实践，为社会发展提供强有力的道德支撑和文化支持，为中华民族伟大复兴作出应有的贡献。

北辛中学走进 20 年代[①]

各位领导、老师们：

时间总是过得那么快，这个暑假的时间显得尤为短暂。上学期因为新冠肺炎疫情，教学秩序被打乱了，高考、中考都延期了，以致暑假放假的时间都在向后推迟，老师们感到，还没放假就已经开学了。作为学校也一样，也很紧张，虽然假期很短，但工作一项都不能落下，直到现在，七年级的新生报到工作才刚刚完成。紧接着要为新的学年作打算，学校的各项工作都在紧锣密鼓地进行着。

今天上午在至善中学参加全市的教学工作会议，前天在枣庄参加枣庄市的教学工作会议，我们一直在挤时间，为本次的会议作安排。今天是本学年的第一次全体老师集会，会议的主要议题是公布领导干部分工和教师教学岗位。借此机会，我先把我最近的一些想法和思考，与同事们进行一下交流。

我们北辛中学现在是什么样子？现在在做什么？今后我们该怎么做？我想围绕这一个话题与老师们进行一下交流，交流的题目叫《北辛中学走进 20 年代》。

---

① 本文系在北辛中学 2020 年度教育年会上的讲话

今年是20年代的第一年，我们就不知不觉地进入了20年代。从学校层面来讲，和国家一样，国家有一个宏伟的规划，到2035年怎么样？到2050年怎么样，时间周期都比较长，所以我们应该有一个规划，今天我就试着来解读一下北辛中学的20年代。我的汇报内容一是对20年代的解读，我们是怎么样进入20年代的？北辛中学是以一个什么样的姿态进入20年代的？二是汇报一下过去的一年，我们做了什么？三是面向新学年，谈谈这一年我们要干什么。四是与老师们共同展望一下北辛中学新的10年。

一、解读20年代

北辛中学有三个不同年代的校门。第一个校门，像耿云、范庆民等老师肯定会记得，这个归属于20世纪80年代的建筑样式，滕北中学1982年建校，最早的大门就是这样的；10年以后，进入了20世纪90年代，北辛中学是这样的模样；到2000年，大家还记得我们的校门，我第一次在北辛中学工作的时候，就在这个校门里出入。我2018年再回北辛中学工作的时候，就已经搬到了现学院路校区——当时的枣庄工业学校。

从那时起我们就有了北辛中学，到今年北辛中学的规模越来越大，相继办成了善国校区、通盛路校区，有了一校三区的格局，这个时间轴很能说明问题，北辛中学的每一个10年都过得非常充实，每一个10年我们都取得了非常丰硕的成绩，都给后来10年的发展打下了坚实的基础，这是我们非常感慨的。

从时间上来看，我们已经进入了20年代。那试想一下，北辛中学是怎样进入20年代的？下面的事件具有标志性，最好的说法就是用成绩说话，今年九年级的中考成绩非常喜人，我们第一炮打响的就是自主招生的考试，有89个孩子进入了滕州一中，这也是滕州各初中学校中考入最多的。2020年的指标生我们考了380人，老师们知道2020年的题目太简单，如果题目再难一点儿，我们的指标生考430人以上没问题。题目简单，分数相对集中，拉不开分差，各校指标生都基本完成。很大程度上来看，中考题目的难易程度对我们指标生的人数是有影响的。一中的过线人数我们有766人，全市前3000名，我们有781人。在这种情况下，我校的尖子生依然独占鳌头，全市前10名中我校有5人，600分以上的全市有34名同学，我校有16人；滕州市前100名中，我们有40人；滕州一中的自主招生录取了302人，我校有89人，这89人有近60人位居全市前100名。

八年级的质量监测成绩也非常好，暑假前以绝对优势稳居全市第一，全市前10名有我们6人，全市前100名有我们50人。从来也没有哪一届能达到这个水平。2019年的督导评估，我们继续保持全市第一。在枣庄市教学工作会议上我们又被评为优秀学校，枣庄市前100名有我校21人，是全市同级同类学校中占比最多的。这些数据都是实实在在地呈现在那里。

通盛路校区启用仅仅一年，就取得了非常了不起的成绩。九年级二模成绩综合排名如果单独核算的话，北辛中学学院路校区第一，尚贤中学第二，育才中学第三，北辛中学通盛路校区能排第四名，成立一年就成为滕州大地上的一所名校。善国校区成立三周年，今年中考首秀成绩可圈可点，有3人被滕州一中自主招生录取、有71人被滕州一中录取。用领导的话来讲，北辛中学一校三区2020年的中考全面辉煌，我们是带着这样的成绩进入20年代的。

当然我们的挑战也有很多，今年要求化解大班额，北辛这么多的学生怎么办？如果不从内部挖潜，今年解决大班额，在北辛中学根本不可能。我们的方案是把学院路校区的九年级学生全部分流到通盛路校区，充分挖掘通盛路校区的潜力。这一方案要想顺利实施，非常困难，当时一位领导来到学院路校区，我陪同他在校园里走，谈到这个话题时，他就质疑我：你们能分流成功吗？这样行吗？并提醒我这样面临的社会压力将会是非常大的。

如果不采取这种方案，我们北辛中学七年级将招不进来学生，完成不了大班额化解的任务。在这种局面下，北辛中学全校知难而进，迎难而上，所以在半年前我们就为分流开始布局，半年来，我们一步一步踏踏实实地做着分流的预案，目前看来，整个分流过程非常稳定，超乎了社会的想象。截至目前，学生无论是乘坐定制公交到校上学，还是在餐厅就餐都非常顺利。

私下里我就想，北辛中学为什么行？我们的干部是真的行，我们老师是真的行，全校上下能保持一个声音，向社会传达我们的想法，逐渐得到了家长的认可，这么好的局面是非常难得的。我们是以这样的姿态进入 20年代的。

《山东教育》杂志是我省有影响力的教育媒体，每一年报道的学校非常有限，2020 年 7、8 月合刊对北辛中学进行了全面报道，我也有幸成为这一期的封面人物。报道的题目就是《办有文化底色、因材发展的学校》，将近 1 万字的长篇报道，向全省学校推介了北辛中学的办学经验。这是对北辛中学多年来办学水平的一个肯定、对北辛中学多年来发展水平的一个肯定。把我们的办学经验向全省推广，这对我们是一个莫大的鼓舞，我们是带着全省的瞩目进入 20 年代的。

我经常不由自主地表达对老教师的尊重，是因为他们做得真的好，在他们身上展现出的精神风貌，真的值得我们去学习，值得我们敬佩，从北辛中学成立的那天起，我们的老教师就是拓荒者。在老滕北中学艰苦的环境中扎根、耕耘、教书、育人，奠定了北辛中学后来良性发展的坚实基础，后来北郊中学并入滕北中学，两校的老教师依然坚守战斗到今天。北辛中学多年来形成的良好校风，正是这些老教师开创的。新冠肺炎疫情期间，我们的老教师不甘落后，他们和年轻人一样上好他们的空中课堂。

在老教师们的熏陶下，我们的干部，我们的老师，真正做到了战"疫"、复学两不误。疫情期间，张德文老师腿部受伤，坚守课堂，每当我看到他蹒跚的背影时，眼里就不由自主地噙着泪花。这就是我们的老师，这就是我们北辛中学老师的精神风貌，这就是我们北中老师身上的那种奋斗精神！上次在青年教师论坛上我讲到，北辛中学发展好的秘诀在哪？就是奋斗，我们靠的就是奋斗精神。疫情期间我们评选出了两届最美云主播，在整个社会上引起了强烈的反响，第 1 季将近 10 万人点赞，展示了北辛中学老师良好的精神风貌。

这两年我们北辛中学年轻教师越来越多，年轻老师身上的那种积极向上的精神，也在深深地感染着我，他们很不容易，上网课期间还要当志愿者。青年教师论坛上，他们所谈到的观点，显示出来他们有扎实的学识，流露出他们教学的新观点，我觉得非常难得，所以本次"三乐论坛"之青年教师论坛非常成功，带给我们很多的思考。

我们更多的老师还体现了大爱情怀，俞廷明书记、徐红卫老师、宗明星老师、戴利军老师、赵民老师和徐成桂老师等一批优秀教师远赴新疆、重庆进行支教，把北辛中学的精神带到了祖国的西部。

最近几年，一线教学中融入了兄弟学校的教师，今年又有滕州一中、滕州三中的老师，有东郭、木石、大坞、西岗等乡镇的老师来帮助我们学校的发展，真的非常感谢他们。他们已经融入了北辛中学这个大家庭。他们都不由自主地把自己当作了北辛中学的一分子，在为北辛中学的发展建功立业。我们正是有了这样的一个群体，才做出来了一流的业绩。

二、过去的一年

过去的一年，我们理清了学校的发展目标。我想每一个群体的发展都要有一个方向，学生的培养目标、干部的管理目标、教师的成长目标。

学校发展目标是"办有文化底色、因材发展的学校"。"文化底色"和"因材发展"这两个词语，哪个词语都非常有味道，都不是随随便便提出的，都是植根于深厚的滕州大地，都是植根于滕州厚重的源远流长的历史文化。所以，它的价值就不一般了。

学生培养目标是"尚善、有礼、格物、维新"。这四个词也是蛮有味道的，它们会成为北辛中学的育人目标和学生的精神气质、学识气度，将成为北辛中学教育情怀的终极价值标准。北辛中学把国家制定的中学生核心素养和我们学校的实际相结合，作了一个校本化的表达，提出来这样的育人目标。

教师的成长目标就是做专业而有品位的教师。为了做到这一点，我们为此打造了"三乐论坛"，教师的专业发展真的很重要，老师们就应当围绕着这样的目标去发展自己，提升自己。我们学校各级名师比重较大，也期待更多教师成为专业教师，成为有品位的教师，成为名师。

干部的管理目标是做思考型的有效管理者。我把思考放在了第一位，管理者是要思考的，是要用脑子的。做领导的怎样才有预见性，就是源于思考，如果没有思考，就没有预见性。我经常想，如果我作为校长缺乏预见性的时候，也就是我该下岗的时候。

过去的一年，我们追溯了学校的渊源，这是我与滕州的一些文化学者交流时产生的灵感。我试着根据文化学者的研究成果对学校的渊源作了一个梳理。我们的学校今天叫北辛中学，20 世纪 80 年代叫滕北中学（2000年合并了北郊中学），滕北中学怎么来的呢？像范庆民老师、耿云老师等滕北中学建校的元老，他们知道，北辛中学是书院学校的初中部整体搬迁过来的。这样，我们学校就与书院学校有了渊源。我们继续追溯到清代的道一书院，在今天的步行街的位置。

我们再思考一下性善书院的历史，就知道北辛中学为什么教学质量长盛不衰。追溯一下，北辛中学的确文化积淀深厚，学风传承久远。北辛中学为什么好？就是由于北辛中学的文化积淀。我们不要忘了北辛中学的历史。在性善书院有一间正厅学堂，学堂的名字叫存心堂，大家现在应该明白这座楼的名字为什么叫存心楼了吧，这就是我们学校发展的脉络。

过去的一年，我们重构了学校的管理机构。实施了"级部＋中心"的管理模式，《山东教育》报道中专门有一个篇章介绍的就是"级部＋中心"，这样的架构更好地服务于教学、服务于学生的学习、服务于学生的发展。我们的各个中心都为级部服务，级部就好比战区，不同的中心为级部提供源源不断的弹药，提供各种各样的保障，确保级部能够全心打仗、能打胜仗。慢慢地就显示出了这种架构的生命力。我说过，北辛中学的几次跨越式发展都与管理体制的变革有关，我非常钦佩北辛中学的老校长——赵联普校长，我第一次在北辛中学工作的时候，学校实行东、西两个教学部，各有一个分管校长；后来实行的一级二部制，各年级都有分管校长，都是在管理体制上进行变革，都为我们学校的发展迎来了更大的发展空间，使我们的学校有了更强的生命力，有了更多的活力。

过去的一年，我们加大了教育信息化建设。疫情是灾难，我们都不想要，但疫情来了，我们要敢于面对它，要积极地面对它，要积极有为。我们抓住了这样的一个时机，加快了北辛中学教育信息化的进程，我们启用了智学网、钉钉网，及早地开启了网上阅卷，网上授课，网上教研，极大地节省了精力，我们的网上教学内容是丰富多彩的。到了今天，老师们可能已离不开这些信息化的教学手段了。

过去的一年，我们建立了师生动力系统。我们搞教育的要研究规律，我们不能只想着"管"，更应当考虑到管理的重心、视角前移。如果老师都有了动力系统，试想一下教育教学会呈现出什么样的效果，所以，这时我们就提出了"动车组"的理念。每个老师都是一节动车，每个老师都应当为学校服务。只要是学校的一分子，你就应当产生动力，不能甘做绿皮车。你不动，就对不起动车组的其他车。只有每节车厢自生动力才能使动车组跑出300千米的时速。我们每位老师都受过高等教育，都是有素质的人，不应当在被人督促下进行工作，应自生动力，这样北辛中学才能赢得更大的发展。老师的状态也会深深地感染着我们的学生。学生也是发动机，我们围绕学生做的工作不是随随便便的，我们不能只抓学生学习的中段和后段，更应当注意学生学习的前段，要让他们自生动力，要更好地激发学生的学习动机和学习内驱力。

三、面对新学年

面对新学年，我们还有以下几件事情要去做：

一是巩固扩大新优势。挑战很大，但我们必须不辱使命。质量是生命线，永远不要忘。我们都对 2021 年的中考充满期待，力争再创佳绩。我也要告诉大家，一定要研究教育教学规律，要追求一种绿色的质量观，我们要努力地向科学靠近、向规律靠近，我想这也是大家要去思考的。

二是着力打造新课堂。现在的课堂模式还不够，2.0 版课堂才刚起步，本学期还要继续前行。本学期，我们学校要自查达标情况，在 2020 年年底，滕州市教体局要来学校验收，2021 年 4 月枣庄市教育局要来验收，确定首批新课堂的达标人选，这可能与下一步的教学评优和职称评审挂钩。希望大家好好地珍惜这样的机会，好好地研究一下北辛中学的 2.0 版的课堂模式。

三是深化管理新机制。在原来的管理模式的基础上继续丰富它，老师们知道学校提出的"四四方案"——四标、四园、四院、四类课程。性善书院、礼乐书院、墨子科学院、鲁班劳动学院我们将逐一组建，每个学院都应当有自己的课程。围绕四标，我们将在校园不同的位置建立善园、礼园、墨园、班园四个主题园。我们的学科组和学科主任将要发挥更大的作用，围绕这个问题，我们要继续研讨，这学期将要举办学科主任论坛活动。此外，学校还要有丰富的社团活动和兴趣小组。这也是枣庄市教科院要求的，其中一个目的是通过社团活动为北大清华的强基计划提供兴趣依据，丰富学生的培养路径，让学生找到自己的优势领域。这与我们学校因材发展的培养思路是不谋而合的。

四是催生师生新成长。我非常期待老师们在专业的路上再往前走一步，再增加一些专业的思考、增加一些专业的探索、增加一些专业的积累，我希望大家在专业的路上走得越远越好。包括学生，我们也要进行研究，如何才能使他们发展得好、成长得好。

五是营建校园新面貌。大家看到，今天学院路校区正在铺设校园沥青路面，通过基础建设美化我们的工作环境。通盛路校区的袁家峰老师的工作室、民盟滕州书画院、性善书院、数字实验室、鲁班工坊、消防体验室、新华书店书吧处处彰显现代化的科技校园、智慧校园。

四、未来的十年

未来的十年，我们要做什么？

一是树立"尚善、有礼、格物、维新"的新文化。在我们校园里生活的每一位老师、每一个学生都应当努力地往这个方面走，它不仅是张贴在墙上的一种标识，我更期待它成为北辛师生身上的一种形象；它不光是我们头脑中的观念，我更希望它变成北辛师生的一种行动。要内化于心、外化于行。北辛中学的毕业生要有自己的气质，学生在北辛中学接受三年教育，走出校门是什么样子？我们应该给他们留下"尚善、有礼、格物、维新"的烙印，这是北辛中学的烙印、北辛中学文化的烙印，带着这样的烙印走向祖国的四面八方，成为国家各条战线上的精英人才。

二是形成因材发展的新教育观。孔子提出因材施教的观点，那是单向的。我之所以在今天提出因材发展的观点，是因为我们的老师和学生都可以做到因材发展。现在的教育走进了一个误区，大家都谈全面发展，为了全面而"全面"。其实，这就是一个教育的底线而已。我们更应该在追求全面发展的基础上，追求因材发展。实际上我们很难达到全面发展，我们讲均衡发展，怎么样做到均衡发展、怎样做到高质量发展？我的答案是使每一个人沿着自己的优势发展、沿着自己的强项发展，沿着这个方向发展才是最有意义的。姚明是篮球巨星、刘翔适合跨栏、郎朗就是为钢琴而生，让他们做别的可能一塌糊涂。学生都有自己的长处、都有自己的优势，将来走向社会靠什么？靠强项、靠优势、靠独一无二的技能，靠这些才能发展，这才是教育公平。我们为什么要开设这么多的课程？现在还远远不够，将来我们计划开设到上百门课程。目的就是让我们的孩子尝试，寻找自己的优势在哪？我到底喜欢什么？我的爱好是什么？我在哪个点上是强项？然后在课后其他时间去扬长，只有这样，才能真正做到尊重每一个学生、发展每一个学生，这才是教育。

今年滕州一中有七个学生考上清华北大，有我们学校毕业的四人——白立来、王春霖、夏瑞泽被清华大学录取，马艺文同学被北京大学录取，另外厉馨阳考入香港中文大学。对着大门的连廊楼叫材盛楼，这是我受岳麓书院的楹联——惟楚有材、于斯为盛的启发，想到了"惟滕有材、于斯为盛"，故取名为材盛楼。

三是催生出线上线下教育融合的新课堂。这个话题是我们绕不过去的，智能导弹它跟着目标跑，你拐弯它也跟着拐弯，你跑到哪里它就跑到哪里，你藏起来，它也能找到你，它靠的就是智能导航系统。高考机器人大家都听说过，2014 年科大讯飞宣布要搞一个脑计划，2017 年参加高考，用的是北京高考文科数学卷，目标是 110 分。考试时机器人切断与外网的联系，结果考了 105 分，虽然没有完成目标，但它只用了 23 分钟，平常的考生需要 120 分钟。想来非常可怕，将来的事情都让机器人干了，还要我们干什么呀。机器人都具备了学习能力，这是我们面对的时代。10 年间的教育变化，10 年后的教育走向不敢想象。

因为这场疫情，国家教育部在全国范围内大面积地推行线上教学，即空中课堂。平时在学校推行线上教学会非常难，这就倒逼着我们使用这种手段，一下子全国的教师都变成了云主播，全国的一线教师悄然地掌握了一种教学新手段，我也坚信新的教学手段老师们再也放不下了。我们学校趁势而为，两个校区同时实现 5G 网络全覆盖，目的就是助推教师使用线上教学手段。我们的线上教学也取得了丰硕的成果，我对线上线下教学的融合也非常期待。

今年我们滕州成为全国基于教学改革融合信息技术的新型教与学课堂教学模式改革试验区，山东省总共 6 个，滕州市是唯一的县级市，北辛中学有幸成为试验校区。因此，我们在通盛路校区成立了电教中心，目的就是在这样的背景下蹚出一条新路，让北辛中学的电教走在全市的前列，我们力争先迈一步、先进行探索、先总结经验。我希望有志于研究的老师们可以积极参与，跟着团队做一些事情。

四是发展出专业与精神共成长的教师职业新生活。我们的专业发展到什么程度呢？如果到了某一天，教师能解决一系列教学之中孩子成长的难题，就能赢得人们像对律师、医生那样的敬重。这是我的期待，如果老师们执着地钻研下去，沿着专业的路径走下去，一定能够实现我们的专业化。但是，目前我们做得还不够。将来坐在学生面前讲课的可能是一个机器人，教学过程中学生可能是和机器人在对话，那我们干什么呀？还好，老师的职业不会消失，因为我们有情感、有精神，机器人再聪明，它没有情感，它没有温度。它讲课的时候，很难实现情感融合和感情的交流。所以，将来我们的教师拥有了教育专业、拥有了充盈的精神，就能更好地施教，这就是教师职业的新生活。

今年学校专门在材盛楼门厅做了一个灯箱，里面设计了"910"字样永久性的标识，目的就是用来表彰每一年学校各个领域表现出来的优秀教师，让他们天天都能静享教师职业的尊严。另外，学校还要在教师节期间举行隆重的退休教师荣休仪式，他们将自己的青春年华奉献给了学校，退休的时候，我们一定要让这些学校功臣风风光光地离开学校。

老师们，今天，我试着解读了一下北辛中学，试着梳理了一下北辛中学发展的历史路径，试着描绘了一下北辛中学的发展蓝图，目的就是让老师们明确我们今后该往哪里去，该干什么。我也期待着全体教师共同努力，把我们的学校建设得更好、发展得更好，让北辛中学成为名副其实的齐鲁名校！

后　记

　　书稿作为 2019 年山东省基础教育教学改革项目"属地文化融入中华优秀传统文化教育的路径研究"（3704012）阶段性研究成果即将付梓出版，内心涌起些许感动、感谢、感恩之情。

　　感动的不仅仅是一本书的问世。自己的工作经历、成长过程、心路轨迹、专业思考……已然融入这些文字之中。一幕幕生动鲜活的场景、一次次激情愉悦的活动、一个个心性相投的师长、同事、朋友，我的家人，我的学生……他们带给我知识的洗礼、思想的启迪、理念的更新、观点的碰撞、精神的享受、情感的体验及心灵的慰藉。

　　人生的班车上，那么多人从身边匆匆而过，又有那么一些人会驻足与你相遇相知，学业相助、感情笃真、倾情支持、结为知己。忘不了我尊敬的师友、同学、领导、同事，是他们为我筑就了前行的基石！

　　回想当初，曾是初登讲台的一名青涩教师，能一步一步成长为优秀教师、校长，甚至齐鲁名校长，虽有个人的努力，更离不开领导的培养、学校的历练和同仁的帮助。所以，一个人的成长乃至成功是多种因素共同作用的结果，知此，便更知保持谦卑之心、敬畏之心、感恩之心。感恩这个时代，感恩机遇垂青，感恩那些成长路上的贵人！

　　我还想说，一个人的成长、成功，没有捷径可走，也不会一路坦途，考验的是一个人的坚持与韧性。坚持者胜、有志者成！成长与成功，更不是浅尝辄止、刻意而为，实则是躬耕践行、日积月累而水到渠成。若此，成功可期、人人皆可期！